인간 지능의 기원과 미래
빅 브레인

BIG BRAIN : THE ORIGINS AND FUTURE OF HUMAN INTELLIGENCE

인 간 지 능 의 기 원 과 미 래

빅 브레인

게리 린치 · 리처드 그레인저 지음 | 체릴 코트먼 그림 | 문희경 옮김 | 이인식 감수

21세기북스

거대한 뇌의 수수께끼

이인식 (과학문화연구소장, KAIST 겸임교수)

2005년 상대성 이론 발견 100주년을 맞아 아인슈타인의 뇌가 서울에서 전시되었다. 1955년 봄 그가 사망했을 때 시신은 화장되었으나 뇌는 곧바로 부검의였던 토머스 하비의 연구실로 옮겨졌다. 하비는 아인슈타인의 뇌를 240조각으로 잘라 보관했다. 서울에 전시된 뇌 조각도 그 중의 하나였다.

하비는 아인슈타인의 뇌를 꼼꼼히 살펴보았으나 천재의 뇌라고 해서 특별한 것을 찾아내지는 못했다. 뇌의 무게도 1230cc에 불과했다. 사람 뇌의 평균 중량은 1,350cc이다. 요컨대 아인슈타인의 뇌는 보통사람의 뇌보다 결코 크지 않았다. 뇌가 클수록 머리가 좋을 것이라는 고정관념이 옳지 않음을 새삼스럽게 확인해준 셈이다.

뇌의 크기가 개인의 지능과 아무런 상관관계가 없음에는 의심의 여지가 없다. 하지만 인간과 다른 동물의 지능을 비교할 때 뇌의 크기만큼 확실한 잣대는 없다. 가령 사람과 가장 가까운 유인원인 침팬지 뇌의 용량은 400cc이다. 사람과 침팬지는 유전자를 98.4% 공유한 사촌뻘임에도 불구하고 사람의 뇌가 침팬지의 뇌보다 3배 이상 큰 셈이다.

인류의 진화과정에서 뇌의 크기는 무서운 속도로 확대되었다. 유인원과 인류의 중간에 위치한 동물은 오스트랄로피테쿠스이다. 450만 년 전에 아프리카에 살았던 오스트랄로피테쿠스는 뇌의 용량이 450cc에 불과했다. 200만 년 전에 출현한 호모 하빌리스(기술이 뛰어난 인류)는 650cc의 뇌 덕분에 돌도끼와 같은 도구를 제작할 줄 알았다. 호모 하빌리스의 뒤를 이어 150만 년 전에서 50만 년 전까지 100만 년 동안 생존한 호모 에렉투스(직립인류)의 뇌용량은 1000cc로 호모 하빌리스와 호모 사피엔스(현생인류)의 중간 정도이다. 20만 년 전부터 지구의 주인이 된 현생인류에 이르기까지 뇌의 크기는 오스트랄로피테쿠스 450cc, 호모 하빌리스 650cc, 호모 에렉투스 1000cc, 호모 사피엔스 1350cc로 확대되었다. 말하자면 인류는 뇌가 확대되는 4단계를 거쳐 진화되었다. 큰 뇌는 인류를 만물의 영장으로 만든 진화의 상징으로 여겨지게 된 것이다.

그런데 우리보다 더 큰 뇌를 가진 인류의 조상이 살았음을 보여주는 화석이 발견되었다. 1913년 남아프리카 공화국의 작은 마을인 보스콥에서 3만 년 전에서 1만 년 전까지 생존한 것으로 여겨진 옛 인류의 두개골이 출토되었다. 보스콥인이라고 명명된 이 유골의 뇌 용량은 1650~1900cc, 평균 1750cc로 추정되어 우리의 뇌보다 30% 이상 거대한 것으로 밝혀짐에 따라 학계는 충격에 휩싸였다. 왜냐하면 "보스콥인의 뇌는 호모 사피엔스가 출현한 뒤에도 뇌 크기가 급격히 커지는 현상이 중단되지 않았음을 보여주는 증거"(12장)로 받아들여졌기 때문이다.

보스콥인의 두개골은 고생물학과 인류학 분야 학자들의 호기심을 자극했다. 1915년부터 1930년 사이에 활발한 연구가 전개되었다. 1918년 남아프리카공화국의 고생물학자인 로버트 브룸(1866~1951)은 보스콥인의 두개골 용량은 1980cc라는 연구결과를 발표하였다. 1923년 인류학자인 레이먼드 다트(1893~1988)는 여자 보스콥인 유골의 뇌 용량을 1750cc로 추정하고 과학 학술지인 〈네이처〉에 "유골로 보아 가장 큰 뇌를 지녔던 사람 중 하나인 라파엘로보다 뇌가 크다"고 소개했다. 라파엘로는 르네상스 시대의 이탈리아 화가이다.

그러나 1930년 이후로는 보스콥인에 대한 연구가 시들해졌다. 보스콥인의 화석이 주목을 받지 못하고 무대에서 사라진 데는 여러 사연이 얽혀 있다. 1925년 로버트 브룸이 〈네이처〉에 기고한 글에서 "보스콥인의 뇌는 크지만 얼굴 생김새는 유인원과 닮지 않았다. 그리하여 일각에서는 보스콥인이 인류의 오랜 조상일 리 없으며 그다지 흥미로운 발견이 아니라고 주장한다"(1장)고 분석한 것처럼 보스콥인은 인류의 조상에 관한 학설에 부합하지 않는 이례적인 존재로 여겨져서 사람들의 기억에서 잊혀진 존재가 된다.

1950년대부터 그간 역사에서 사라졌던 보스콥인은 두 차례에 걸쳐 부활의 순간을 맞이한다. 첫 번째 부활은 미국의 인류학자인 로렌 아이슬리(1907~1977)에 의해 시도된다. 1958년 펴낸 저서 《거대한 여행The Immense Journey》에서 아이슬리는 보스콥인을 '미래의 인간Future Man'이라고 묘사(12장)하였다.

"먼 미래에 죽어가는 지구의 황량한 도시를 배회하는 가련한 표정의 어린아이 같은 사람들 말이다. 하지만 두개골은 미래에서 타임머신을 타고 날아와 오늘 우리 앞에 나타난 것이 아니다. 까마득한 옛날에 죽은 자의 유골이다. 이 두개골은 현대인의 풍자화처럼 보인다. 원시성 때문이 아니라 놀랍게도 자신의 시대를 넘어서 현대성을 표출하기 때문이다. 이들의 존재는 사실신비에 싸인 예언이자 경고이다. 우리가 막연하게 미래의 인간을 상상하던 순간에, 그들은 이미 지구상에 태어나서 살다가 사라졌기 때문이다."

아이슬리에 이어 50년 뒤에 두 번째로 보스콥인을 부활시킨 사람들은 다름 아닌 이 책의 지은이인 게리 린치와 리처드 그레인저이다. 저명한 신경과학자인 두 저자는 2008년 펴낸 이 문제작에서 연구의 출발점이 된 보스콥인에게 다음과 같이 연민의 감정을 표현(13장)하였다.

"보스콥인은 호미니드 중에서 가장 똑똑하고 언어를 사용할 줄 알고 또 우리 인간과 어울려 살았다면 지혜로운 현자로 존경받았을지 모른다. 하지만 원시시대에는 지구의 취약한 존재였을 것이다. 지금이라면 지도자로 추앙받았을지 몰라도 문명이 탄생하기 이전인 1만 년 전 야만의 세계에서는 살아남기 힘들었을 것이다."

보스콥인에 대한 두 저자의 평가는 물론 인류학자들의 공감을 얻지 못한 소수 의견일 따름이다. 이들의 주장에 동의하지 않을 독자도 적지 않을 줄로 안다. 그러나 오해하지 말기 바란다. 이 책은 보스콥인에 대한 연구 보고서가 결코 아니다.

이 책의 주제는 부제처럼 '인간 지능의 기원과 미래'이다. 저자들은 유전학, 진화론, 인류학, 컴퓨터 과학, 신경과학의 최신 연구결과를 집대성하여 인류의 뇌가 확대된 과정을 추적하면서 뇌의 구조와 기능을 자상하고 성실하게 설명해주고 있다. 최근 국내에 뇌 과학 책이 시나브로 출간되고 있지만 이만큼 내용이 전문적이면서도 이만큼 설명이 대중적인 것이 있었는지 기억이 잘 나지 않는다.

01

인간보다 더 큰 뇌

지금으로부터 500만 년 전에서 600만 년 전 사이, 아프리카 어딘가에서 놀라운 결과로 이어질 모종의 변화가 시작됐다. 하나의 종이 지구를 지배하기 시작한 것이다.

사자나 말 같은 대표적인 포유동물은 총 개체수가 수천에서 수십만 마리에 불과하다. 그러나 현재 전 세계 인구는 수십억 명에 달한다. 포유동물에겐 저마다 적합한 서식지가 있다. 북극곰은 얼음 위에 살고, 늑대는 숲속에 살며, 원숭이는 밀림에 산다. 그러나 인간은 서식지를 벗어나 온 세상을 삶의 터전으로 삼는다. 동물은 먹이를 다투고 생존경쟁을 벌이면서 다른 동물을 죽이기도 한다. 그러나 인간은 종 하나를 송두리째 멸종시키고, 같은 인간을 한 번에 수천 명씩 살상한다.

다른 동물도 분명 서로 의사소통하고 학습하면서 '문화적' 지식을 전달한다. 하지만 인간 이외에 어떤 동물도 세대에서 세대로 복잡한 정보를 전달하는 수단을 가지고 있지 않고, 먼 옛날 죽은 조상에게서 아무것도 배우지 못한다. 인간은 가능하다. 언어가 있기 때문이다.

인간과 동물의 모든 차이는 한 지점에서 비롯된다. 종마다 골격, 소화기관, 감각기관, 그밖에 여러 생물학적 기관이 다르다. 그리고 최근까지는 이런 생물학적 기관의 차이가 종과 종 사이의 무한한 생존경쟁에서 승자와 패자를 갈랐다. 하지만 인간과 동물의 경우, 그 차이가 뚜렷한 데 비해 차이를 일으키는 본질은 그만큼 뚜렷하지 않다. 단지 알 수 있는 건 그 지점이 바로 우리가 다른 동물의 능력을 압도하도록 만드는 인간의 마음, 그리고 마음을 만드는 뇌라는 것이다.

인간은 어떻게 뇌를 얻었을까? 또 어떻게 비할 데 없이 뛰어난 능력을 얻었을까?

이는 여러 학문에서 제기하는 질문이다. 생물학에서는 신장에서 췌장까지 다양한 장기를 연구한다. 하지만 뇌는 생물학적 현상뿐 아니라 정신 현상을 만들어내는 독특한 기관이다. 신경과학에서는 뇌를 연구한다. 하지만 뇌는 유전, 진화, 발달의 과정에서 부호화되고 조직된다. 심리학에서는 마음을 연구한다. 하지만 마음은 뇌뿐 아니라, 환경, 학습능력, 문화적 배경이라는 틀에서 형성된다. 다양한 과학적 연구에서 어마어마한 양의 연구 결과와 자료를 내놓았다. 다행히 계산과학의 발달로, 다양한 분야에서 발견된 자료를 통합하여 일관성 있고 검증 가능한 가설을 세울 수 있다. 뇌라는 기관을 움직이는 작동 원리를 알아낼 수 있다는 뜻이다.

이 책에서 우리는 과학의 여러 분야를 아우르며 수백만 년 전에 어떻게 우리 조상들의 뇌가 점점 커지기 시작했고, 뇌의 기능은 어떻게 변화했으며, 지금의 인간에 이르기까지 어떤 과정을 거쳤는지 알아보고자 한다.

이 문제의 답을 찾으면 인간의 뇌가 무엇을 할 수 있고 무엇을 할 수 없는지 알아낼 수 있을 것이다. 인간은 거미줄 같은 도로망을 짜고 자동차를 만들고 발전소를 세우면서도, 여전히 계획을 세우면서 예상치 못한 결과에 부딪혀 좌절한다. 또 세계에 관한 과학적 사실을 발견하고 기계와 전기와 의학 분야를 정복해나가지만, 이는 결코 쉽게 이루어지는 일은 아니며, 한 단계 발전을 이룩하는 데 수십 년이 걸리기도 한다. 인간 사회는 복잡한 경제조직과 정치조직을 발달시켜왔지만, 정작 인간은 스스로 만든 조직을 제대로 이해하고 통제하지 못할 때가 많다. 인간이 어떻게 지구의 주인으로 군림할 수 있었는지 이해하려면, 인간의 한계를 알고 정신의 힘을 제약하는 요인을 알며 제약을 뛰어넘는 방법도 알아야 한다.

먼 옛날 조상부터 지금까지, 다시 말해서 원시인부터 현대인까지, 인간은 비교적 직선적으로 진화해온 것처럼 보인다. 그러나 이 책에서 우리는 인류가 처음부터 실패를 거듭하고 막다른 길에 부딪히면서 뚜렷한 목표도 없이 배회하다가, 갑작스런 도약을 통해 발전했다는 사실을 보여주고자 한다. 현생인류가 나오게 된 중요한 전환점을 설명하고, 인간이 출현하기 오래전에 지구상에 살다가 사라진 호미니드(hominid, 사람 및 사람 비슷한 동물을 통틀어 호미니드라 한다 – 옮긴이 주)를 소개할 것이다.

인류 진화의 역사상 가장 획기적인 사건은 우리와 가장 가까운 호미니드의 출현과 소멸일 것이다. 지금부터 호미니드를 소개하고 우리와 비슷한 점과 차이점을 찾아서 인간 연구의 출발점으로 삼고자 한다. 호미니드의 유골과 두개골 화석의 첫 발견에서, 거대한 뇌의 복원, 그리고 그들의 생각과 문화를 추측하는 과정까지 살펴보면서, 그들의 놀라운 이야기를 통해 인간의 모습을 보여줄 것이다. 그들도 한때 우리와 함께 지구에 살았다. 1만 년에서 3만 년 전, 그들은 벌거벗은 채 남아프리카 평야를 거닐었다. 그들은 인간의 특징 대부분을 공유했다. 얼굴 생김새도 비슷하고 체격도 비슷했다. 그러나 뇌는 인간보다 훨씬 컸다.

가장 큰 뇌

1906년 포트엘리자베스 박물관 관장으로 갓 부임한 프레더릭 피츠사이먼즈 Frederick W. FitzSimons 박사는 진지한 자세로 새로운 업무에 임했다. 남아프리카 공화국 끝자락 작은 항구도시에 위치한 이 소규모 박물관은 양모와 농산물을 사고파는 시장 위로 비죽 솟은 건물로, 심하게 훼손된 상태였다. 피츠사이먼즈는 이렇게 보고했다. "이 박물관에서는 이제껏 체계적인 분류나 배열, 혹은 설명표를 다는 작업이 제대로 시도되지 않았다. 게다가 극성스런 해충의 공격을 막기 위해 효율적인 방법을 찾아보려는 노력도 없었다."

피츠사이먼즈는 먼저 박물관 문을 걸어 잠그고 구석구석 쓸고 닦았다. 1907년에 그는 이렇게 소회를 밝혔다. "정말 기쁘다. 드디어 전시물 표본을 다시 확인하고 분류하고 설명표를 달고 번호를 매기고 목록화하는 작업을 끝냈다. 앞으로는 우리 박물관을 보고 이러쿵저러쿵 수군대고 비웃는 사람이 없을 것이다." 피츠사이먼즈는 박물관을 다시 개장하면서 '주민의 밤'이라는 대규모 행사를 개최하여 지역 주민과 만남을 주선하고, 박물관 전시품을 일반에 공개했으며, 뱀 쇼를 선보였다. 주민들이 공연을 보러 몰려들었다. 덕분에 포트엘리자베스 박물관의 명성도 높아졌다.

따라서 1913년 아프리카 내륙의 작은 마을 보스콥에서 농부 둘이 밭을 갈다가 기이하게 생긴 두개골 화석 조각을 발견했을 때, 포트엘리자베스 박물관을 떠올린 것은 당연했다.

피츠사이먼즈는 박물관을 단장할 때처럼 새로 들어온 화석을 정성껏 다루었다. 화석 파편을 보고 인간 혹은 인간과 비슷한 종의 두개골이라는 걸 단박에 알아보았다. 다만 모양이 좀 특이하다고 생각했다. 무엇보다도 크기가 너무 컸다. 네안데르탈인 Neanderthal 화석이 발견됐을 때도 두개골이 인간보다 약간 크긴 했지만, 보스콥에서 온 두개골은 그야말로 거대했다. 피츠사이먼즈는 기막힌 대발견이라는 사실을 알아챘다. 지금의 인간보다 뇌가 훨씬 큰 인류가 살았다는 증거가 되리라고 여긴 것이다. 그는 우선 두개골 치수를 정확하게 측정해서 영국의 주요 과학 학술지 〈네이처〉에 편지를 썼다. 두개골의 특징을 설명하면서, 부피가 유난히 큰 것으로 보아 뇌의 크기도 크고 지능도 높았을 거라고 적었다. 이 두개골과 정체 모를 두개골 주인에게는 화석이 발견된 장소를 따서 보스콥인Boskops이라는 이름이 붙었다.

보스콥인 발견은 피츠사이먼즈뿐 아니라 모두에게 경이로운 사건이었다. 얼마 지나지 않아 당대 최고의 해부학자와 인류학자들이 하나둘씩 관심을 보이기 시작했다. 이후 학자들은 피츠사이먼즈가 측정한 보스콥인의 뇌 크기를 인정하거나 오히려 그보다 더 크다고 주장하기까지 했다. 학자들 대부분 보스콥인의 뇌 용량이 인간보다 25~35퍼센트 더 큰 것으로 측정했다. 이듬해 실시된 추가 발굴 현장에서 보스콥인만큼 큰 두개골이 더 나왔다. 보스콥인보다 수십 년 먼저 발굴된 네안데르탈인도 두개골 용량은 컸지만 인간의 두개골과 모양이 달랐다. 눈썹 부위가 유인원처럼 튀어나오고 이마가 푹 꺼진 형태였다. 그러나 보스콥인의 두개골은 크기가 크면서도 인간의 두개골과 모양이 같았다. 이스라엘 카프제의 스쿨 동굴에서 발견된 화석의 뇌 용량은 약 1650cc로 인간보다 20퍼센트 정도 컸다. 인도네시아 와자크와 남아프리카공화국 피시호크에서 출토된 화석은 1600cc였다. 유럽, 아시아, 아프리카에서 출토된 두개골 십여 종도 대체로 뇌 용량이 큰데, 그 중에는 우리가 잘 아는 화석인 프랑스 남서부 크로마뇽 동굴에서 발견된 두개골도 있다(251쪽 표 참조). 이러한 여러 화석 중에서도 보스콥인의 두개골이 가장 컸다. 보스콥인의 뇌 용량은 1800cc에서 1900cc 정도로 추정된다. 인간보다 30퍼센트 이상 큰 것이다. 보스콥인은 인간처럼 이마가 솟았고 신체 골격도 인간처럼 호리호리했다. 보스콥인의 신장은 인간과 비슷한 수준으로 150cm에서 180cm 사이였고, 인간처럼 직립보행을 했다. 골격이 가볍고 호리호리하며, 작고 단정한 몸매에 거대한 머리가 얹혀 있었다.

보스콥인과 그의 동료들을 연구한 논문이 여럿 발표됐다. 중요한 발견으로 인정받은 것이다. 현대인보다 뇌가 더 클뿐더러, 더 똑똑했을 가능성도 있는 인류가 존재했다는 사실이 드러난 셈이었다. 대영제국 최고의 해부학자이자 왕립인류학연구소 소장이던 아서 키스Arthur Keith 경은 "보스콥인은 고대와 현대를 막론하고 모든 유럽인보다 뇌가 크다"고 단언했다.

보스콥인 발굴은 20세기 초반 획기적인 사건이었다. 보스콥인에 관한 학술회의가 열리고, 신문들도 앞다퉈 주요 뉴스로 다뤘으며, 학계에서 대대적인 논의가 이루어졌다. 무수한 질문이 쏟아져 나왔다. 뇌가 크다는 게 무슨 의미인가? 뇌가 크면 능력도 뛰어난가? 우리보다 뇌가 큰 종족은 멸종한 반면 우리 호모 사피엔스Homo sapiens는 살아남은 이유는 무엇인가? 보스콥인의 뇌는 인간의 뇌와 종류가 달랐을까? 아니면 인간과 똑같은 능력을 지녔을까? 보스콥인도 말을 할 수 있었을까? 정말 우리보다 똑똑했을까? 그리고 무엇보다도, 그렇게 대단한 사람들이었는데 지금껏 아무도 그들의 존재를 알지 못한 이유는 무엇일까?

뇌의 크기와 능력

인간 뇌 용량의 평균은 약 1350cc이고, 보통 사람의 뇌는 1100cc에서 1500cc 사이다. 같은 인간이라면, 뇌가 크다고 능력이 뛰어난 것은 아니다. 머리가 좋고 능력이 뛰어난 사람도 뇌 용량이 작을 수 있고, 그 반대의 경우도 가능하다. 풍자작가 조나단 스위프트의 뇌는 약 1900cc로 거대한 반면, 스위프트 못지않게 유명한 작가 아나톨 프랑스의 뇌는 1000cc를 간신히 넘길 정도였다고 한다. 천재도 예외가 아니다. 아인슈타인의 뇌는 보통 사람과 비슷한 1230cc였다.

같은 종 안에서는 뇌의 크기가 중요한 차이가 아닐 수 있다는 얘기다. 그러나 종이 다르면 뇌 크기가 중요할 수 있다.

다른 신체 부위처럼 뇌 용량도 몸집에 비례한다. 몸집이 크면 눈과 발과 골격이 커지듯 뇌도 커진다. 하지만 동물들 중에는 신체 일부의 크기가 몸집과 어울리지 않는 동물도 있다. 기린의 목이나 호랑이의 이빨, 코끼리의 코가 좋은 예다. 따라서 몸집에 따른 신체 부위 크기의 비율을 측정하면 대체로 비례하지만, 비례를 벗어나는 부위도 있다.

이 기준으로 보면 인간의 눈과 발과 골격은 정상 수준이다. 그러나 몸집이 비슷한 다른 동물과 비교하면 인간의 뇌는 지나치게 큰 편이다. 크기만 보면 코끼리의 뇌보다 작지만 전체 몸집에 비하면 얘기가 달라진다. 다시 말해서 체격에 비해서 뇌 용량이 크다는 뜻이다. 인간과 가장 가까운 종으로 침팬지가 있다. 침팬지와 인간의 몸집이 대략 비슷하다고 보면, 인간의 뇌는 약 1350cc로 침팬지의 뇌보다 세 배 이상 크다. 신체질량이 같은 경우, 인간의 뇌가 평균 비율의 세 배 이상 큰 것이다.

대단한 차이가 아닐 수 없다. 뇌 용량과 체격의 비율을 도표로 정리해보면, 대부분의 동물은 예상 수준에 가깝지만 인간만 크게 벗어난다(170쪽 〈그림 11. 1〉 참조). 이로써 뇌를 인간과 동물을 구분하는 결정적인 기관으로 간주할 수 있다.

세상은 인간의 거대한 뇌와 뛰어난 지능 덕분에 크게 바뀌었다. 인구가 어마어마하게 늘어나면서 지구 구석구석까지 퍼져나간 탓에 지구의 겉모습까지 변했고, 인류가 등장하기 전에 없었던 새로운 현상들이 불과 1만 년 만에 벌어졌다.

인간이 지구를 지배하게 된 데는 뇌의 어떤 요인이 작용했을까? 인간보다 뇌가 더 큰 보스콥인에게는 발현되지 않은 요인이 무엇일까?

뇌와 언어

인간과 다른 모든 동물을 구별해주는 지능의 특징을 열거해보자. 인간은 톱과 렌치부터 바퀴와 엔진에 이르기까지 다양한 도구를 능수능란하게 다룰 줄 안다. 추운 지역에서는 난방을, 더운 지역에서는 냉방을 한다. 음식을 익혀 먹는다. 세계 곳곳으로 먼 거리를 여행한다. 집을 짓고 도로와 다리를 건설한다. 모두 인간의 다양한 능력을 반영하는 행동이며, 하나의 숨은 능력과 연결된다. 바로 언어능력이다. 이런 질문은 던져보자. 그들은 누구였을까? 처음 불을 발견한 사람은 누구고, 톱을 발명한 사람은 누구며, 배나 도로나 신발을 처음 만든 사람은 누구였을까? 이 질문에 답하기 어려운 이유는, 그것은 수많은 사람이 오랜 시간에 걸쳐 축적한 능력을 바탕으로 이루어진 업적이기 때문이다. 이름 없는 수많은 사람들이 이전 세대에 이룩한 결과를 바탕으로 새로운 업적을 쌓았다는 것이 중요하다.

다른 동물도 서로 의사소통하고, 서로를 보고 배우기도 한다. 다른 영장류가 일종의 '문화적' 정보와 기술을 전달한다는 증거도 있다. 하지만 인간 이외에 자발적으로 다음 세대에 정보를 전달하는 동물은 없다.

개와 고래와 침팬지와 원숭이에게는 이런 능력이 없다. 동물은 이전 세대와 거의 같은 조건을 안고 세상에 태어나 평생 홀로 깨우치며 살아야 한다. 그러나 인간은 다른 사람에게 지식을 전달하는 고유한 능력이 있다. 더욱이 생존에 꼭 필요한 기술 말고 다양한 지식도 전달할 수 있다. 우리는 부모에게 집이 무엇이고 옷이 무엇이며 연필과 종이가 무엇인지 배운다. 시간이 지나면 자식들에게 알려줄 수 있고, 자식들은 또 그 자식들에게 알려줄 수 있다. 우리의 뇌는 언어로 전수받은 방대한 지식을 출발점으로 삼는다. 침팬지에게도 부모나 보고 배울만한 스승이 한둘 정도 있을 수 있지만, 인간은 언어 덕분에 스승을 수천 명이나 둘 수 있다.

개인일 경우, 그는 원시적인 형태의 배를 살펴보고 더 나은 배의 구조를 생각해낼 수 있다. 하지만 집단으로 모일 경우, 우리는 배 설계도를 전수받을 수 있고 덕분에 같은 배를 다시 살펴보지 않고 더 발전된 구조의 배를 만들 수 있다.

그러나 실패한 적도 있다. 인간의 길지 않은 역사에도 지식 전달 과정에 공백이 있다. 르네상스 시대에는 천 년 전 그리스·로마 시대의 만신전을 비롯한 고대 건축물의 거대한 둥근 지붕을 보고, 인간은 더 이상 그런 구조물을 만들 수 없다는 사실을 깨달았다. 로마제국이 멸망하면서 방대한 양의 문헌이 함께 사라졌고, 중세 암흑기를 거치는 동안 엄청난 양의 정보와 지식이 소실됐다. 그리하여 르네상스 시대의 화가와 기술자들은 로마인이 이미 수백 년 전에 알고 있던 지식을 다시 발견해야 했다.

언어는 뇌 바깥에 지식을 보존하는 방식으로 하나의 뇌에서 다른 뇌로 지식을 전달한다. 동물에게도 의사소통 능력이 있지만, 인간의 언어는 어느 동물도 지니지 못한 뛰어난 능력이다. 인간이 조상인 호미니드에게 뇌를 물려받았으니, 그들에게도 특정한 형태의 언어가 있었을까? 그랬다면 그들의 언어는 어떤 형태였을까?

보스콥인도 큰 뇌만큼 훨씬 뛰어난 언어능력을 갖추었을까? 아니면 그들의 뇌에는 언어능력이 발현되는 경로가 없었을까? 보스콥인에게 언어능력이 있었다면, 왜 그들은 멸종하고 우리는 살아남았을까? 보스콥인에게 언어능력이 없었다면 왜 없었고, 인간의 뇌는 어떻게 언어능력을 얻게 되었을까?

인간보다 뛰어난 두뇌

침팬지부터 인간까지 모든 영장류의 뇌는 놀라울 정도로 유사하다. 심지어 겉모습이 천양지차인 개와 쥐와 코끼리의 뇌도 차이점보다는 유사한 부분이 많다. 모든 포유류 뇌의 기본 구조는 1억 년 전 원시 포유류가 파충류에서 떨어져 나올 때 틀이 잡혔다. 그 후로 뇌의 여러 영역이 연결되는 양상부터 뇌를 이루는 신경세포 하나하나와 신경세포의 구체적인 생화학 작용에 이르기까지, 뇌의 기본 구조는 거의 변화가 없었다.

쥐와 원숭이와 매머드와 인간의 뇌가 같은 구조로 되어 있는데 뚜렷한 차이가 나타나는 이유는 무엇일까? 침팬지는 다른 동물보다 똑똑하지 않은가? 코끼리는 기억력이 뛰어나지 않은가? 개의 후각은 다른 동물보다 미세한 냄새까지 잡아낼 수 있지 않은가? 앞으로 살펴보겠지만, 이런 차이는 사실 동일한 기본 능력의 극도로 미미한 편차에 의해 발현되는 것이다. 침팬지가 다른 동물보다 똑똑한 이유는 뇌 구조가 달라서가 아니라 뇌 용량이 크기 때문이다. 포유류가 대체로 코끼리 정도의 기억력을 갖추고 있다는 사실은 정확한 검사 없이도 알 수 있다. 개의 예민한 후각도 대부분의 포유류와 비슷한 수준이다. 비록 영장류들은 후각이 떨어지지만, 대신 인간은 개를 훈련시켜서 냄새를 추적할 수 있다.

인간의 뇌도 구조와 능력 면에서 다른 동물과 비슷하다. 다만 가장 큰 차이는 용량이다. 같은 체격으로 비교해보면 인간의 뇌는 다른 동물보다 몇 배나 크다. 뇌 용량이 커지면서 기억력이 엄청나게 좋아지고, 그 결과 행동 양식까지 바뀐 것이다. 용량이 늘어났을 뿐인데 성질까지 바뀌는 것이 가능할까? 양이 늘어난다고 해서 질까지 바뀔 수 있을까?

이 책에서 우리는 인간과 영장류의 미미한 차이와 큰 유사성을 밝히면서 뇌의 용량이 어느 수준을 넘을 때 특정 능력이 나타나는지 알아볼 것이다. 물을 99℃까지 끓이면 그저 뜨거운 물이지만, 단 1℃만 더 높이면 새로운 특질이 생긴다. 그리고 인간의 뇌가 어떻게 변해왔고, 어떤 원리에서 변화가 일어났는지 설명할 것이다. 같은 포유류 안에서는 뇌가 클수록 새로운 능력이 추가된다. 개는 쥐보다 능력이 뛰어나고, 침팬지는 나무늘보보다 뛰어나며, 인간은 원숭이보다 뛰어나다.

그러면 보스콥인도 인간보다 뛰어났을까?

화석을 보면 보스콥인의 뇌는 인간의 뇌와 거의 동일한 구조로 되어 있고 크기만 컸다. 보스콥인이 인간보다 똑똑했을 가능성이 높다는 뜻이다. 보스콥인의 종이 무엇인지는 아직 밝혀지지 않았다. 인류의 직계 조상이었을 수도 있다. 그러면 인간의 뇌가 줄어들었다는 얘기가 된다. 아니면 인류의 친척으로 동시대에 살았던 아종亞種, 즉 인간의 사촌이었을지도 모른다. 어느 쪽이든 뇌가 컸다면 지능도 높았을 가능성이 크다. 인간이 원숭이보다 똑똑한 것처럼 보스콥인도 인간보다 똑똑했을 수 있다.

잊혀진 보스콥인

인류의 조상을 일컫는 친숙한 이름으로 오스트랄로피테쿠스Australopithecus, 호모 에렉투스Homo erectus, 그리고 저 유명한 네안데르탈인 등이 있다. 하지만 보스콥인이라는 이름은 결코 언급되지 않는다.

피시호크와 카프제와 보스콥에서 거대한 두개골이 발견되자 한때 대대적인 논의가 일어났다. 이들 두개골은 발굴되자마자 유명세를 탔다. 최고의 과학자들이 뜨거운 관심을 보였다. 과학계를 넘어서 다른 분야에도 널리 알려졌다. 보스콥인은 인류 역사와 인간성에 관해 중요한 의미를 함축하는 획기적인 표본으로 받아들여졌다. 그런데 우리는 왜 지금까지 이렇게 중요한 존재를 잊고 살았을까?

보스콥인이 발견된 때는 다윈의 진화론이 발표된 지 50년이 지나, 과학계에서 정설로 받아들여진 시대였다. 인류의 조상이 원래 나무에서 살았다는 주장에 기분이 상한 부류는 진화론을 배척했다. 하지만 진화론에는 우리에게 위안을 주는 주장도 담겨 있다. 인류의 조상이 유인원이었던 것은 사실이지만, 점차 다른 동물에게는 없는 능력을 갖춘 고상한 존재로 진화해왔다는 사실이다.

그런데 보스콥인은 이를 위협하는 무례한 모욕이었다. 인류가 '상향' 곡선을 그리며 진화해왔고 결국 우수한 현대인에 이르렀다는 학설에 정면으로 도전하는 증거인 것이다.

학자들 사이에 반발이 일어나기 시작했다. 보스콥인 발굴이 조작됐다거나 사실이라 해도 과학적 증거로 인정받기 어렵다고 공격하는 사람도 있었다. 또 증거는 무슨 증거냐면서, 현대인보다 똑똑한 인류의 조상은 존재할 수 없다는 주장도 터져 나왔다. 두개골이 출토됐다는 사실까지 부정하지는 못해도 추론 과정에 오류가 있다는 공격도 있었다. 인간은 큰 뇌 덕분에 유인원보다 똑똑하지만, 인간보다 뇌가 크다고 해서 인간보다 똑똑하다고 추론하기는 어렵다는 것이다. 이러한 정서적 반감을 미리 내다본 학자가 있었다. 스코틀랜드 인류학자 로버트 브룸Robert Broom은 1925년 〈네이처〉에 이렇게 밝혔다. "인류학에는 편견의 골이 깊이 파였다. 진화론이 확립된 이후로 인류의 조상이 유인원처럼 생겼을 거라고 기대하고, 유인원처럼 생기지 않은 증거가 나오면 의심의 눈길을 보낸다. …… 보스콥인의 두개골도 같은 운명에 처해 있다. 보스콥인의 뇌는 크지만 얼굴 생김새는 유인원과 닮지 않았다. 그리하여 일각에서는 보스콥인이 인류의 오랜 조상일 리 없으며 그다지 흥미로운 발견이 아니라고 주장한다."

브룸은 보스콥인이 앞으로 사람들의 기억에서 사라질 거라고 정확하게 예견했다. 그가 말했던 대로, 보스콥인은 뇌가 크고 뇌의 모양과 얼굴 생김새가 유인원과 닮지 않았기 때문에 이례적 존재로 간주됐다. 인류의 조상에 관한 학설에 부합하지 않는다는 이유로 아무도 보스콥인을 거론하지 않는다. 인류의 조상은 쿵쿵거리고 돌아다니던 야만인이자 열등한 존재인 혈거인이다. 보스콥인은 혈거인의 모습과 달랐다.

혈거인과 다르다는 것은 무슨 뜻일까? 보스콥인은 큰 뇌만큼 지능이 높았을 텐데, 높은 지능은 어떤 역할을 했을까? 보스콥인은 인간을 어떻게 바라보고, 또 스스로를 어떻게 이해했을까? 보스콥인의 뇌와 인간의 뇌의 관계는 인간의 뇌와 혈거인이던 호모 에렉투스의 뇌의 관계와 같다. 우리는 혈거인을 원시인이자 야만인으로 여긴다. 그렇다면 과연 보스콥인은 우리를 어떻게 생각했을까?

책 의 개 요

과학적 연구가 불가능한 상황이라면 어떻게 답을 찾아낼 수 있을까? 보스콥인은 이미 오래전에 사라지고 없다. 뇌-신체 비율로 볼 때 인간보다 뇌가 큰 존재는 없다. 하지만 이런 질문을 던져볼 수는 있다. 뇌의 어느 부분이 인간의 높은 지능을 결정할까? 구체적으로 말해서 침팬지에게는 없는 능력, 즉 계획을 세우고 복잡한 도구를 사용하고 언어를 사용하는 능력은 뇌의 어느 부분에서 나올까?

뇌의 구조와 신경회로의 상호작용을 분석하면, 사고가 일어나는 동안 뇌가 어떻게 작동하는지 종합적으로 이해할 수 있다. 또 우선 뇌의 핵심 영역을 찾아내고, 그 영역이 먼 옛날 영장류의 조상에서 한쪽으로는 침팬지로 진화하고 다른 한쪽으로는 인간으로 진화하는 동안 어떻게 발생했는지 확인할 수 있다. 더 나아가 보스콥인의 큰 뇌에는 어떤 새로운 자원이 들어 있었는지에 관한 가설을 세울 수도 있다. 그리고 인간의 뇌에서 유난히 늘어난 영역을 찾아서, 그 영역에서 어떤 능력이 발현되는지 파악하는 방법으로 보스콥인이 어떤 능력을 지녔을지 추정할 수 있다.

두개골 화석을 살펴보는 데 많은 지면을 할애할 테지만, 그것만으로는 궁금증이 해결되지 않는다. 두개골은 화석으로 남아 있지만 그 안에 들어 있던 뇌는 남아 있지 않기 때문이다. 학자들은 두개골 안의 공간을 살펴보고 크기를 재서 안에 들어 있던 뇌의 크기를 추정한다. 미세하게 돌출되거나 함몰된 부분까지 파악하여 뇌 표면에 다양한 영역과 범위를 표시하고, 각 영역을 살아 있는 뇌와 비교하면서 여러 뇌 영역의 상대적인 크기에 대한 가설을 세운다. 두개골만으로 가설을 세우기는 쉽지 않다. 일례로 두개골을 분석해서 얻은 추론은 유전 물질을 분석해서 얻은 추론과 일치하지 않는다. 어느 쪽이 정확할까? 이 질문을 둘러싼 학계의 논쟁은 수십 년 동안 지속됐다. 섣불리 어느 한 편을 들기보다는, 확인되지 않았을 뿐 진실은 존재한다는 사실을 염두에 두어야 한다. 어느 쪽이 승자인지는 중요하지 않다. 진실이 무엇이냐가 관건이다. 그리고 진실은 아직 밝혀지지 않았다. 이 책은 아직 끝나지 않은 논쟁을 소개하고 서로 다른 입장에서 내세우는 주장을 살펴볼 것이다.

또한 유전자 연구도 소개한다. 역시 유전자만으로는 진실을 알아내기 어렵다. 인간과 침팬지의 유전적 차이에 관한 지식은 충분히 쌓여 있지만, 유전적 차이로 인해 뇌가 어떻게 달라지는지에 관해서는 알려진 바가 없다. 유전자로 인해 뇌를 비롯한 신체 각 부위가 만들어지는 과정을 설명하고, 현재까지 쌓인 지식의 수준이 어느 정도이고 현재의 과학적 지식을 바탕으로 해석을 시도할 때 어떤 한계가 있는지도 설명할 것이다.

그리고 이 책은 계산(computation, 기호를 조작하는 과정, 즉 특정 정보를 처리하거나 다른 정보로 전환시키는 과정을 의미한다 - 옮긴이 주)을 활용할 것이다. 매킨토시나

PC 같은 컴퓨터를 이용한다는 뜻이 아니라, 계산적 접근 방법을 활용하여 뇌의 작용을 형식적 단계로 설명한다는 뜻이다. 이 방법에는 두 가지 장점이 있다. 우선 뇌를 과학적으로 이해할 수 있고, 다음으로 뇌 구조를 본뜬 모형을 만들 수 있다. 이 책의 주된 목적은 보스콥인과 인간의 생물학적 뇌를 이해하는 데 있다. 하지만 두 가지 이유에서 계산적 설명을 자주 거론할 것이다. 첫째, 뇌의 특징을 정확히 이해하고 모방하기 위해서다. 다시 말해서 뇌에 관한 이론을 검증하기 위해서다. 둘째, 뇌에 관한 지식을 바탕으로 앞으로 과학이 이룩할 첨단 기술을 알아내기 위해서다. 이를테면 뇌에 기능장애가 일어날 때 적용할 수 있는 치료법을 개발하고, 인간 고유의 '사고'능력을 갖춘 뇌 장치를 개발하기 위해서다.

이 책은 두개골, 유전자, 뇌, 인간과 침팬지의 마음에 관한 지식, 더 나아가 로봇과 같은 인공지능의 마음에 관한 지식을 활용하여 보스콥인의 뇌 구조를 그려보고 그들의 마음을 추측할 것이다. 그뿐 아니라 인간의 뇌와 능력에 관해 아직 밝혀지지 않은 놀라운 사실을 소개할 것이다.

- 마음은 뇌의 작용이고 뇌 회로는 단순한 회로다. 텔레비전이나 아이폰의 회로를 분석하듯이 뇌 회로를 제대로 파악하면, 뇌 회로가 어떻게 작용하는지 설명하고 뇌 회로의 한계와 결함을 진단하여 제대로 작동하지 않을 때 수리할 수도 있다. 여기서는 뇌의 계산적 기능에 관한 이해가 핵심이다. 컴퓨터가 아니라 뇌의 컴퓨터 조작 기능과 뇌마다 다른 다양한 기능을 이해해야 한다(2장).
- 인간의 뇌와 신체를 만드는 모든 정보는 유전자에 담겨 있다. 그리고 진화하는 동안 유전자도 변한다. 진화의 다양한 측면은 자칫 혼란스러워 보이지만 유전적 구성의 제약을 알면 쉽게 이해할 수 있다(3장).

■ 뇌에는 무엇이 들어 있을까? 뇌 영역을 소개하고 각 영역의 기원과 상호
작용을 설명한다(4장). 뇌가 커지면서 일부 영역이 크게 늘어난다. 인간 뇌
의 가장 큰 영역인 신피질neocortex을 자세히 살펴보고, 신피질이 어떻게 작
용하고 학습하는지 설명한다(5장). 이 책은 신피질의 대부분, 즉 뇌의 대
부분이 척추동물 조상의 후각계olfactory system에서 진화했다는 다소 급진적
인 가설을 세운다. 후각계처럼 원시적인 뇌 조직이 어떻게 오늘날 인간의
뇌로 진화했는지 설명한다(6장). 진화의 결과인 뇌 조직은 어떻게 기능할
까? 무엇보다도 어떻게 단순한 지각과 운동을 뛰어넘어 복잡한 사고가 이
루어지는 조직으로 진화했을까(7장)? 뇌가 커지면서 인간은 원시적인 사
고 능력을 뛰어넘어 현대인 수준의 계획, 추론, 추상화, 언어능력을 갖추
었다. 뇌라는 단순한 생물학적 기관에서 어떻게 수준 높은 사고가 일어날
수 있는지 구체적으로 설명한다(8장).

■ 뇌마다 차이를 보이는 이유는 무엇인가? 뇌 영역의 연결에서 뇌의 처리 경
로, 즉 '조립라인'이 결정되고, 연결 경로의 미세한 차이에서 개인의 기본
능력, 재능, 결점이 나오며, 더 나아가 개인과 집단의 다양성이 나온다(9장).

■ 생물의 개체군이 서로 다른 이유는 무엇인가? 생물이 종과 아종으로 나뉘
는 이유는 무엇이고, '속'이라는 용어는 무슨 뜻인지, 집단과 개인의 차이
를 설명하는 증거는 무엇이고, 증거로 채택되지 않는 것은 또 무엇인지 설
명한다(10장).

■ 인류의 조상은 누구이고, 인간은 어떤 과정을 거쳐 지금의 모습으로 진화
했을까? 인류의 조상인 초기의 호미니드를 소개하고, 400만 년 동안 뇌의
크기와 능력에서 일어난 비약적인 발전을 소개한다(11장).

■ 뇌는 어떻게 거대한 인간의 뇌로 진화하고 심지어 보스콥인의 뇌만큼 커
질 수 있었을까? 호미니드 화석의 발굴 과정, 그리고 그에 관한 정확한 분

석과 잘못된 분석을 소개한다. 유명한 화석 중 몇 가지는 조작된 것으로 드러났다. 어떻게 전문가까지 속일 수 있었을까? 그리고 어떻게 해석의 차이가 생기고 결국 합의점에 도달할 수 있었을까(12장)?

■ 인간의 뇌와 다른 영장류나 호미니드의 뇌는 구체적으로 어떻게 다르고, 서로 어떻게 관련되는가(13장)? 인간과 영장류나 호미니드의 차이점과 유사점을 종합적으로 분석하여 보스콥인의 모습과 인간의 모습을 이론적으로 형상화할 것이다. 모두 생물학과 공학 분야에서 새로운 기술이 발달했기에 가능한 일이다(14장).

그리고 시작하면서 던진 질문으로 끝을 맺을 것이다. 뇌가 큰 인류는 어떤 의미일까? 가까운 과거에 뇌가 큰 조상은 누구였을까? 그들은 왜 멸종했을까? 인간은 왜 지금의 모습으로 존재하며, 미래에는 어떤 모습으로 변할까?

보스콥인은 인류의 조상인 호모 사피엔스와 같은 시기에 살았다. 우리가 호모 에렉투스를 야만적인 원시인으로 보듯, 보스콥인도 이들을 야만인으로 보았을지도 모른다. 우선 보스콥인이 누구인지 알아볼 필요가 있다. 그러면 우리가 누구인지 알게 되고, 지금의 우리가 더 발전할 가능성이 있는지도 알 수 있을 것이다. 보스콥인은 멸종했지만 우리는 살아남아 나날이 번성하는 이유가 무엇인지도 알아볼 필요가 있다. 보스콥인의 말로가 어땠는지 알아내서 같은 처지가 되지 않도록 미리 손쓸 수도 있다.

인류는 거대한 뇌의 소유자인 보스콥인과 수만 년 동안 함께 살았다. 이 책은 인간의 거대한 뇌에 관한 책이자, 인간보다 먼저 살다간 더 큰 뇌를 지닌 존재에 관한 책이다. 지금부터 인간보다 뛰어난 존재와 우리 자신에 관해 자세히 알아보자.

02

기계의 마음

1956년 어느 날, 평소 잘 만나지 않던 분야의 과학자들이 한자리에 모였다. 과학혁명의 신호탄을 터트리기 위한 자리였다.

이 자리에는 여러 분야의 학자들이 초대받았다. 수학과 심리학, 생물학과 공학, 당시 새로 생긴 언어학과 컴퓨터과학 분야의 학자들이었다. 그들은 한 달 동안 다트머스대학교 교외 캠퍼스에 모여 새로운 학문 분야를 출범시키려 했다. 여러 학과가 힘을 합쳐 과학의 가장 중요한 몇 가지 질문을 해결해줄 새로운 분야를 시작하려던 것이다. 중요한 질문이란 바로 "사고란 무엇인가, 지능이란 무엇인가, 언어란 무엇인가"이다. 수학자 존 매카시John McCarthy는 이 분야를 '인공지능artificial intelligence'이라는 새로운 용어로 불렀다. 처음에는 의미가 명확하지 않았지만, 지금은 영화나 블로그에서 자주 사용될 정도로 널리 쓰이는 말이다. '인공지능'이라는 용어는 '인공'이라는 의미가 지나치게 부각시키지만, 원래는 인간의 지능을 충분히 이해해서 모방한다는 뜻이다. 매카시는 인공지능 연구의 목표를 간결하게 설명했다. "학습이나 다른 지능의 모든 측면을 정확히 파악하여 모의실험simulation하는 기계를 만들 수 있다는 가정하에 연구한다." 요컨대, 뇌를 이해할 수 있으면 뇌를 만들 수도 있다는 말이다.

반대로 인공지능을 개발하면 인간의 뇌를 이해하는 데 도움이 될 수 있다. 뇌에 관한 가설은 지극히 복잡하다. 일일이 검증하여 가설마다 함축된 의미를 알아내기 어렵고, 심지어 가설의 내적 논리가 합치하는지조차 파악하기 어렵다. 뇌의 일부만 모형으로 만들어도 뇌 기능에 관한 통찰을 얻을 수 있다. 그리고 뇌 모형을 통해 뇌마다 다른 특징을 이해할 수도 있다. 인간이 작은 뇌의 침팬지보다 지능이 높은 이유는 무엇일까? 보스콥인처럼 뇌가 커지면 어떤 능력이 생길까?

지금은 뇌를 기반으로 컴퓨터를 개발한다는 발상이 그다지 충격적이지 않다. 이미 컴퓨터는 인간의 뇌와 비슷한 측면을 두루 갖추고 있다. 예를 들어, 컴퓨터는 복사 능력이 뛰어나다. 또박또박 발음하기만 하면 인간의 말을 듣고 똑같이 흉내낸다. 미 국방부는 전화통화를 도청하여 의심스런 단어나 어구가 나오면 이를 감지하는 컴퓨터를 개발했다. 컴퓨터가 신문을 꼼꼼히 읽고 상황을 구체적으로 파악하여 주식시장에 미치는 영향을 파악하기도 한다. 게다가 전문 도박사를 상대로 허세를 부리는 등 지극히 인간적인 행동을 보이기도 한다. 하지만 이런 조작은 주로 기존의 기계 조작을 첨단 프로그램에서 최고 속도로 실행해서 얻은 결과다. 이보다 더 나아가 인간과 동등한 능력을 발휘할 뿐 아니라 인간의 뇌처럼 작동하는 기계를 만들 수 있을까?

현재 신경과학과 컴퓨터과학을 통합하는 분야에서 진행되는 연구는 실리콘으로 뇌 조직을 만들 수 있는 큰 가능성을 보여준다. 인공 뇌를 개발하기 위한 중요한 첫 단계가 실현되고 있다는 뜻이다. 뇌 회로의 생물학적 특징과 계산적 특성에 관한 지식이 늘어나고 있다. 이 책에서 주로 다루는 주제이기도 하다.

학습하는 뇌

인간 같은 정신능력을 갖춘 기계를 만들고 싶어도, '정신능력'이라는 개념조차 명확하지 않다. 정신능력이라는 용어만으로는 그것이 무엇인지 이해하기 어렵다. 인간은 누구나 읽고 생각하고 인식하고 이해하기 때문에, 이런 정신적 작용이 어떻게 일어나는지 설명할 수 있을 것이라고 믿는다. 하지만 읽거나 인식하거나 이해하는 기계를 만들려고 시도해보면, 우리가 정의한 용어가 얼마나 얄팍한지 알 수 있다. 다리를 설계하거나 아이팟을 개발한 기술자는 장치가 어떻게 작동하는지 정확히 이해하고 특정 기능을 수행하도록 장치를 조립할 수 있다. 그러나 얼굴을 '인식'하거나 신문기사를 '이해'하기 위해서 우리는 자기 자신이나 다른 사람의 행동을 관찰할 뿐이다. 우리의 뇌라는 장치에서 어떤 작용이 일어나는지 일일이 설명할 필요는 없다.

인간이 주변세계를 접하는 방식을 정확히 이해하려면 뇌의 복잡한 구조에 집착하지 말고 마음mind을 연구하는 편이 낫다는 주장도 있다. 오랫동안 마음은 뇌와 동떨어진 연구 주제였다. 가속, 제동, 끼어들기, 주차 같은 자동차 행동을 연구하면서 보닛을 열고 엔진을 살펴보지 않는 격이었다. 뇌의 작동 방식만으로는 마음을 이해하지 못할 수도 있다. 일각에서는 지금까지의 연구 결과는 마음과 뇌가 확연히 구별된다는 사실만 입증할 뿐이라고 주장하기도 한다. 이런 맥락에서 보면 마음은 이 책의 범위를 벗어나는 주제다. 이 책은 마음이 뇌의 작용으로 나타난 현상이라는 입장을 고수한다. 따라서 뇌를 온전히 이해하면 마음을 이해할 수 있다고 믿는다. 섣부른 환원주의적 주장을 펼치려는 것이 아니다. 뇌가 곧 마음이라고 주장할 생각은 추호도 없다. 생태계가 바다, 숲, 산, 날씨 같은 구성요소보다 큰 존재이고, 신장 같은 신체기관이 각 기관을 이루는 화학물질보다 복잡한 구조인 것처럼, 마음은 여러 뇌 기관이 상호작용하고 환경과 교류하면서 나타나는 현상이다. 뇌만 따로 연구하면 마음을 온전히 파악하기 어렵고, 또 뇌를 큰 맥락 안에서만 연구하면 신경생물학neurobiology의 범위를 넘어서게 된다.

신경과학은 급속도로 발전하면서 뇌에서 경험이 생각으로 바뀌는 과정에 관한 중요한 발견을 다수 내놓았다. 앞으로 몇 장에 걸쳐 뇌에 무엇이 들어 있고, 우리가 듣고 회상하고 계획할 때 뇌에서 무슨 일이 벌어지는지 알아내기 위한 과학적 연구의 배경과 현주소를 설명할 것이다. 신경과학이 발전한 덕분에 뇌를 온전히 파악해서 뇌 모형을 만드는 새로운 학문 분야, 즉 '뇌공학brain engineering'이라고 부를 만한 학문이 나올 수 있었다.

뇌공학의 시작은 1980년대 후반으로 거슬러 올라간다. 당시 우리는 다른 연구자들과 함께 뇌가 회로처럼 작동하는 방식을 연구하고 있었다. 우리는 뇌의 구조와 기능을 공학적으로 연구하고자 했다. 뇌 회로를 컴퓨터로 모의 실험하는 방법이 매우 유용했다. 컴퓨터로 실행하기는 까다롭지만 뇌 회로 시뮬레이션으로는 쉽게 해결되는 작업이 있었다.

예를 들어, 뇌 회로 시뮬레이션으로는 레이더에서 뇌전도Electroencephalogram, EEG 신호까지 난해한 신호와 소리를 인식할 수 있었다. 이후 몇 년 간의 연구 끝에 뇌가 지닌 능력 중 일부분을 갖춘 인공 회로를 개발할 수 있었다. 어떤 능력인지 청각장애의 예를 들어보자. 귀에는 달팽이관이라는 기관이 들어 있다. 달팽이관은 음파를 받아들이고 전자파로 변환하여 뇌로 전달하는 기관이다. 학자들은 달팽이관의 핵심 구조를 연구하면서 소리를 복잡한 신호로 변환하는 정교한 과정에 감탄을 금치 못했다. 달팽이관은 마이크나 필터와 앰프보다 훨씬 복잡한 구조로 되어 있다. 학자들은 존 매카시의 연구를 이어 받아 달팽이관을 복제하기로 했다. 달팽이관과 똑같은 기능을 갖춘 인공 달팽이관을 개발하기로 한 것이다. 마침내 달팽이관의 기능을 갖춘 정교한 실리콘 장치가 개발됐다. 인공 달팽이관을 개발한 주된 이유는 청력을 잃은 사람의 귀에 이식하기 위해서였다.

처음에는 치료를 위해 연구가 시작됐다. 의학계에서 실리콘 장치는 비교적 최신 기술이다. 과거에는 병에 걸리거나 부상당한 환자에게 약을 처방하거나 수술을 해주었지, 생물학적인 장치를 이식하거나 인체의 구조를 분석하여 만든 리버스 엔지니어링 장치를 적용하지 않았다. 하지만 생물학에 대한 이해가 높아지고 생물학적 원리를 모방하기 시작하면서, 새로운 형태의 보철 장치가 개발됐다. 뻣뻣하고 움직이지 못하는 보철이 아니라, 우리 몸에 명령을 전달하고 몸이 전하는 명령을 받아 원래 팔다리처럼 움직이는 보철 장치가 개발됐다. 귀도 마찬가지다. 달팽이관과 똑같이 작동하는 장치를 개발할 수 있다면, 이 장치를 뇌에 연결하여 손상된 달팽이관을 대체할 수 있어야 한다. 실리콘 달팽이관을 개발한 연구자들은 청각장애 치료용 장치를 개발하기 위한 탄탄한 기반을 마련한 셈이었다. 실로 대단한 사건이었다. 그런데 이후의 상황은 더 놀라운 방향으로 전개됐다.

전자 달팽이관 개발이 한창이던 시기에 약간 다른 방법으로 청각장애 치료법을 개발하려던 연구자들이 있었다. 이들이 보기에 달팽이관의 중요한 특징은 정교하고 섬세한 처리 과정이 아니라 특정 주파수 범위에 선택적으로 반응하는 독특한 능력이었다. 그런데 보청기는 모든 소리의 크기를 높이기 때문에 중요하지 않은 소리까지 크게 들리는 경향이 있다. 필요한 소리만 높여주는 간단한 필터 장치를 사용하면 어떨까? 무엇보다도 실리콘 달팽이관은 공학적으로 뛰어난 발명품이라 구하기 어렵고 다루기 까다로우며 값도 비싸지만, 필터 장치는 원리도 간단하고 크기도 작고 전력과 생산비가 적게 들었다. 아니나 다를까, 대단한 사건이 벌어졌다. 청력을 잃은 환자의 청신경auditory nerve에 필터 장치를 부착했다. 처음에는 정체불명의 소음만 들렸다. 그러나 몇 주가 지나자 놀라운 변화가 일어났다. 알아들을 수 있는 소리가 들리기 시작하고 대화를 나눌 수 있는 환자도 생겼다. 일반 보청기는 무용지물로 전락한 반면에, 필터 이식 장치는 과히 기적이라 할만 했다.

실리콘 달팽이관이 아닌 필터 장치가 좋은 성과를 거둔 이유는 무엇일까? 두 가지 중요한 이유가 있다. 첫째, 필터 장치로 달팽이관의 주요 원리 중 하나를 실현하기 때문이다. 다시 말해서, 모든 소리를 증폭시키는 보청기와 달리 필터 장치는 주파수 범위마다 선택적이고 차별적으로 증폭시켰다. 두 번째 이유는 더욱 중요하다. 바로 필터 장치가 연결된 대상이 중요한 열쇠였다. 앞서 밝혔듯이 처음에는 효과가 나타나지 않다가 몇 주 지나자 서서히 효과가 드러났다. 몇 주 사이에 무슨 일이 있었을까? 이식 장치에는 아무런 변화가 없고 신호를 받아들이는 뇌 회로가 바뀌었다. 뇌가 학습한 것이다.

외국에 나가거나 사투리가 심한 지방에 가면 처음에는 사람들 말을 알아듣기 힘들다. 그러나 시간이 지나면 알아들을 수 있게 되고 결국에는 사투리 때문에 대화에 지장을 입지 않을 정도가 된다. 사투리를 학습한 것이다. 뇌의 청각회로가 미세하게 바뀌면서 익숙하지 않은 소리를 익숙한 소리로 바꿔준 것이다(나중에는 직접 사투리를 구사할 수도 있다. 이는 중요한 문제이므로 이후에 다시 다루겠다). 청각 장치를 이식받은 환자에게도 같은 현상이 나타난다. 처음에는 전자 신호가 낯설고 이해되지 않지만, 뇌가 소리를 변환하는 법을 배우기 시작한다. 낯선 신호를 청력을 잃기 전의 익숙한 신호와 연결하는 것이다. 다시 말해서, 이식 장치는 주어진 기능을 수행할 뿐이고 중요한 역할은 환자의 뇌가 떠맡는다.

청각장애 치료를 위한 이식 기술이 나날이 발전해서 달팽이관 고유의 처리 기제를 채택하고 있다. 그러나 중요한 작업은 수신 회로, 즉 코드(부호)를 학습하는 뇌에서 이루어진다.

시각장애 치료를 위한 연구도 비슷한 과정을 거쳤다. 현재 단순한 형태와 움직임을 해독하는 장치가 개발되고 있다. 눈에서 뇌로 연결된 신경에 장착하는 장치다. 그러나 망막의 경이로운 기능에는 훨씬 못 미친다. 대신 청각이식 장치처럼 주로 뇌의 역량에 의존한다. 뇌의 시각회로는 인공 눈에서 보내는 신호를 받아 해독하는 방법을 학습해서 나중에 시력의 일부를 회복할 수 있다.

전자장치를 이식할 때 주의할 점은 한두 가지가 아니다. 무엇보다 이식 장치는 특정 환자에게만 효과가 나타난다. 청력이나 시력을 후천적으로 잃은 사람만 효과를 볼 수 있지, 청각장애나 시각장애를 타고난 사람에게는 도움이 되지 않는다. 게다가 사람마다 편차가 크다. 사실 귀와 눈을 대신하는 말초신경 회로의 역할은 극히 제한된다. 이식의 성공 여부는 전적으로 뇌 회로의 학습능력에 달려 있다. 대뇌의 신피질 회로가 숨은 주역인 셈이다.

그러한 회로를 모방할 수 있다면 어떨까? 귀나 눈과 같은 말초신경 회로 말고 학습하는 뇌 회로, 즉 입력 신호를 받아서 이해할 수 있는 신호로 바꾸는 법을 찾아내어 뇌 회로를 모방하는 것이다. 복잡한 학습 장치인 인간의 뇌 회로를 모방하면, 인간 행동을 모방할 수 있을 것이다.

뇌 회로 VS 컴퓨터 회로

인공 뇌가 장착된 로봇은 오랫동안 공상과학소설의 단골손님이었다. 로봇은 극작가 카렐 차페크가 1921년에 쓴 《로섬의 만능로봇R.U.R. 혹은 Rossum's Universal Robots》이라는 희곡에 처음 등장한다. 로봇robot이라는 말은 체코어로 강제노동 혹은 부역을 뜻하는 '로보타robota'에서 만들어진 신조어다. 이 작품은 로봇을 이용한 노동에 주목하고 비판하며, 훗날 일어날지 모를 위험을 예견한다. (사실상 생물학적 존재인, 오늘날 말하는 안드로이드에 가까운) 로봇이 결국 주인인 인간에게 저항할 것을 경계한다.

영화 〈2001 스페이스 오디세이〉에 등장하는 컴퓨터 할HAL에서 터미네이터에 이르기까지, 우리는 주로 인간처럼 행동하는 로봇을 상상해왔다. 인간은 뇌가 있기 때문에 인간다운 행동을 할 수 있고, 로봇도 실리콘으로 만들었든 실험실에서 배양했든 뇌의 작용으로 움직일 수 있다. 그렇다면 인간의 뇌든 인공 뇌든, 뇌 고유의 능력을 부여하는 구조는 무엇일까?

오늘날 컴퓨터 구조의 극히 일부분은 뇌와 같은 방식으로 작동하지만, 대부분은 뇌의 작동 방식과 전혀 다르다. 컴퓨터와 뇌의 차이는 매우 크다. 컴퓨터와 뇌 회로의 차이는 명령, 크기 변화, 상호작용, 통합, 연속성이라는 다섯 가지 측면으로 설명할 수 있다.

명령 : 학습 VS 프로그래밍

뇌는 관찰하거나 지시를 듣고 학습할 수 있다. 예를 들어, 개는 반복과 보상을 통해 단순한 명령에 복종하도록 훈련시킬 수 있다. 반면에 컴퓨터에 어떤 작업을 명령하려면 공들여 짠 프로그램을 입력해야 한다. 컴퓨터는 훈련시킬 수 없다.

크기 변화 · 기능 추가 VS 수확체감의 법칙

햄스터의 뇌와 인간의 뇌는 같은 틀에서 만들어졌다. 하지만 크기가 늘어날수록(생쥐에서 개로, 원숭이로, 인간으로) 자연스럽게 새로운 기능이 덧붙여진다. 반면에 컴퓨터를 더 크게 만들 수는 있지만 커진 만큼 성능이 좋아지지는 않는다. 오늘날 노트북 컴퓨터는 10년 전 컴퓨터보다 성능이 백배는 좋아졌다. 하지만 지금도 똑같은 문서작성 프로그램이나 스프레드시트를 돌린다.

상호작용 : 순향성 VS 반응성

뇌는 감각과 효과기effector를 통해 인체를 움직인다. 반면에 컴퓨터는 주변세계와 단절된 상자다. 주변기기(카메라, 로봇)가 있기는 하지만, 원래 컴퓨터의 일부가 아니라서 컴퓨터에 장착해서 작동시키기 어렵다.

통합 : 조직화 VS 단순 저장

뇌는 새를 보고 새가 날아가는 움직임을 관찰하고 새가 지저귀는 소리를 들은 뒤, 이 정보들을 결합해서 개념으로 이해할 수 있다. 그리고 습득한 개념을 다른 많은 개념(다른 동물, 다른 날아다니는 것, 다른 지저귀는 것)과 연결시킬 수 있다. 반면에 컴퓨터는 데이터를 메모리에 저장할 뿐이다. 데이터와 데이터를 연결하거나 데이터를 바탕으로 추론하지 않는다.

연속성 : 기억 VS 빈 서판

인간의 과거 경험은 행동의 바탕이 된다. 오늘의 행동은 어제의 경험과 지난주의 경험에 따라 달라진다. 연습과 실수를 통해 배우고, 경험을 전체 의사결정 과정에 통합시킨다. 컴퓨터는 전원을 켤 때마다 똑같은 상태이지만 뇌는 매순간 달라진다.

우리가 똑똑한 기계를 개발해서 얻게 되는 잠재적 이익은 자명하다. 일하는 로봇이나 유능한 비서나 자율적으로 움직이는 행성탐사 기계를 개발할 수 있다. 즉, 고된 노동을 대신할, 혹은 위험하거나 비용이 많이 드는 작업을 대신 처리해줄 기계를 만들 수 있다. 수많은 과학자가 이런 능력을 갖춘 컴퓨터를 개발하려고 연구해왔다. 그리고 대다수가 실패를 거듭했다. 똑똑한 컴퓨터를 개발하기 위해 들어간 시간과 돈은 어마어마하다. 군사 기관에서도 프로그램 개발비로 수십억 달러를 투자했고, 일반 산업계에서도 같은 규모의 자금을 쏟아 부었다. 인간은 까다로운 작업을 대신 처리해줄 장치를 개발하려고 오랫동안 고심해온 듯하다. 뇌를 만들고 싶으면 먼저 뇌를 이해해야 한다.

그 반대 역시 성립한다. 뇌를 온전히 이해하려 할 때, 모형을 만드는 것은 큰 도움이 된다. 컴퓨터 프로그램으로 실행해보면서 뇌에 관한 가설을 검증해보는 방법이 가장 효과적이다. 오랜 경험으로 미루어보면 아무리 좋은 아이디어도 현실에서 제대로 작동하지 않을 때가 있다. 아이디어를 현실에 구현해보고 검증하면서 가장 확실히 오류를 찾아낼 수 있다. 추상적인 아이디어만으로는 사소한 결함을 찾아내는 것도 굉장히 어렵다.

두 가지 목표는 항상 동반한다. 하나는 뇌를 이해하려는 과학적 목표이고, 다른 하나는 뇌를 개발하려는 공학적 목표다. 이 책은 보스콥인의 뇌나 인간의 뇌와 같은 실제 뇌를 이해하려는 과학적 목표에 대부분의 지면을 할애한다. 하지만 앞서 밝혔듯이 간혹 공학적인 부분에도 관심을 기울일 것이다. 뇌에는 실제로 모형을 만들어 검증해봐야 온전히 이해할 수 있는 면도 있기 때문이다.

폰 노이만의 뇌 구조

컴퓨터는 인간의 뇌와 어떻게 다른가? 앞서 소개한 다섯 가지 측면에서 컴퓨터가 인간과 구별되는 특징은 무엇인가? 컴퓨터의 강점(수학적 계산능력, 뛰어난 검색능력, 완벽한 기억장치)과 약점(인식하고, 서로 연관된 사실을 연결하고, 경험을 통해 배우고, 언어를 이해하는 능력의 결여)이 나타나는 이유는 무엇인가? 놀랍게도 컴퓨터는 한 인물의 발명품에서 나왔다. 존 폰 노이만John von Neumann은 진정한 의미의 르네상스인으로서 순수 수학부터 공학과 물리학에 이르기까지 다양한 분야에 지대한 공헌을 한 인물이다. 특히 최초의 원자폭탄을 개발한 맨해튼계획에 참여하여 열핵반응 무기의 물리학적 핵심 요소를 연구했다. 우리는 폰 노이만의 연구 중에서도 초기 컴퓨터 설계에 관심을 갖고자 한다. 폰 노이만 연구팀은 제어장치와 기억장치를 장착한 '범용' 컴퓨터를 구성이라는 앨런 튜링Alan Turing의 착상을 연구하기 시작했다. 프로그램과 데이터의 메모리가 구분되지 않는 폰 노이만의 '프로그램 내장방식stored-program' 컴퓨터와, 프로그램과 데이터를 구분해서 저장하는 '하버드 구조Harvard architecture' 사이에는 흥미롭고 복잡한 차이가 존재한다. 하지만 두 구조의 차이보다, 여기서 자세히 살펴볼 컴퓨터 구조와 인간 뇌 회로 구조의 차이가 훨씬 크다.

컴퓨터는 제어장치CPU와 기억장치가 분리되면서 중앙집중 방식으로 작동하기 시작했다. CPU는 명령어가 실행될 때 반드시 거쳐야 하는 '병목'과 같다. 예를 들어, 2+2를 계산하려면 먼저 2를 저장하고, 다시 다른 2를 저장하고, 덧셈을 실행한 뒤, 결과를 저장하는 단계를 거친다. 마찬가지로 인터넷에서 키워드를 검색할 때는 컴퓨터가 적절한 사이트를 일일이 검색해야 한다. 컴퓨터 여러 대가 작업을 나누어 행한 뒤, 결과를 한 저장소에서 결합하여, 구글에서 검색되는 목록으로 정렬하는 것이 가능하다. 이때 검색할 단어를 알파벳순으로 분류하여 컴퓨터 26대로 나눌 수도 있고, 단어 길이에 따라 짧은 단어, 중간 단어, 긴 단어로 나누어 검색할 컴퓨터를 지정할 수도 있다. 아니면 정보가 담긴 컴퓨터의 지리적 위치에 따라 시간대로 구분해서 검색할 컴퓨터를 지정할 수도 있다. 이 분류 방식들 중 일부는 다른 방식보다 효과적이다. 하나의 작업을 여러 개의 병렬 작업으로 나누는 과정은 결코 간단하지 않다. 이른바 트윈 코어twin-core, 포 코어four-core, 에잇 코어eight-core 컴퓨터는 컴퓨터 한 대 안에서 함께 작동하도록 CPU를 추가하는 방식이다. 하지만 극히 일부 작업을 제외하면 싱글 코어single-core 컴퓨터보다 두 배, 네 배, 여덟 배 빠르게 작동하지는 않는다. 일반적으로 프로세스를 추가할 때 수확체감의 법칙이 작용하기 때문이다.

반면에 뇌는 수백만에서 수십억 개의 독립적인 처리장치(프로세서)를 사용하여 현재 공학기술을 훨씬 능가하는 속도로 처리한다.

컴퓨터는 시각인식 프로그램 하나를 돌리는 데도 엄청나게 긴 시간이 필요하지만, 뇌는 병렬처리 방식으로 순식간에 장미나 얼굴이나 의자를 인식한다. 미술평론가가 '모나리자'를 떠올릴 때, 뇌는 수백만 개의 세포를 활성화시키고 그 수많은 세포들로부터 온 정보를 그림으로 '조합하여 변환한다'. 이런 구조는 독립적인 기관 수천 개를 동시에 작동시키는 방식으로, 중앙집중적인 폰 노이만 구조와 정반대 방식이다. 수많은 독립적인 작업으로 하나의 이미지나 기억을 생성하는 방식은 뇌 기능 중에서도 가장 이해하기 어려운 부분이다. 이 책의 마지막 부분에서 적절한 해답을 찾아볼 것이다. 우선지금은 뇌의 신경세포가 서로 어떻게 연결되어 있는지 알아보자.

뇌의 회로 구조는 지점연결point to point과 임의접근random access이라는 두 가지 독특한 형태로 되어 있다. 아날로그 카메라와 디지털 카메라를 비교하면 이해하기 쉬울 것이다. 아날로그 카메라는 약간 끈끈한 플라스틱 필름에 붙어 있는 미세한 감광이 빛과 반응하여 생긴 알갱이의 패턴으로 이미지를 저장한다. 필름에 저장된 이미지는 실제 이미지를 그대로 복제한 것이다. 피사체의 모든 지점은 필름의 같은 위치에 지점연결 방식으로 찍힌다. 나무 오른쪽에 집이 있고, 나무줄기 위로 나뭇가지가 뻗어 있다. 지점연결 방식은 가장 자연스럽고 한눈에 알아볼 수 있다.

반면에 디지털 카메라는 이미지를 1과 0이나 온on과 오프off라는 극히 추상적인 코드로 메모리칩에 저장한다. 입력된 코드는 메모리칩에 분산된다.

지점연결 방식과 달리 이미지 그대로 입력되지 않는다. 찍은 장면을 다시 볼 수 있게 하려면, 메모리칩에 숨어 있는 이미지를 재현하는 프로그램, 즉 알고리듬algorithm을 적용해야 한다. 이미지의 코드 이름은 누구나 한 번쯤 들어 봤을 것이다. 인터넷에 올라온 이미지에 붙어 있는 'jpeg', 'gif', 'tiff', 'pdf' 같은 파일 확장자가 바로 코드 이름이다. 이미지는 나름의 비밀코드를 담고 있다. 한 코드의 알고리듬으로는 다른 코드를 풀 수 없다. 또 메모리칩을 아무리 들여다봐도 직접 이미지를 볼 수는 없다. 이미지가 암호로 변환되어 있기 때문에, 암호를 풀어야만 사진을 볼 수 있다. 이런 방식을 임의접근 방식이라 한다.

음성 녹음에도 비슷한 방식이 적용된다. 자기테이프는 음파의 주파수를 지점연결 방식으로 직접 녹음하는 아날로그 장치다. 테이프를 재생하면 곧바로 소리가 나오고, 입력전압의 변화를 통해 소리를 측정하는 오실로스코프를 이용해서 복제된 소리와 실제 소리가 일대일로 직접 대응되는지 확인할 수도 있다. 하지만 아이팟은 이와 다른 방식으로 작동한다. 주파수와 전압이 디지털 부호로 변환되어 MPEG나 MP3 같은 익숙한 이름으로 입력된다. 이 변환된 저장 데이터는 실제 소리와 전혀 다르다. 즉, 소리가 부호로 바뀐 상태이며, 소리를 들으려면 다시 암호를 풀어야 한다. 디지털 카메라와 마찬가지로 디지털 녹음 장치는 소리를 구성하는 알고리듬, 즉 컴퓨터 명령에 따라 장치에 저장된 부호를 풀어주는 알고리듬을 사용한다. 그리고 한 알고리듬으로 입력된 코드는 다른 알고리듬으로 풀 수 없다. 메모리칩을 아무리 들여다봐도 소리를 들을 수 없다. 소리를 임의접근 방식으로 저장하기 때문이다. 이 디지털 방식이 보편적으로 쓰이긴 하지만, 직접적인 지점연결 방식에 비하면 간접적이고 눈이나 귀로 직접 확인할 수 없다.

일반 컴퓨터에는 프로세서가 몇 안 되는 데 반해, 뇌에는 병렬 프로세서가

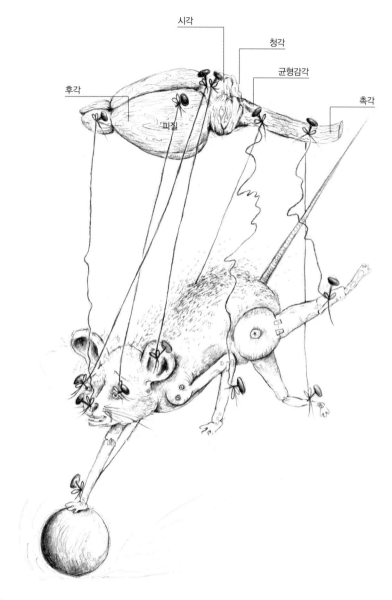

시각

청각

균형감각

촉각

후각

피질

그림 2.1

뇌 구조는 신체 구조에 대응한다. 코는 뇌 앞쪽에, 뒷다리는 뒤쪽에, 눈과 귀는 중앙에 연결된다. 뇌에는 신체 영역이나 기관마다 대응하는 영역이 있다.

수십억 개나 들어 있다. 그리고 뇌는 연결성이 뛰어나서 지점연결 방식과 임의접근 방식을 모두 활용할 수 있다. 뇌 구조의 영역마다 다른 방식을 채택한다. 다시 말해서, 뇌에는 지점연결 방식으로 연결되는 영역이 있는가 하면, 임의접근 방식으로 연결되는 영역도 있다. 지점연결 방식을 사용하는 영역에서는 상호연결로 일정한 배열을 유지하고 세포군끼리 '이웃'을 형성해서 카메라 필름이나 자기테이프처럼 이미지나 소리를 직접 재현할 수 있다. 임의접근 방식을 사용하는 영역에서는 지점연결 방식과 전혀 다른 복잡한 방식으로 세포가 연결된다. 전혀 다른 두 가지 방식이 뇌 안에서 사이좋게 공존하는 모습을 그림으로 그려볼 수 있다. 〈그림 2. 1〉은 동물의 신체와 동물의 행동을 제어하는 뇌를 보여준다. 여러 감각기관이 몸에 고르게 분포해 있고 뇌에도 같은 방식으로 분포해 있다. 맨 앞의 코는 뇌 앞부분과 연결된다. 코 약간 뒤에 붙은 눈은 뇌에서도 약간 뒤쪽과 연결된다. 소리와 균형감각을 담당하는 내이inner ear는 좀 더 뒤인 시각 영역 뒤쪽에 연결된다. 몸 전체의 앞에서 뒤로 이어지는 축이 뇌에서도 그대로 나타난다. 동물은 감각 정보를 중앙처리장치로 보내지 않고 정보의 형식에 따라 서로 다른 영역을 활성화한다.

정교하게 나뉘어 있는 감각 영역을 살펴보면 지점연결 방식을 확인할 수 있다(〈그림 2. 2〉 참조). 감각 영역은 한 번에 연결되지 않고 다중의 연쇄적 연결 형태를 이룬다. 망막에서 지점연결 방식으로 첫 단계에 전달하고 다시 같은 방식으로 두 번째 단계로 전달하여 마침내 뇌 표면에 자리 잡은 거대한 대뇌피질까지 전달한다. 감각기관은 모두 같은 방식으로 뇌에 연결된다. 다만 후각기관은 예외다(3장과 4장에서 자세히 설명할 것이다). 그리하여 대뇌피질은 신체의 각 부위를 아날로그 방식으로 표시한 지도가 된다. 망막에서 선별한 시야, 소리의 주파수, 피부 표면, 피부 아래 근육이 모두 뇌의 지도에 표시된다. 그런데 특정 감각자극이 발생할 때, 뇌 지도의 한 영역에 나타난

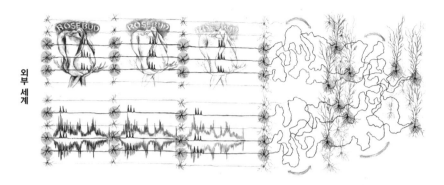

그림 2.2

다양한 감각기관(그림의 시각과 청각)에서 보내는 정보는 지점연결 방식으로 연속 처리되어 뇌의 각 영역으로 전달되며 순식간에 장면과 소리를 복제한 사본(설사 왜곡된 모양이라 하더라도)을 생성한다. 이어서 복제된 사본은 임의접근 영역으로 전송된다. 여기서는 이전의 구조가 사라지고 무작위로 분산된 신경세포가 활성화된다(회색 동그라미 부분). 다양한 감각이 고차원적 임의접근 네트워크에서 하나의 정보로 병합된다.

복잡한 양상을 통일된 지각으로 변환하는 방법은 무엇일까? 나아가 청각 지도에 나타난 양상을 시각 지도에 나타난 양상과 결합하는 방법은 무엇일까? 장미를 예로 들어보면, 우리는 '장미'라는 단어를 듣거나 눈으로 장미를 보고 정확하게 장미라고 인식할 수 있다.

〈그림 2. 2〉와 같이 대뇌피질 지도가 다음 대뇌피질 영역으로 정보를 보내면 피질에 분포한 신경세포끼리 임의접근 방식으로 연결된다. 앞으로 여러 장에 걸쳐 뇌의 여러 영역에서 연결 방식을 발 빠르게 바꾸면서 지점연결 방식으로 생성된 복잡한 양상을 통일된 표상으로 입력하는 기제에 관해 자세히 설명할 것이다. 임의접근 영역에서는 똑같은 언어를 사용하기 때문에 다양한 유형으로 생성된 표상을 연결하는 데 아무런 문제가 없다. 이 영역에서는 이미지와 단어, 특정 감각과 장면에 대한 기억이 결합된다.

지점연결 방식과 임의접근 방식이 결합된 뇌를 본떠서 신개념 로봇을 개발할 수 있다. '브레인봇brainbots'이라는 로봇은 〈그림 2. 3〉처럼 작동한다. 장

A

그림 2.3
컴퓨터가 이미지와 소리를 처리하는 방식은 뇌와 다르다. 컴퓨터는 중간에 장미나 소리를 복제한 사본을 만들지 않고 정보를 임의접근 기억장치에 직접 입력한다. 지점연결 방식과 임의접근 방식이 혼재한 뇌 지도를 본떠 만든 미래형 컴퓨터 회로는 신개념 로봇 뇌 시스템인 '브레인봇'의 기반이 된다.

B

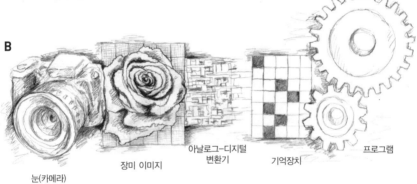

눈(카메라) 장미 이미지 아날로그-디지털 변환기 기억장치 프로그램

C

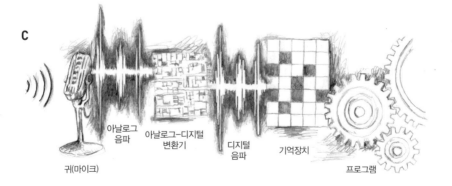

귀(마이크) 아날로그 음파 아날로그-디지털 변환기 디지털 음파 기억장치 프로그램

미나 목소리 같은 시각이나 청각 단서가 카메라 눈과 마이크 귀에 도달하고, 여기서 순식간에 2진법 언어로 변환된다. 변환된 신호는 다시 기억장치의 지정된 위치에 저장된다. 중앙처리장치에서 미리 준비한 프로그램이 신호를 저장할 위치를 지정한다. 이제 장미의 모습과 장미라는 말은 단순한 패턴으로 바뀐다. 겉으로는 모두 똑같이 보이지만, 안에는 개별적인 의미를 담고 있다.

이후 여러 장에 걸쳐 인간의 뇌 구조가 폰 노이만 구조에서 점점 멀어지는 양상을 보여줄 것이다. 더불어 폰 노이만과 다른 구조의 주요 특징을 소개하고, 큰 뇌가 확장하는 독특한 양상을 그리면서, 인간 마음의 기원에 한발 다가설 것이다.

이 책은 컴퓨터에서 얻은 통찰을 바탕으로 생물학적 기관으로서의 뇌를 그려볼 것이다. 우선 뇌를 구성하는 생물학적 기본 구조인 유전자를 살펴본다. 3장에서 자세히 설명하겠지만 유전자는 컴퓨터 시스템과 매우 흡사하다.

유전자와 뇌

인류는 유인원에서 진화했다. 유인원을 비롯한 모든 포유류는 파충류에서 진화했고, 파충류와 양서류는 어류에서 진화했다. 어떻게 진화했을까? 파충류가 어느 날 갑자기 포유류가 되기로 결심하지는 않았을 것이다. 동물 한 종만으로 진화의 개념을 이해하기는 어렵다. 다윈Charles Robert Darwin과 윌리스 Alfred Russel Wallace의 제안처럼 동물을 두 가지 측면에서 살펴봄으로써 진화의 기제를 폭넓게 이해할 수 있다. 첫째, 동물을 유전자의 산물로 이해한다. 둘째, 유전자가 몸을 만들고 몸이 환경과 상호작용하는 과정을 이해한다.

진화는 단호히 앞으로 나아가며 지능, 언어, 더 나은 감정이입능력이나 단기기억 같은 새로운 형질을 적극 획득해서 새로운 종을 만들어내려는 것처럼 보인다. 1809년 프랑스 생물학자 라마르크Jean-Baptiste Lamarck(1744~1829)는 한 개체가 평생 연습이나 학습을 통해 획득한 형질을 후손에게 물려준다고 주장했다. 유전자가 학습을 통해 새로운 형질을 획득하고 저장했다가 자손에게 직접 물려준다는 라마르크의 학설은 매우 흥미롭다. 만약 라마르크의 주장이 옳다면 진화의 가장 까다로운 문제가 쉽게 해결된다. 즉 진화의 과정이 어떻게 제어되는가, 어떻게 '보다 진화된' 방향으로 향하는가라는 문제의 답이 되는 것이다. 하지만 라마르크가 내세운 '지향적' 진화 가설을 입증해주는 증거는 없다. 진실은 라마르크의 생각보다 기이하다.

진화는 주로 결핍과 자유방임의 결과다. 방향이 정해지지 않은 우연한 사고에 의해 새로운 형질이 획득될 수 있다는 뜻이다. 새로운 형질이 경쟁우위를 제공하든 단순히 경쟁우위를 침해하지 않는 정도이든, 자손에게 유전되어 종의 특성으로 남는다. 특히 우연히 발생한 유전자 변이로 인해 뇌에 변화가 일어나고, 변화의 결과가 번식에 도움이 되면 그것으로 충분하다. 다시 말해서, 새로운 형질이 자손에게 유전될 가능성이 높아지고, 새로운 형질을 물려받은 자손은 다른 자손보다 살아남을 가능성이 높아진다. 환경에 대해 계산된 반응은 없다. 그저 눈 가리고 더듬더듬 길을 찾는 것과 같다. 그렇다고 해서 뇌는 우연에 의존해서 적응하므로 '가장 잘 적응한' 뇌가 '최적의' 뇌라는 뜻은 아니다. 다른 뇌보다 '아주 조금 더 생존 가능성이 있는' 뇌라는 뜻이다.

진화의 적응 기제는 투박한 연장과 같다. 오랫동안 아무데나 두들겨볼 뿐이다. 이처럼 종잡을 수 없는 방식으로 진화해온 생물체가 감탄스러울 정도로 정교하다는 점은 언뜻 이해되지 않는다. 생물체가 눈에 띄지 않게 조금씩 적응해나가는 것은 사실이다. 인간의 몸과 뇌가 효율적인 방향으로 진화해온 것도 사실이다. 다만 '어느 정도' 그렇다는 얘기다. 그런데 어떻게 우연한 변이에 의해 발전된 방향으로 진화할 수 있을까? 어떻게 우연한 사고로 파충류가 포유류가 되거나 유인원이 인간이 될 수 있을까?

흔히 필연적인 오류irresistible fallacy를 범하기 쉽다. 인간의 특성이나 형질이 인간에게 가장 적합하게 진화해왔을 거라는 착각에 빠지는 것이다. 마찬가지로 인간에게 중요한 부분, 가령 손이나 얼굴이나 사고방식이 진화에 있어서도 중요할 것이라고 믿기 쉽다. 그러나 현존하는 모든 유기체는, 가령 달팽이든 나무든 사람이든 모두 똑같은 진화의 혜택을 받았다는 사실을 잊지 말아야 한다. 다른 유기체라고 해서 퇴보하는 것은 아니다. 그들도 인간처럼 진화한다. 진화는 주사위를 던져 가능한 조합 하나를 시도해보고, 그 조합이 번성하거나 소멸하는 과정이다. 인류는 진화의 과정을 거치며 수십, 수천, 수백만 가지로 갈라진 거대한 가계도를 형성하고, 모든 사람이 서로의 사촌으로서 각자의 생태적 환경에 적응하며 각자의 방향으로 진화해왔다.

인간은 마땅히 지금의 모습과 같아야 한다고 믿기 쉽다. 하지만 꼭 손가락이 다섯 개일 이유는 없다. 서너 개면 충분하다. 여섯 개도 괜찮다. 더욱이 발가락과 손가락의 개수가 꼭 같아야 할까? 다만 신체 한 부분을 결정한 유전자가 다른 부분까지 영향을 미쳤고, 굳이 바꿀만한 필요가 없었을 뿐이다. 즉, 지금처럼 손가락이 다섯 개, 발가락이 다섯 개여도 나쁘지 않을 뿐이다. 턱에는 수염이 나는데 이마에는 털이 나지 말아야 할 이유가 없다. 코가 눈과 입 사이에 위치할 필요도 없고, 귀가 양 옆에 붙어 있어야 할 이유도 없다. 위치가 조금 바뀌어도 기능에 차이가 없거나 오히려 향상될 수도 있다.

이 책은 우리가 범하는 필연의 오류를 지적하고 지나친 오류를 바로잡는 데 힘쓰려 한다.

그러면 인간의 겉모습은 어떻게 진화할까? 우리는 어떻게 지금처럼 손가락 다섯 개, 발가락 다섯 개, 눈과 귀, 입과 뇌를 얻었을까?

답은 유전자에 있다. 진화는 우리 몸의 각 부위가 아니라 유전자에서 일어난다. 파충류가 곧바로 포유류로 진화하는 것은 아니다. 일단 파충류의 유전자가 포유류형 파충류인 원포유류proto-mammal의 유전자로 진화하면, 나머지 작업은 유전자에서 처리한다. 인간의 생김새는 유전자의 결과이고, 유전자는 진화의 과정에서 서서히 변한다.

우리의 몸과 뇌는 주로 큰 분자로 구성된다. 몸의 기본 물질을 생성해서 신체기관과 유기체를 형성하는 명령체계는 유전자, 즉 DNA에 쓰여 있다.

DNA에는 생물 종과 각각의 개체에 관한 전체 유전자 청사진이 들어 있다.

DNA를 구성하는 여러 부분의 명칭은 DNA를 연구하는 중에 일어난 역사적 우연에 따라 붙여졌다. 예를 들어, DNA의 최소 단위를 코돈codon이라고 한다. 코돈이란 네 글자(A, T, G, C, 네 개의 분자)만으로 된 알파벳에서 세 글자를 조합하여 만든 일종의 '단어'다. 코돈은 아미노산이라는 특정 화합물의 구성을 지시한다. 아미노산은 단백질을 생성하는 기본 물질이고, 단백질은 우리 몸의 뼈대와 같다. 길게 늘어진 코돈 배열은 '지시사항'을 전달하여 단백질을 구조로 발전시키고, 결국 신체 각 부위의 모양, 크기, 색깔, 복제물을 비롯한 유기체의 형질을 결정한다. 이처럼 반￪독립적인 코돈 배열 각각을 유전자라고 한다. 유전자는 천 개 미만의 코돈이 연결된 배열에서 수만 개의 코돈이 연결된 배열까지 길이가 천차만별이다. DNA 염색체 하나에 수백에서 수천 개의 유전자가 들어 있을 수 있다. 그리고 한 유기체의 염색체를 모두 묶어서 '게놈genome'이라고 한다.

이러한 설명에 명료하지 않은 부분이 있을 수 있다. 특히 유전자는 서로 중복되기도 하고, 한 게놈 안에서 여러 가지 기능을 하기도 하고, 직접 단백질을 생성하거나 다른 유전자에 단백질을 생성하도록 지시하기도 하며, 다양한 형태로 나타날 수도 있다. 유전자의 다양한 기능을 일일이 반영하는 새로운 용어가 만들어지긴 했지만, 아직도 '유전자'라는 말이 널리 쓰이고 있다. 이 책에서도 유전자라는 말을 넓은 의미, 즉 유기체의 특징을 결정하는 코돈 배열이라는 의미로 쓸 것이다.

인간을 만드는 작은 차이
중요한 숫자 몇 가지를 통해 게놈 코드의 특징과 게놈 코드에서 일어난 진화적 변이를 구체적으로 그려볼 수 있다.

유전자 하나를 단어(코돈)로 이루어진 문서로 간주하고 확률을 계산할 수 있다. 모든 코돈 단어는 네 글자로 된 알파벳(분자) 중에서 세 글자가 결합한 단어다. 기본 알파벳이 코돈으로 결합되는 방식은 64가지이고, 코돈마다 아미노산이라는 특정 단백질의 구성성분을 지정한다. 실제 아미노산은 20가지밖에 없으므로 코돈 몇 개가 동시에 같은 아미노산을 지정하는 셈이다. 즉, 비슷한 코돈 단어 몇 개가 같은 아미노산을 지정하는 것이다. DNA 언어의 사전에는 단어 64개만 들어 있고, 실제로 쓰이는 단어는 20가지밖에 없다.

실제로 쓰이지 않는 나머지 코돈 단어를 보상하려는 듯, 아주 긴 코돈 배열이 유전자 명령으로 사용된다. 유전자 하나를 만들 때 코돈 수만 개가 연결되기도 한다. 단백질은 유전자에 명시된 명령에 따라 최대 수천 개의 아미노산이 결합되어 생성된다. 아미노산 20가지에서 단백질 10만 가지가 만들어지고, 다시 수십억 개로 복제되어 완전한 유기체가 형성되는 것이다. 모든 과정은 유전자 명령체계에 지정된 규칙을 따른다.

그런데 이처럼 방대한 작업에 비해 게놈은 너무 적어 보인다. 인간 게놈은 코돈 단어 십억 개를 보관한 개인 서재와 같다. 한마디로 한 개인을 만드는 완벽한 도구가 개인 서재에 들어 있다는 뜻이다.

이런 이유에서 복잡해 보이는 유기체일수록 유전자(와 코돈)의 개수도 늘어날 것이라고 믿어왔다. 이를테면, 과실파리는 인간보다 유전자 수가 훨씬 적을 것이다. 방대한 유전자 지도, 즉 게놈이 만들어지기 전까지는 유전자 수를 추측할 수밖에 없었다. 2002년 인간 게놈이 거의 대부분 밝혀지기 전까지, 유명한 과학자들은 인간의 유전자 수를 10만 개로 예상했다. 그러나 이는 4배 이상 부풀려진 것으로 드러났다. 실제로 인간 게놈에 들어 있는 유전자 수는 2만 5000개 정도에 불과했다.

인간의 유전자가 2만 5000개밖에 되지 않는다는 사실을 선뜻 받아들이기 어렵다. 과실파리의 유전자는 인간의 절반인 1만 3000개다. 유전자 1만 3000개로 과실파리가 만들어지는데, 어떻게 두 배밖에 안 되는 유전자로 인간이 만들어질 수 있는지 이해가 되지 않는다. 과일파리와 인간의 차이가 겨우 유전자 수천 개에 담겨 있다는 말인가? 인간은 우월한 종이라는 자존심을 여지없이 무너뜨리는 사건이었다. 더욱 참담한 사실은 쥐와 인간의 유전자 수가 거의 비슷하다는 것이다. 탈레유채라는 작은 꽃을 피우는 식물도 인간과 유전자 수가 비슷하다. 그밖에도 인간과 유전자 수가 비슷한 예는 많다.

앞서 설명했듯이 유전자는 저마다 길이가 제각각이다. 쥐의 유전자는 평균적으로 인간보다 약간 적은 코돈을 포함한다. 쥐의 전체 게놈에 들어 있는 코돈 수는 약 8억 개이지만 인간의 코돈 수는 그보다 약간 많은 9억 개 정도다. 여전히 우리의 예상과는 크게 다르다. 하등한 아메바의 게놈에도 코돈이 2억 개 이상 들어 있다.

즉, 유기체가 복잡할수록 게놈의 규모가 커지는 것은 아니라는 뜻이다.

자세히 들여다볼수록 불편한 진실이 드러난다. 인간과 침팬지의 게놈은 2~3퍼센트밖에 차이가 나지 않는다. 전체 유전자 2만 5000개 중에서 400~500개만 다르다는 뜻이다. 그런데 같은 인간 사이의 차이는 이보다 훨씬 크다. 지금까지 모든 인간은 게놈의 99퍼센트 이상 공유한다고, 즉 인간 게놈의 약 0.5퍼센트 범위 안에서 차이를 보일 것이라고 믿어왔다. 그러나 연구 결과 인간 게놈은 최대 12퍼센트까지 차이를 보이는 것으로 드러났다.

선뜻 받아들이기 어려운 결과다. 인간 게놈이 12퍼센트나 달라도 여전히 정상적인 인간이 나온다니! 그런데 인간 게놈을 3퍼센트만 바꾸면 침팬지의 게놈이 된다니! 그렇다고 해서 모순은 아니다. 어떤 3퍼센트이냐가 중요하기 때문이다. 종을 구분할 때는 유전자의 양적 차이가 아니라 구체적으로 어떤 구성요소가 다른지에 초점을 맞춰야 한다. 특정 유전자에 변이가 일어나 엄지가 다른 손가락과 마주보게 되었다. 여기서 좀 더 조작하면 큰 뇌도 만들어진다. 진화에서 갖가지 유전자 변이가 시도된 결과, 현존하는 동물의 특징이 나온 것이다. 유전자에 들어 있는 명령체계 덕분에 가능한 일이다.

유전자 청사진

유전자 명령을 충실히 따르면 온전히 작동하는 반半자율적인 구조, 즉 신체 기관과 전체 유기체가 만들어진다. 유전자 명령은 대개 연속적으로 전달된다. 이 명령은 전사轉寫와 번역이라는 기제로 유전자 명령을 '판독'하여 실행된다. 중앙처리장치는 DNA 배열을 판독하고, RNA를 생성하며, RNA를 아미노산 배열로 해독한 다음, 단백질을 생성한다. 이렇게 생성된 단백질은 소화, 이동, 지각과 같은 유기체의 복잡한 작업을 실행하는 원동력이 된다.

컴퓨터 소프트웨어에 비교해보자. 순차 명령(컴퓨터 코드)이 관련 기제(컴퓨터 하드웨어와 펌웨어)에 의해 번역되어 반자율적 시스템을 구성하고, 이렇게 나온 시스템에서 공장 제어, 인터넷 사용, 로봇 실행과 같은 복잡한 컴퓨터 작업이 실행된다. 사실 이는 단순한 비유일 뿐이다. 유전자와 컴퓨터의 차이는 매우 크다. 나중에는 컴퓨터를 유전자가 아니라 뇌에 직접 비유할 것이다.

그럼 다시 돌아와서, 소프트웨어와 유전자를 모두 '청사진 시스템'으로 간주해보자. 청사진 시스템이란 복잡한 기계를 구성하는 원리나 청사진을 그리는 시스템을 말한다. 물론 우리가 살펴볼 청사진에는 한눈에 보고 이해할 수 있는 지시사항이 들어 있지는 않다. 외부 개입 없이 자동으로 작동하는 청사진이기 때문이다. 따라서 청사진 시스템에는 청사진 뿐 아니라 계약자와 건설업자와 목수의 종합적인 지식이 모두 들어 있어야 한다. 이를 염두에 두고, 이제 유전자와 소프트웨어라는 두 가지 청사진 시스템의 유사성과 차이점을 살펴보자. 두 시스템을 비유하는 이유는 단 하나, 유전자 변이에 대한 이해를 돕기 위해서다.

우선 미국항공우주국NASA의 우주왕복선 운항 스케줄을 관리하는 소프트웨어나 윈도우 컴퓨터를 운영하는 소프트웨어를 살펴보자. NASA의 소프트웨어에는 컴퓨터 코드 배열이 약 200만 개 들어 있고, 윈도우 소프트웨어에는 2000만 개 이상이 들어 있다(두 소프트웨어 중 어느 하나의 작업이 다른 소프트웨어의 작업보다 10배는 더 어렵다거나, 특정 컴퓨터 코드가 다른 코드보다 훨씬 더 효율적이라는 설명은 생략하겠다). 이를 진화에 비유하기 위해 이런 질문을 던져보자. 소프트웨어를 변경하면 어떤 일이 벌어질까?

코드 배열마다 독립적인 '명령'을 컴퓨터에 전달하여 특정 단계를 수행하라고 명령할 수 있다. 코드 배열 수백만 개가 들어 있는 거대한 시스템에서 어느 한 배열이라도 마음대로 바꾸면 프로그램에 '오류'가 생길 수 있다. 프로그램이 작동하지 않을 수도 있다는 뜻이다. 반면에 유전 물질을 변경하면 새로운 개체가 생긴다. 형질이 약간 바뀌기는 하지만 살아서 호흡하고 소화하고 움직이고 지각한다. 소프트웨어를 임의로 변경하면 거의 예외 없이 '악성' 변이가 일어나 프로그램이 작동하지 않는 반면, 유전자가 임의로 변경돼도 악성 변이로 인해 기능장애가 일어나거나 사산하는 예는 드물다.

소프트웨어를 생산적으로 변경하여 NASA 운항관리 장치나 윈도우 운영체제를 새롭고 유용하게 바꾸는 방법도 있을 수 있다. 하지만 몹시 까다로운 작업이라 시스템을 조금만 바꾸는 데도 수천 시간이 들어갈 것이다. 반면에 유전자 변이의 경우 순전히 우연에 의한 변이만으로도 생존 가능한 변종이 나올 수 있다. 진화를 '변이를 거쳐 유전되는 현상'이라고 이해하려면 우선 까다로운 수수께끼 하나를 풀어야 한다. 컴퓨터 코드를 임의로 수정하면 오류가 생기지만, 유전자 코드를 임의로 바꾸면 약간 달라져도 여전히 생존 가능한 다채로운 인간의 보고가 생기는 이유는 무엇일까?

유전자 만들기

컴퓨터 소프트웨어가 변화에 반응하는 방식과 유전자의 반응 방식은 크게 다르다. 유전자에서 종의 개체군이 생성되는 과정을 이해하고, 더 나아가 진화의 기제에서 큰 뇌가 발생한 배경을 밝히는 데 꼭 알아야 할 사실이다. 중요한 질문 하나를 던져보자. 유전자 코드가 변화에 보다 안정적으로 반응하는 것은 왜일까? 컴퓨터 코드는 고장 내지 않고 변경하기 어렵지만 유전자 코드는 융통성 있게 변경할 수 있는 이유는 무엇일까?

단어 1만 개로 이루어진 유전자가 있다고 치면, 원칙적으로는 유전자 코드 20개에서 무수한 변종이 나올 수 있다. 태초부터 나타난 변종의 수보다 훨씬 많은 변종이 나오는 것도 가능하다. 하지만 유전자는 모든 변종을 만들지도 않고 만들 수도 없다. 게놈의 '알파벳'은 변종을 무한하게 허용하지만 실제로는 극히 일부의 변종만 생성된다.

영어의 알파벳에 비유하면 이해하기 쉬울 것이다. 알파벳 여덟 글자로 조합할 수 있는 배열의 수는 26^8, 즉 2000억 개 정도이지만 실제로 쓰이는 단어는 극히 일부다. 영어에서 쓰이는 여덟 글자 단어는 1만 개 미만으로, 알파벳으로 가능한 조합의 1000억 분의 1도 안 된다.

영어와 마찬가지로 유전자도 선호하는 배열로 조직되고, 유전자 문장이 길어지면 '구문'이나 모듈로 조직되어 다양한 동물에서 반복적으로 나타난다. 예를 들어, 진화에서 보존된 짧은 배열을 '모티프motif'라고 한다. 모티프는 서로 연관된 기능을 생성하거나 수많은 유기체에서 일종의 조립 부품 역할을 하는 단백질을 생성한다.

한편 글자나 단어에 비유하는 방법으로 이해하기 어려운 유전자 구문도 있다. 유전자 배열 중 일부는 '메타 구문meta-phrase', 즉 독자에게 다른 구문을 해석하는 방법을 직접 알려주는 명령이다. 메타 구문은 특정 구문을 반복할지 무시할지 수정할지를 알려준다. 메타 구문에서 참조하는 배열은 여러 가지 방식으로 재사용된다. 마치 한 번 읽은 문장을 다시 읽고, 다음으로 세 번째 단어를 건너뛰어 다시 읽으라고 지시하는 것과 같다.

결과적으로 복잡한 유전자 '도구모음'이 생긴다. 도구모음에는 머리, 몸, 두 팔, 두 다리와 같은 주요 신체 기관을 만드는 몇 가지 생성인자와 오랜 진화의 과정에서 유기체를 만드는 데 반복해서 쓰이며 철저히 검증된 프로그램이 들어 있다. 모듈로 구성하면 유전자 배열의 가변성이 줄어든다. 예를 들어, 모티프의 특정 위치에서만 변이가 일어나고 다른 부분에서는 변이가 일어나지 않는다. 변이는 대체로 모듈 자체가 아니라 모듈과 모듈 사이의 연결에서 일어난다.

소프트웨어 시스템에도 같은 전략이 쓰인다. 컴퓨터 과학자는 코드를 모듈 방식의 '서브루틴subroutine'으로 조직한다. 서브루틴을 따로 떼어서 검증하고 '오류를 고쳐' 훨씬 큰 프로그램에 다량으로 끼워 넣기 위해서다. 그리고 다른 코드를 참조하거나 '호출'하는 코드가 있다. 시스템에 프로그램 작동 방식을 지시하는 메타 코드를 호출하는 것이다. 이런 식으로 소프트웨어 견고성이 크게 향상된다. 컴퓨터 과학자들은 견고성이 뛰어날수록 바람직하다고 제안한다. 더 나아가 소프트웨어를 제작할 때 유전자 배열의 조직 원리를 적용하면 불안정성이 크게 줄어들기 때문에 적극 활용해야 한다고 주장하기도 한다. 컴퓨터를 써본 사람이라면 소프트웨어가 얼마나 취약한지 잘 안다. 만약 살아 있는 유기체가 윈도우 운영체제처럼 자주 고장 나면 생명을 유지할 수 없을 것이다. 소프트웨어 개발자들이 새롭게 밝혀지는 유전자 코드의 비밀을 적극 활용하면 훨씬 복잡하고 견고한 소프트웨어를 설계할 수 있을지도 모른다.

유전자의 주요 특징에서 나왔고 유전자에 기여하기도 하는 모듈 방식이 있다. 바로 축약형 부호화 방식이다. 유전자는 '축약형' 지침서만 참조해서 오랫동안 똑같은 방식으로 적용된 모티프나 모듈을 발현시킨다. 오랜 세월 수많은 동물에게 반복 적용되며 철저히 검증된 '기성 형식'을 발현시킬 때는 구체적인 지시사항이 담긴 설명서를 일일이 참조할 필요가 없다. 축약형 지침서는 간략한 메시지만으로 전체 과정을 지시할 수 있다. 예를 들어, 유전자는 "180℃에서 2시간 동안 빵을 굽는다"라고만 지시하면 된다. "달걀 두 개를 깨서 젓다가 우유와 밀가루와 설탕을 넣고 다시 젓다가 팬에 붓는다"라고 지시할 필요가 없고, 더욱이 "냉장고로 걸어가서 냉장고 문을 열고 달걀 상자를 꺼내 상자를 열고 달걀을 꺼내 깨트려서 대접에 담고 달걀껍질을 버리고 다른 달걀을 꺼내서……"라는 식으로 장황하게 늘어놓을 필요는 없다. 지시사항이 길면 길수록 왜곡될 소지도 커진다(예를 들어, "달걀을 깨트려서 대접에 담고 노른자를 제거한다"로 바뀔 수 있다). 청사진에 들어 있는 지시사항은 청사진에서 만들어지는 복잡한 유기체에 비해 매우 짧다. 일정한 형식으로 굳어져 항상 같은 방식으로 실행되기 때문이다. 지시사항 자체를 바꿀 수는 있지만('케이크 굽기' 대신 '파이 굽기'로) 지시사항의 내용을 변경하기는 어렵다. 케이크 굽기라는 지시사항이 나오면 케이크 굽기의 전체 '스크립트'를 실행해야 한다.

컴퓨터 소프트웨어를 다루면서 유전자가 얼마나 견고한 구조인지 드러났다. 컴퓨터 프로그래머에게 겨우 2만 개나 2000만 개나 10억 개의 부품만으로 인간이라는 '프로그램'을 작성할 수 있다는 사실은 경이롭게 느껴진다. 과학자들은 오래전부터 인간의 능력을 갖춘 소프트웨어 시스템을 구축해 로봇이나 인공지능 시스템을 개발하려고 연구하면서, 그것이 얼마나 어려운 작업인지 실감했다. 이는 낮은 수준의 모듈에서 천천히 오류를 고친 뒤, 그 모듈을 큰 프로그램에서 실행하는 시스템을 떠올리면 알 수 있다. 곳곳에서 코드 배열 몇 개를 변경해도 고장 나지 않고(유기체로 치면 사산되지 않고) 작동 방식이 약간 달라져도 여전히 제대로 기능하는 시스템이 있다고 생각해 보면 얼마나 대단한 일인지 짐작할 수 있을 것이다.

유전자를 도구모음이나 모듈로 조직하면 불안정성이 크게 줄어들고 무엇보다도 변수가 적어진다. 영어의 여덟 자 단어의 예처럼, 수없이 많은 가능성들이 실제로는 성립되지 않을 가능성이 크다. 코돈 단어 스무 개로 1000단어짜리 유전자 문장이 만들기는 어렵지 않다. 그러나 반드시 문장에 고정된 구문을 끼워 넣어야 한다는 조건이 생기면 무수한 조합 중 대부분이 문장으로 성립하지 않는다. 〈그림 3. 1〉은 특정 크기의 특정 명령에 변이(무작위 변이)가 발생할 때 생성되는 배열의 수를 보여준다. 'a'는 유전자 명령이 구문이나 모듈로 조직되지 않을 때 나올 수 있는 변이의 수와 무작위 변이로 인해 발생할 수 있는 오류나 손상된 개체 비율을 나타낸다. 'b'는 명령을 모듈로 조직한 결과 나타나는 두 가지 중요한 효과를 보여준다. 모듈 방식 명령은 비모듈 방식 명령에 비해 변이의 수는 제한되지만 변이의 '효과'는 크다. 다시 말해서, 변이로 발생한 개체의 생존 가능성이 훨씬 커진다. 여기서는 이런 특징이 일반적인 청사진 시스템에도 적용된다고 가정한다. 유전자 코드와 컴퓨터 코드에 공히 적용된다고 가정하는 것이다. 모듈이 포함된 비율이 높으면 변이 가능성은 줄어들지만 성공적인 개체가 나올 확률은 높아진다.

〈그림 3. 1〉은 모듈 방식이 변이에 미치는 영향을 보여준다. 유전자 코드(위)를 수정하면 코드 구성에 따라 유기체(아래)가 달리 생성된다. 비모듈 방식 코

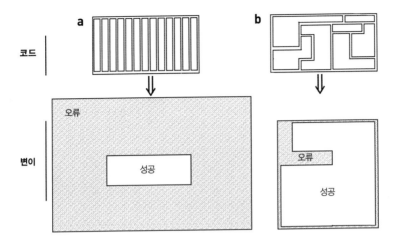

그림 3.1

유전자 코드 구성에 따라 다양한 유기체가 생성된다. a) 비모듈 방식 코드(왼쪽 위)에서는 유기체 설계의 순열
(왼쪽 아래)이 무수히 구성되지만 대부분 생존하지 못한다('오류'). b) 유전자 명령을 모듈 방식(오른쪽 위)으로
조직하면 변종의 수(오른쪽 아래)는 줄어들지만 유기체의 생존율이 크게 높아진다('성공').

드(a)에서는 무수히 많은 변종이 발생할 수 있지만 생존율은 떨어진다. 모듈
방식 코드(b)에서는 변종이 나타날 확률이 줄어들지만 생존율은 높아진다.

우 연 히 커 진 뇌

이번에는 진화에서 무작위로 변이가 일어나는 과정을 살펴보자. 원시 유전
자 코드는 현재와 같은 구조가 확립되지 않아서 무작위 변이가 일어날 가능
성이 높았다. 또 변이로 발생한 유기체는 대체로 생존 가능성이 낮아서 곧바
로 멸종했다. 그렇다면 원시 유기체가 현재 지구상에 살아 있는 동물보다 훨
씬 다양한 형태로 존재했다고 봐도 무방할 것이다. 바로 고생물학자 스티븐
제이 굴드Stephen Jay Gould의 가설이다. 굴드는 캐나다에서 출토된 유명한 버제
스 셰일 지대 화석을 근거로 들면서, 아주 오래전(5억 년 전)에는 우리의 상

상을 뛰어넘는 유기체가 살았고, 현존하는 종보다 훨씬 다채로운 고생물이 존재했을 것이라고 주장했다. 그러다 우연히 변이 후에도 제대로 기능하는 유기체가 나타나기 시작하면서 똑같은 모듈이 다른 종에도 복제되고, 나아가 종 하나에서 여러 아종이 분화되기도 했다는 것이다.

적응력이 유난히 뛰어난 변이의 유형이 존재한다는 가설이 있다. 유전자 코드가 모듈 방식으로 배열된 변이를 말한다. 달리 말하면, 진화에서 모듈 방식이 가장 유용한 방식으로 정착하여 점차 우월한 지위를 차지할 수 있다는 뜻이다. 모듈이 유전자 코드에 결합되면서 발생할 수 있는 변종의 종류가 제한되고 초기에 무질서하던 변이에 질서가 잡힌다. 꼭 필요한 변이 양상이 고정되고 모듈 방식의 범위 안에서만 변이를 탐색하게 되었다. 모듈 방식으로 진화한 종이 무분별한 변이를 거친 종보다 경쟁력이 높기 때문에 계속해서 모듈 방식을 지향하게 된 것이다.

발생 가능한 유전자 배열의 규모는 방대하다. 하지만 모듈 방식으로 구조화되지 않았다면 그 수가 무한대에 가까웠을 것이다. 현재 동물 강綱이 수십 개이고, 강마다 비교적 규모가 작은 체제와 화학 작용을 보유한다. 조직화 수준이 유난히 높은 강이 있다. 예를 들어, 모든 포유류는 머리부터 꼬리까지 척수가 연결돼 있고, 다리가 넷이고(뒷다리와 앞다리로 분화된 경우가 있고, 앞다리는 손으로 변형되기도 한다), 눈이 둘, 귀가 둘, 입이 하나이며, 모두 몸에 털이 나 있고, 순환계, 소화계, 생식계, 신경계가 유사하다. 포유류의 변이는 모두 이를 비롯한 수많은 제약 안에서 이루어진다. 이런 제약은 DNA의 큰 구성요소에 해당하며, 모든 파충류와 포유류의 진화 과정에서 변치 않고 남아 있다. 가령 앞다리 관절에서 다섯 번째 다리가 자라거나, 머리가 셋이거나, 촉수가 나거나, 눈이 열여섯 개이거나 귀가 하나만 있는 포유류는 없다. 유전자 명령이 모듈 방식으로 압축되어 적용되기 때문에 실제로는 특정 변이만 발생할 수 있다. 다시 말해서, 미리 준비된 청사진에서 일부만 변경될 수 있다는 뜻이다.

따라서 모듈 방식 변이의 특성을 바탕으로 이렇게 추론할 수 있다. 자잘한 변이가 무작위로 늘 발생한다. 어느 한 종의 '고정된' 출생에서도 간혹 변이가 나타난다. 그리고 대부분의 변이는 적응력이 없거나 적응력이 떨어지거나 부작용으로 간주된다. 그래서 대다수는 끝내 살아남지 못한다. 그러다 우연히 발생한 적응적인 변이는 살아남는다(진화 이론에 따르면 그렇다). 화석을 연구해보면 이런 양상이 뚜렷이 나타나는 것을 확인할 수 있다. 작은 변이가 흔적도 남기지 않고 사라진 예도 무수히 많은 반면(미미한 변이라 해도 비정상적인 개체로 간주되어 배척당한다), 아주 드물게 성공적인(끝까지 살아남는) 변이도 있다. 극소수의 성공적인 변이로 인해 갑자기 외양이 바뀌어서, 변이가 일어나지 않던 안정적인 시기와 단절적으로 보인다. 이 사실은 화석으로 확인할 수 있다. 이는 일찍이 다윈이 《종의 기원》이나 《인간의 계보》에서 지적했고, 엘드리지Niles Eldredge와 굴드의 〈단속평형설Puntuated Equilibrium〉에서도 말하지만, 두 주장 자체는 극명하게 대립한다. 다윈은 화석 기록이 소실된 탓이라고 설명한 반면, 엘드리지와 굴드는 지리적 고립과 그로 인한 '이소성異所性' 종 분화(고립된 공간에서 서로 다른 진화를 하는 것)로 인해 나타난 현상이라고 보았다. 다른 학자들은 또 다른 입장을 취한다. 하지만 진화에서 나타난 변이 양상 자체는 부정할 수 없는 사실이다.

다시 뇌 이야기로 돌아가자. 제약이 심한 청사진에는 극히 일부에서만 변이가 일어난다. 우리는 손가락을 좀 더 자유자재로 움직일 수 있다. 엄지손가락의 위치를 약간 이동하여 자유롭게 물건을 잡을 수 있다. 색소 형성 유전자의 변이로 머리카락, 눈, 피부색이 조금씩 달라질 수 있다. 엉덩이의 모양이 약간 변형되어 두 다리로 걸을 수 있다. 신체의 기본 형식은 크게 바뀌지 않지만 뇌의 변화는 가능성이 열려 있는 것으로 여겨진다. 학자들은 뇌의 다양한 '새로운' 영역이 특정 능력을 획득하는 방향으로 진화한다고 제안한다. 새로운 능력은 주로 외부환경의 도전을 '극복'하기 위한 대응이다.

뇌가 클수록 바람직하다고 생각할 수 있다. 뇌가 큰 동물은 똑똑해지므로 진화하면서 뇌가 커질 수 있다. 하지만 뇌는 비용이 많이 드는 기관이다. 뇌세포 뿐 아니라 신체 모든 세포는 작동하기 위해서 에너지가 필요하다. 음식을 먹는 이유는 다른 생명체에서 영양분을 뽑아내기 위해서다. 섭취한 영양분을 변형하여 자동차 기름처럼 세포를 움직이게 하는 화학물질로 바꾼다. 뇌세포는 몸에서 비용이 가장 많이 들어가는 세포로서, 다른 세포보다 약 두 배의 에너지를 소모한다. 뇌세포에 들어가는 비용의 일부는 뇌세포를 끊임없이 재건하는 데 쓰인다. 대부분의 세포는 세월이 흐르면서 손상되고 대체되지만 뇌세포는 거의 재생되지 않는다. 따라서 뇌세포는 한 번 손상되면 복원하기 어렵다. 새로 설계해서 집을 짓는 것보다 살던 집을 대폭 개조하는 비용이 더 들듯이, 뇌세포를 유지하는 데는 많은 에너지가 들어간다.

나머지 비용은 뇌세포가 담당한 작업을 처리하는 데, 즉 전기자극을 일으켜 뇌 전체에 메시지를 전달하는 데 쓰인다. 이 작업은 끊임없이 일어나서 뇌 에너지의 절반가량을 소모한다. 몸 전체에서 소모하는 에너지의 약 10퍼센트에 해당하는 양이다.

하지만 생물학적 체계는 진화하는 동안 신체 일부에서 생물학적 과정에 이르기까지 가능한 모든 부분에 영향을 주려는 경향을 보인다. 유기체는 제멋대로 변이를 일으키다가, 비용이 많이 드는 조직을 없애도 살아남는 방법을 터득하면, 경쟁자보다 먹이를 적게 섭취하려는 경향성 때문에 이 정보를 유전자로 전달하려 한다.

이처럼 비용이 많이 드는 조직을 없애는 방향으로 진화하는 경향에 비춰

보면, 인간 뇌가 지금처럼 커진 것은 불가사의다. 신체 다른 기관이라면 몰라도 뇌는 커져서는 안 되는 기관이기 때문이다. 이런 이유에서 만약 이 비용이 많이 드는 기관이 확장되면, 반드시 값진 결과가 나온다는 주장이 제기된 것이다.

그리하여 포유강 1목인 영장목의 진화에서 뇌가 팽창하는 방향이 일부러 채택됐다는 가설이 자주 등장한다. 다시 말해서, 뇌가 늘어난 덕에 생존경쟁에서 유리한 행동이 발달했다는 뜻이다. 이에 따라 사회생물학에서 진화심리학에 이르는 다양한 분야가 탄생했다. 이들 분야에서는 행동과 진화를 연결하는 가설을 세운다. 이타주의, 배우자 선택, 자녀 양육, 언어 습득처럼 명확히 설명되지 않는 인간 행동에 관한 설명도 내놓는다. 개중에는 라마르크의 이론을 다시 끄집어내는 주장도 있다. 즉, 이런 특성은 원래 우리 안에 있던 것으로, 생존에 유리한 특정형질의 유전자가 이후 세대에 살아남을 가능성이 많다는 '진화의 선택압Selection pressure'에 의해 발현됐다는 주장이다. 하지만 앞서 설명했듯이 이는 인간이 정교한 과정을 거쳐 지금의 모습이 되었다는 '필연의 오류'에 빠져들 수 있다. 사회생물학에서 내세우는 주장은 모두 필연의 오류일까? 인간은 꼭 지금과 같은 모습이어야 할까?

이 책에서는 조금 다른 가설을 제기하고자 한다. 우리는 뇌가 (주로 우연한) 생물학적 이유에서 커지고, 뇌가 커지면서 행동도 바뀐다는 가설을 제기한다. 앞서 설명했듯이 게놈에서 우연히 변이가 일어나면서 뇌가 커졌을 수도 있다는 가설은 꽤 그럴듯하게 들린다. 하지만 뇌가 커지면 비용이 늘어나는데도 변이가 계속 일어날 필요가 있었을까? 바로 이 질문에서 행동 이론이 나온다. 사회학에서 언어학에 이르는 여러 분야의 특정 행동에 대한 '욕구'나 '압력' 때문에 뇌가 커진 것은 아니다. 우연히 뇌가 커졌다가 효용성을 인정받은 것이다. 우연히 커진 뇌에서 뜻밖에 효용성이 발견됐고, 효용성이 크기 때문에 늘어난 비용을 치르면서까지 큰 뇌가 선택된 것이다. 자연스럽게 이어지는 질문은 그 확률은 어느 정도인가이다. 뇌가 우연히 커졌고 예상하지 못한 행동의 변화가 나타난 것이라면, 이렇게 우연히 발생한 사고에서 지극히 적응적인 행동이 나타날 확률은 얼마나 될까?

이 질문이 곧 이 책의 주제다. 이 책에서 우리는 본성(유전에 의한 선천적 능력)이냐, 양육(환경과의 상호작용으로 습득한 능력)이냐의 문제를 앞서 제시한 일련의 사건을 중심으로 탐색한다. 요컨대, 1) 우연히 커진 뇌, 2) 예상치 못한 행동의 효용성, 3) 뇌의 지속적인 팽창이라는 세 가지 관점에서 살펴볼 것이다.

기본 원칙은 변함없다. 진화에서 큰 뇌가 유용한지는 밝혀지지 않았다. 엄지손가락의 위치와 방향이 약간 바뀌었다고 해서 손재주가 늘어나지는 않는 것과 같은 이치다. 오히려 이해할 수 있는 수준의 작은 변이로 인해 작지만 유용한 변형이 일어났다. 모든 포유류의 뇌 유전자 프로그램은 거의 동일하다. 유전자 몇 개의 수천 가지 모듈에서만 일어난 수천 가지 변이로 인해, 모든 포유류의 뇌가 결정된다. 미세한 유전자 변이만 일어나도 체격이나 팔다리나 뇌가 커지거나 작아질 수 있다. 특히 임신 기간이 조금만 길어지거나 짧아져도 태아의 뇌 크기가 영향을 받는다. 뇌 발달은 대부분 태아의 후기 발달 과정에 나타나기 때문이다.

따라서 미세한 유전자 변이로 인해 다양한 호미니드가 나타났을 가능성이 크다. 앞으로 이 책에는 다양한 호미니드가 등장할 것이다. 오스트랄로피테쿠스, 호모 에렉투스, 네안데르탈, 보스콥인이 나오기는 하지만 과장되거나 화려한 모습으로 그려지지는 않을 것이다. 우리 '현대인'에게 우연히 획득한 특질을 물려준 조상으로 소개될 뿐이다. 그리고 그들이 물려준 특질 중 하나가 큰 뇌다.

뇌의 출현

최초의 동물이 발생할 때, 뇌는 단순한 입력과 출력 작용에 불과했다. 초기의 '뇌'는 '뉴런'이라는 신경세포 집합으로, 빛, 소리, 촉각 같은 입력 정보를 처리하고 운동 같은 출력 정보를 생성하는 기관에 지나지 않았다. 달팽이를 건드리면 촉감을 지각하고(입력) 근육에 출력 정보가 전달되어(출력) 껍데기 안으로 움츠러들게 한다. 감각 입력과 운동 출력 사이에 처리되는 정보는 많지 않다. 뇌가 작으면 촉각, 빛, 소리, 냄새, 맛 같은 입력 정보를 지각하고, 출력 정보인 여러 가지 근육운동을 생성하는 데 몰두한다. 단순한 뇌일수록 입력과 출력 사이에 처리되는 정보가 적다. 하지만 뇌가 커지면 단순한 감각(입력)과 운동(출력)에 직접 관여하는 뇌 영역의 비율이 줄어들고, 입력과 출력의 중간에 존재하는 뉴런이 늘어난다. 뇌가 인간 수준으로 커질 즈음에는 거의 모든 뉴런 활동이 내부에서 일어난다. 시각이나 청각을 비롯한 신체감각이나 운동과 같은 지엽적인 작업을 전담하는 뇌 영역의 비율은 매우 적어진다. 대부분의 뇌 영역에서 생각을 처리한다.

하지만 표면이든 '중간'이든 뇌의 모든 영역은 같은 물질로 되어 있다. 서로 연결된 뉴런이라는 물질이다.

뉴런은 몸의 다른 세포와 다르지 않다. 피부세포나 간세포와 동일하다. 다만 뉴런은 메시지를 전달하는 특수한 능력을 가지고 있을 뿐이다. 뉴런은 전기 신호를 입력받기도 하고 출력하기도 한다. 간단한 소형 계산기와 비슷하다고 보면 된다. 입력 정보를 계산해서 전기 정보로 출력하는 것이다. 뉴런이 전달하는 '정보'는 단순한 전기자극electrical pulse으로, 전송되는 짧은 순간에 존재나 부재 이외의 다른 정보는 담겨 있지 않다. 어느 한 순간에 켜진 상태냐 꺼진 상태냐의 차이만 있을 뿐이다.

뉴런은 신호를 받고 신호를 보낸다. 달팽이를 건드리면 움츠러든다. 눈에 분포한 뉴런은 빛, 곧 뉴런에 부딪히는 광자光子를 신호로 받아들인다. 귀에 분포한 뉴런은 소리, 곧 공기 중에 흐르는 진동에서 직접 신호를 받는다. 코와 혀에 분포한 뉴런은 코와 혀에 닿는 화학 분자에서 신호를 받아들인다. 피부에 분포한 뉴런들은 무언가가 닿는 압력에 반응한다. 이 모든 신호는 전기 신호로 바뀌어 뉴런에서 뉴런으로 전달된다. 또 '출력'할 때는 전기 신호가 근육으로 전달되어 근육을 확장시키거나 수축시켜 몸을 움직인다.

최초의 뇌

먹장어와 그 칠성장어과 친척들은 턱이 없고 미끈거리는 섬뜩한 생김새를 지녔다. 인정하고 싶진 않지만 따지고 보면 이들도 인간의 먼 조상이다. 이들은 어류, 양서류, 파충류, 조류, 포유류와 같은 척추동물의 '줄기stem'동물이기 때문이다. 이들의 뇌는 거의 발달하지 않았다. 하지만 5억 년 전에 발달한 이들의 뇌가 이후 모든 척추동물 뇌의 기본 틀이 되었다. 〈그림 4. 1〉은 먹장어의 뇌를 측면에서 본 단면도다.

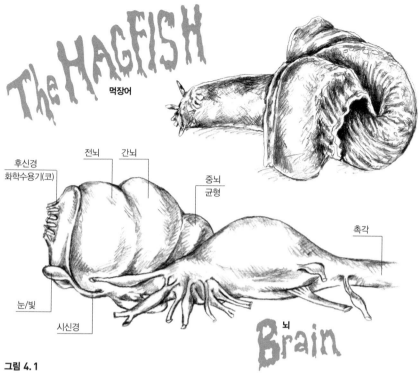

The HAGFISH
먹장어

후신경
화학수용기(코)

전뇌 간뇌

중뇌
균형

촉각

눈/빛

시신경

Brain
뇌

그림 4.1

먹장어(오른쪽 위)는 현존하는 모든 척추동물의 대표적인 줄기동물이다. 먹장어의 뇌(아래)는 주로 감각기관과 운동기관으로 이루어진다. 전뇌는 영장목의 뇌 대부분을 차지하지만, 원시 어류인 먹장어의 뇌에서는 작은 부분만 차지한다.

감각 입력

호미니드의 뇌를 논의하면서 어류 몇 종에 관한 연구도 살펴볼 것이다. 연구 자료에 생긴 큰 구멍을 메우기 위해 여러 가지 추측도 시도할 것이다. 먹장어의 중추신경계는 맨 앞의 코에서 시작해서 뒤로 이어지면서, 후각구olfactory bulb, 전뇌forehead, 간뇌diencephalon, 중뇌midbrain, 후뇌hindbrain, 척수spinal cord로 구성된다. 모든 척추동물에 나타나는 뇌 구성이다.

〈그림 4. 2〉는 〈그림 4. 1〉에 뉴런을 추가한 모습이다. 뉴런은 입력기관과 출력기관을 둘러싼 전선을 통해 전기자극 신호를 입력받고 내보낸다. 뉴런

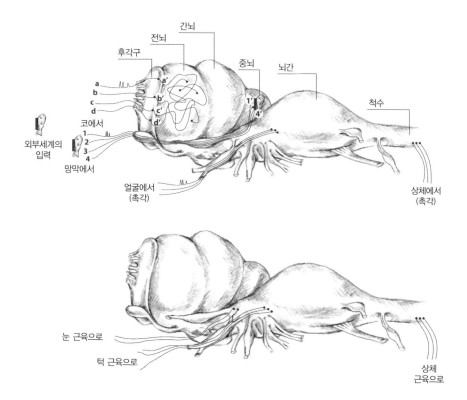

간뇌
전뇌
후각구
중뇌
뇌간
척수

a
b
c
d

a'
b'
c'
d'

1'
4'

코에서
1
2
3
4

외부세계의
입력

망막에서

얼굴에서
(촉각)

상체에서
(촉각)

눈 근육으로

턱 근육으로

상체
근육으로

그림 4. 2

먹장어의 감각계와 운동계에 분포한 뉴런은 축색을 통해 뇌에 분포한 뉴런에 연결된다(위). 입력 정보는 순시에 맞게 분포한다. 신체 앞부분(코)에 분포한 뉴런은 뇌 앞부분에 연결되고, 신체 표면에 분포한 뉴런은 척수로 들이긴다. 입력 정보(장면이나 냄새)를 받는 뉴런은 지점연결 방식으로 뇌의 표적 부위에 연결되므로, 코 안쪽의 수용기 윗부분은 뇌의 첫 단계의 윗부분(후각구의 a')에 연결된다. 후각계는 독특한 구조로서 후각구에서 전뇌로 이어지는 두 번째 처리 단계는 무작위로 처리된다(아래). 뇌에서 근육으로 전달되는 출력 정보도 영역별로 구성된다.

의 입력 전선을 수상돌기dendrite, 가지돌기라 하고 출력 전선을 축색돌기axon라고 한다. 수많은 뉴런에서 뻗어 나온 축색돌기는 다발을 이루어, 마치 땅속에 묻힌 전선처럼 뇌의 한 영역에서 다른 영역으로 이어진다. 개구리 다리의 신경처럼 우리 몸의 신경은 감각을 뇌에 연결하고 뇌를 근육에 연결한다. 신경은 거대한 뉴런 집단에서 뻗어 나온 축색돌기가 한데 묶인 두툼한 다발이다.

후각, 시각, 촉각과 같은 입력기관에는 신경, 즉 축색돌기다발을 뇌의 특수한 영역으로 보내는 뉴런이 분포한다.

코에 분포한 뉴런에서 뻗어 나온 신경다발은 뇌의 첫 단계인 후각구 신경에 연결된다. 후각구에서는 축색다발을 통해 다시 전뇌의 다음 영역으로 전달한다. 원시 줄기동물인 먹장어의 뇌는 상대적으로 전뇌가 작고, 냄새 정보를 전달하는 후각 입력 영역이 대부분을 차지한다. 뇌가 조금씩 커지면서 전뇌가 가장 많이 커지다가, 인간에 이르러서는 전뇌가 뇌의 90퍼센트를 차지하게 되었다.

코에서 후각구로 연결될 때는 지점연결 방식을 따르므로 코의 냄새 수용기 구조가 그대로 유지된다. 하지만 후각구에서 전뇌로 연결될 때는 구조가 흐트러지며 무작위로 연결된다. 2장에서 설명한 회로 설계 방식의 한 예다. 눈에서 입력된 정보와 피부에서 입력된 정보는 전혀 다른 경로로 전달된다. 눈에서 정보가 들어올 때는 망막 뉴런의 축색이 뇌 기본 영역 중 하나인 간뇌의 뉴런으로 연결되고, 피부에서 정보가 들어올 때는 촉각 정보를 전달하는 축색이 척수와 후뇌의 해당 영역에 분포한 뉴런으로 연결된다. 〈그림 4. 2〉의 위 그림을 보면 뇌의 표적 부위가 신체감각계의 위치에 대응하여 일직선으로 분포해 있다. 동물 앞부분의 냄새 수용기는 뇌의 전반부(전뇌)를 활성화시키고, 약간 뒤쪽에 위치한 눈은 약간 뒤쪽에 위치한 뇌 영역(간뇌와 중뇌 일부)으로 축색이 연결되고, 신체 나머지 부분은 후뇌와 척수로 축색이 연결된다. 일반적으로 뇌에는 감각을 전담하는 영역이 분포해 있으며, 여러 기능을 통합하는 중앙처리장치는 없다.

따라서 입력기관에 해당하는 영역이 뇌에 분포해 있는 것은 그다지 놀라운 사실이 아니다. 더욱 놀라운 사실은 영역마다 지속적인 대응을 한다는 점이다. 시각 영역은 필름 카메라처럼 지점연결 방식으로 연결된다. 시각장 visual field 왼쪽으로 입력된 정보는 간뇌의 해당 영역으로 축색이 연결된 뉴런을 활성화시킨다. 시각장 오른쪽으로 입력된 정보는 오른쪽을 담당하는 뇌 영역으로 연결되고, 시각장 위쪽과 아래쪽도 마찬가지다. 촉각도 지점연결 방식으로 연결된다. 손에서 느끼는 촉각은 후뇌의 특정 영역을 선택적으로 활성화시킨다. 팔에서 느끼는 촉각은 옆쪽에 위치한 영역을 활성화시킨다. 결국에는 피부에 분포한 위치나 눈에 보이는 이미지를 뇌에 옮겨서 지도를 그리는 것과 같다. 뇌 지도는 겉으로 드러난 신체 부위를 직접적인 지점연결 방식으로 표시한 것이다. 수정란에서 시작해서 성인으로 성장하는 사이에 이 지도가 뇌에 자연스럽게 자리 잡는다.

운동 출력

신경계의 출력은 〈그림 4. 2〉의 아래 그림으로 간략히 표시할 수 있다. 후뇌와 척수는 뇌의 신체근육 지도에서 운동 영역을 담당한다. 따라서 척수 맨 위에 분포한 뉴런은 얼굴의 코와 입과 눈 근육으로 축색이 연결된다. 바로 아래에 위치한 뉴런은 얼굴 아래의 상체 근육에 축색이 연결된다. 척수 맨 위에서 맨 아래까지 같은 양상이 나타난다. 척수 맨 아래 분포한 뉴런은 꼬리 근육으로 신호를 전달한다. 척수에는 근육으로 축색이 연결된 뉴런도 있고, 뉴런끼리 연결하는 뉴런도 있다. 이 뉴런 연결을 통해 헤엄칠 때 필요한 다양한 사인곡선 형태 동작이 일어난다. 사인곡선 형태 동작을 일으키는 원시적인 뉴런 연결은 진화의 과정에서 소멸되지 않고 살아남았다. 이 동작은 파충류에게도 나타난다. 악어는 몸을 휘면서 진흙바닥을 기어 다닌다. 지금은 많이 줄어들긴 했지만 포유류에게도 사인곡선 형태 동작이 남아 있다. 진화는 인색한 시계공처럼 새로 발명한 기술을 여러 번 재활용한다.

후뇌의 운동 영역 뿐 아니라 전뇌에도 운동에 적극 개입하는 구조가 있다. 선조체striatum라는 구조는 운동을 조직하는 기능을 담당하며, 후뇌에서 생성하는 자잘한 운동을 묶어서 통합된 동작으로 만들어낸다. 선조체에 관해서는 6장에서 자세히 다루겠다.

후뇌의 운동 영역과 전뇌의 운동 영역은 뚜렷이 구분된다. 뉴런 유형이나 뉴런의 연결 방식이 전혀 다르다. 두 영역의 뇌 조직을 현미경으로 들여다보면 뚜렷한 차이를 확인할 수 있다. 같은 뇌라는 사실이 믿기지 않을 정도다.

특수한 운동은 다양한 방식의 배열을 통해 뇌 영역을 자극하여 특수하게 분화된 뇌 구조를 활성화시킨다. 고양이가 쥐를 쫓을 때처럼 움직이는 물체를 추적하려면, 선조체에 의한 방향감각과 정지−시작stop-start 양식, 그리고 척수에서 활성화되는 지속적인 운동이 필요하다. 먹장어의 뇌 대부분은 특수한 환경의 요구에 맞게 특화된 엔진의 집합이라고 볼 수 있다.

감각과 운동의 연결

입력이든 출력이든 어느 하나가 없으면 무용지물이 된다. 보는 것에 반응해서 행동하지 못하면 시각이 무슨 의미가 있을까? 감각기관에서 보낸 정보가 지시하지 않은 운동이 무슨 의미가 있을까? 앞서 언급했듯이 덜 발달된 척추동물의 작은 뇌에는 감각 입력과 운동 출력 이외에 다른 기능이 거의 없다. 뇌가 커지면서 감각과 운동을 담당하는 영역 이외의 중간 물질이 비대해진 것이다.

전형적인 척추동물의 뇌에서 중뇌의 시각 영역, 그 근처의 청각 영역(있는 경우), 소뇌(있는 경우), 촉각 영역은 모두 중뇌와 후뇌의 뉴런 집합에 신호를 보내, 후뇌−척수 운동 축 사이에서 중계자 역할을 한다. 이 기능을 담당하는 영역은 매우 넓다. 시각 영역의 중계자는 출력 정보를 머리 쪽으로 보내서 신호가 지각되는 쪽으로 머리를 돌리게 한다. 마찬가지로 촉각 영역은 몸에 느껴지는 자극의 위치에 따라 근육 반응을 일으키는 운동 영역에 연결된다. 따라서 신체 앞부분이 어딘가에 부딪히면 회피 반응이 일어나는 반면, 꼬리 부분이 붙잡히면 전혀 다른 반응이 일어난다. 소뇌가 있는 척추동물의 뇌에서는 소뇌의 중계자가 보상운동 반응compensatory motor response을 일으킨다. 신체 한 부위의 근육이 수축할 때 다른 부위에서 상반된 반응이 일어나지 않게 하는 것이다. 요컨대, 지극히 원시적인 뇌에도 미리 설정된 구조가 넓게 자리 잡고 있다. 특수하게 분화된 구조가 넓게 분포하고, 필름 카메라처럼 지점연결 방식으로 외부세계를 표상한다.

하지만 예외가 하나 있다. 촉각, 시각, 운동 영역에 적용되는 규칙을 따르지 않는 뇌 구조, 바로 후각계다. 후각계는 지점연결 방식을 따르는 다른 영역과 전혀 다르다. 어떻게 다를 수 있는지는 명확히 밝혀지지 않았다. 시각 이미지에서 나무가 바위 오른쪽에 있다는 말이 무슨 뜻인지 알 수 있고, 머릿속의 뉴런 지도에서 해당 영역을 짚어낼 수 있다. 마찬가지로 머리의 감각은 팔의 감각보다 위쪽에서 일어난다는 말이 무슨 뜻인지 알고 뉴런 지도를 그릴 수 있다. 그런데 후각에서는 어떤 뉴런 지도가 그려질까? 민트향이 풀냄새에 둘러 싸여 있는가? 아니면 왼쪽 혹은 오른쪽에 있는가? 후각은 시각과 달리 외부세계의 위치가 일정하게 유지되지 않는다. 나무 꼭대기는 줄기 위에 있다. 하지만 냄새는 특정 시점에 어떤 위치에서 나느냐에 따라 달라질 수 있다. 돌아다니면서 냄새가 나는 위치를 알아낼 수 있지만, 냄새 자체는 다른 냄새와 서로 뚜렷한 관련을 맺지 않는다. 만약 후각이 시각과 비슷하게 작동한다면 코에서 뇌로 연결된 축색이 지점연결 방식으로 화학물질의 종류에 따라 위치를 지정하는 지도를 만들 수 있을 것이다. 꽃향기, 톡 쏘는 냄새, 연기 냄새, 과일향, 흙냄새도 뇌 지도로 그릴 수 있을 것 같지만, 실제로 이런 지도는 없다. 후각 신호를 전달하는 축색은 전뇌의 넓은 영역에 무작위로 신호를 보낸다. 예를 들어, 설탕 분자에 반응하는 뉴런은 후각계에 흩어져 있을 뿐, 서로 뚜렷한 관계를 맺지는 않는다. 전뇌의 시각 영역이 후뇌의 운동 영역에 연결되는 것과 달리, 전뇌의 후각 영역은 운동계와 전혀 연결되지 않는다. 대신 전뇌의 다른 영역에 연결된다.

인간 뇌를 비롯한 큰 뇌에서도 냄새를 처리하는 이런 체계가 유지된다. 그러나 나중에 설명하겠지만, 이처럼 원시적이고 독특한 냄새 처리기관에서 인간 뇌의 여러 영역의 기반이 형성되어 나왔다. 게다가 후각계의 독특한 구조는 추상적인 사고의 첫 번째 구성요소다.

뇌의 팽창

턱이 있는 어류는 원시 줄기동물인 먹장어에서 진화하면서 다양한 신체 구조와 생활양식을 갖게 되었다. 일부 어종은 뇌가 현저하게 변형되어 있기도 하지만, 뇌의 기본 양식은 변하지 않았다. 척추동물이 육지로 올라오기까지 1억 년 이상 걸렸다. 게다가 완전하게 육지로 올라온 것은 아닌 양서류로서, 일정 시간만 뭍에서 지내는 생활양식을 택했다. 하지만 얼마 후 나타난 파충류는 최초로 육지생활에 완벽하게 적응하면서 크게 번성해나갔다. 특히 파충류가 나타나면서부터 뇌는 확연히 달라졌다. 상어와 거북이의 뇌는 한눈에도 쉽게 구별된다. 그러나 후각구, 전뇌, 간뇌와 같은 원시 뇌 조직은 아직까지도 고스란히 남아 있다. 그런데 매우 놀라운 지적이 있다. 해리 제리슨 Harry Jerison의 고전 《뇌와 지능의 진화 Evolution of the Brain and Intelligence》에 따르면 어류에서 파충류에 이르기까지 뇌의 상대적 크기는 변하지 않는다. 다른 신체 기관과 마찬가지로 뇌도 체격에 정확히 비례하여 크기가 정해진다. 어류, 양서류, 파충류 대부분은 줄기 척추동물에서 설정된 뇌-신체 크기의 방정식을 따른다. 상어 같은 일부 종에서 뇌가 커지긴 했지만, 분화된 기능을 갖출 정도로 진화하지는 않았다. 체격에 비해 지나치게 뇌가 큰 종은 없다. 금붕어에서 코모도왕도마뱀에 이르기까지 뇌-신체 비율은 거의 일정하게 유지된다.

그 후 파충류가 지구를 지배한 오랜 기간 동안에도 뇌-신체 크기의 방정식은 변함없이 유지됐다. 그러다 드디어 뇌-신체 비율이 깨지기 시작했다. 파충류가 지구의 주인으로 군림하면서 여러 아종으로 나뉘었고, 그 중 하나인 수궁류therapsid가 훗날 포유류로 진화했다. 이들 원포유류는 적응력이 뛰어나서 다른 파충류와의 경쟁에서 앞섰던 듯하다. 하지만 원포유류도 공룡이라는 새로운 파충류 아종이 출현하면서 도전을 받았다. 공룡은 두 발로 걷는 등 전혀 새로운 방식으로 환경에 완벽하게 적응했다. 공룡이야말로 두 발로 선 최초의 동물이다. 공룡은 엄청난 성공을 거둔 종으로, 순식간에 다른 파충류와 양서류를 서식지에서 몰아내고 물속과 하늘에 서식하는 아종까지 만들어냈다. 공룡의 뇌가 뇌-신체 비율에서 벗어날 정도로 커졌는지는 명확하지 않다. 제리슨은 수많은 공룡화석의 두개골에서 뇌 크기를 예측한 후 공룡의 뇌 크기 비율이 원시 어류나 파충류와 유사하다는 결론을 내렸다. 하지만 특정 공룡 집단의 뇌가 비정상적으로 컸다는 증거를 제기하는 학자도 있다. 가령 우리에게 친숙한 공룡으로는 마이클 크라이튼의 소설 《쥐라기 공원》에서 영리하게 떼를 지어 사냥하는 랩터raptor가 있다. 조류는 수많은 공룡의 종 가운데 유일하게 살아남은 후손이고, 뇌가 몸집이 같은 파충류의 뇌보다 세 배나 크다. 따라서 공룡의 뇌-신체 비율이 늘어나면서 거대한 뇌를 지닌 최초의 척추동물로 발달했을 가능성이 높다.

한편 공룡이 지구를 지배하기 시작한 후, 한때는 크게 번성하던 원포유류인 수궁류는 어떻게 됐을까?

원포유류는 몸집이 더 큰 파충류의 압력이 거세지자 서서히 변이를 일으키기 시작했다. 야행성이던 원포유류는 무모할 정도의 변이를 일으켰다. 털, 체온조절 능력(온혈동물), 모유 수유, 기어오르기나 매달리기처럼 나무에서 서식하는 데 필요한 운동능력, 듣기와 냄새 맡기를 담당하는 두 가지 새로운 감각기관을 갖추게 되었다.

듣기를 담당하는 기관에서는 턱에 있던 작은 뼈들이 분화하여 내이가 발달했다. 내이는 소리를 증폭시키는 기관으로 청력을 크게 향상시킨다. 공룡들과의 전쟁에서 막강한 무기로 쓰였을 것이다.

청각만큼 중요하게 부각되진 않았지만 후각계에서는 다른 특수 감각도 분화되었다. 원포유류에서는 비갑개turbinate bone가 진화했다. 비갑개는 비강 안에 위치한 골단bony shelf으로, 공기가 코 안으로 천천히 들어갈 때 일정한 습도와 온도를 유지해준다. 덕분에 코의 냄새 감지기가 온갖 냄새의 미묘한 차이를 감지할 수 있게 되었다. 얼마 후 코의 냄새 감지기가 폭발적으로 늘어났고, 포유류는 후각이 뛰어난 생물로 진화했다. 지금도 이런 특징이 그대로 남아 있다. 개는 코에 분포한 수억 개에서 수십억 개의 냄새 감지기를 통해 어디서나 냄새를 맡을 수 있다(이는 뇌의 다른 영역에 분포한 뉴런을 모두 합친 수보다 많다!). 원포유류인 수궁류에서 포유류로 넘어가는 사이 청각과 후각 모두 크게 향상됐다.

한편 조류와 마찬가지로 신생 포유류도 파충류 조상보다 뇌가 약 세 배나 컸다. 조류와 포유류의 발달 경로를 살펴보면 지질학적으로 같은 기간에 전혀 다른 두 동물군에서 독특하고 극단적인 변화가 동시에 일어났다는 놀라운 사실을 알 수 있다. 뇌-신체 비율은 3억 년 동안 일정하게 유지됐고, 척추동물 대부분이 지금까지도 같은 비율을 유지해왔다. 그러나 조류와 포유류에서는 이전 세대보다 몸집에 비해 뇌가 훨씬 큰 새로운 종이 출현하기 시작했다.

조류와 포유류 모두 뇌가 커졌지만 뇌의 구조는 서로 다르게 진화했다는 점에서 문제는 더욱 복잡해진다. 뇌 구조가 다르게 분화한 이유는 세계를 경험하는 방식이 서로 다르기 때문이다. 조류는 시각계가 유난히 발달했다. 독수리는 1km 이상 떨어진 곳의 작은 산토끼 한 마리도 정확하게 포착할 수 있다. 어느 포유류보다 뛰어난 능력이다. 티라노사우루스 같은 공룡은 시각이 뛰어났고, 원시 조류는 고도로 발달한 공룡의 시각계를 물려받은 듯하다. 원시 조류는 시각이 뛰어난 덕분에 하늘을 날면서 먹잇감을 찾아내 낚아챌 수 있었다. 앞에서 설명했듯이 시각과 후각은 뇌의 다른 위치에서 처리된다. 따라서 조류와 포유류에서 서로 다른 기능이 발달하면서(조류는 시각, 포유류는 후각과 청각) 뇌 역시 전혀 다른 방향으로 진화했다는 가설을 제시할 수 있다.

하지만 다시 한 번 '필연의 오류', 즉 지금의 세계가 이러한 것은 그렇게 되도록 만드는 압력이 있었기 때문이라는 생각에 빠지게 된다. 인간의 감각이 지금에 이르게 된 이유는 여러 가지다. '지금의 세계'는 다른 시도의 부작용일 수도 있다. 처음에는 부작용으로 나타났지만 진화의 선발압에 굴복하지 않고 새로운 구조적 또는 기능적 특징으로 정착할 수도 있다.

조류나 포유류의 다른 신체 부위가 먼저 적응하고 뇌는 나중에 커졌을 수 있다. 예를 들어, 조류와 포유류는 둘 다 온혈동물이다. 온혈동물이라 몸을 움직이는 데 필요한 에너지를 충분히 보유하는 것은 물론, 냉혈동물인 파충류와 비교하면 활동에 유리한 특징을 많이 지녔다. 진화의 원리로 보면 큰 뇌는 선택되지 않는다. 뇌가 크면 대사비용이 늘어나기 때문이다. 다시 말해서, 뇌가 큰 동물은 경쟁에서 불리하다. 하지만 체온조절 능력이 있으면 냉혈동물에 비해 대사비용을 감당할 능력이 충분하므로, 대사비용이 늘어나도 경쟁에서 뒤지지 않을 수 있다. 따라서 파충류보다는 조류나 포유류에서 뇌가 큰 돌연변이가 나타날 가능성이 높아진다. 다시 말해서, 체온조절 기능이 먼저 나타났고, 큰 뇌는 예기치 못한 부작용이었을 수 있다는 얘기다. 부작용으로 나타났다 해도 적응력이 유난히 떨어지지 않는 한 소멸하지 않고 남게 된다. 3장에서 진화의 선택 과정을 설명했다. 우연히 나타난 유전자 변이가 번식과 생존 가능성을 침해하지만 않는다면 표현형으로 남게 되고, 나중에 진화하면서 변형되어 나타날 수 있다.

원시 포유류는 공룡과 경쟁하면서 다양한 변이를 시도하며 진화했다. 그중 온혈동물이라는 특징으로 인해 잉여의 대사 에너지가 발생하고, 그 결과 뇌가 늘어났을 수도 있다. 공룡이 멸종하자 포유류의 수가 대폭 증가하면서 공룡이 떠난 빈자리를 채웠고, 새로운 기능이 출현할 가능성도 열렸다.

포유류의 뇌

조류의 뇌는 파충류의 시각계에서 발달한 반면, 포유류의 뇌는 파충류의 후각계에서 발달했기 때문에 나름의 독특한 특징을 지닌다. 이 장에서 우리는 파충류 후각계의 구조와 특징을 설명하고, 후각계가 작동하는 방식을 살펴본 다음, 파충류의 후각계가 어떻게 인간의 뇌를 비롯한 전체 포유류 뇌의 기본 틀이 됐는지 살펴볼 것이다.

어류와 파충류의 원시 후각계는 담요 여러 장을 겹쳐 놓은 것처럼 뉴런이 겹겹이 쌓여서 다른 뇌 구조물을 덮은 형태다. 원시적인 동물의 후각계를 '뇌의 외피' 혹은 덮개라고 한다. 포유류가 처음 나타날 때 가장 커진 부위는 바로 뇌의 외피였다. 포유류가 발달하면서 뇌의 외피도 같이 늘어나 뇌의 대부분을 덮게 되었다. 이 새롭게 뇌를 덮는 구조물을 피질cortex이라고 한다. 원래 파충류의 뇌에 있던 후각피질이 고스란히 포유류의 뇌로 이어졌고, 나머지 피질은 새로 생성된 부분이다. 원래 있던 후각피질을 '구피질paleocortex'이라 하고, 비교적 최근에 생긴 피질을 '신피질'이라 한다. 이 장에서 우리는 뇌가 팽창하면서 신피질이 늘어나는 과정을 살펴볼 것이다. 그리고 상황에 따

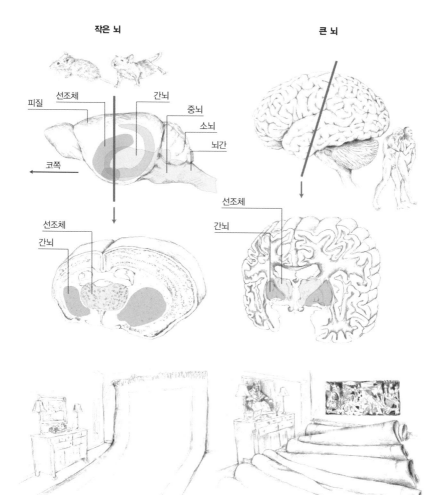

그림 5.1

큰 뇌는 작은 뇌와 다른 비율로 구성된다. 작은 포유류의 뇌(왼쪽 위)는 먹장어의 뇌(69쪽 〈그림 4. 1〉)와 기본 구조는 같지만, 피질이 늘어나면서 뇌의 나머지 영역으로 확장하여 다른 구조물을 덮는다. 뇌의 단면을 보면 (왼쪽 중간) 피질하부 영역의 구조가 덩어리로 뭉쳐 있거나 '핵 모양'으로 되어 있다. '양탄자' 여러 겹이 겹쳐 있는 모양의 피질 구조와는 대조적이다. 뇌가 큰 포유류(오른쪽)는 피질이 다른 뇌 구조에 비해 압도적으로 커서 작은 방에 양탄자를 구겨 넣은 것처럼 쭈글쭈글해진다.

라 구피질과 신피질을 합쳐 간단히 피질이라고 부를 것이다.

신생 포유류 뇌의 피질은 상당히 두껍다. 파충류 뇌의 외피와 후각계 구피질의 두 겹 구조에서, 담요 여섯 겹을 겹쳐놓은 모양의 신피질로 늘어났기 때문이다.

양탄자 여러 장이 쌓인 모양의 피질과 달리 다른 원시 뇌 구조는 뉴런이 덩어리로 뭉쳐 있다. 〈그림 5. 1〉에서 둘의 차이가 명확히 드러난다. 그림은 포유류 전뇌의 횡단면과 피질, 선조체, 간뇌 등의 부위를 보여준다. 피질이 한 겹 한 겹 가지런히 정돈된 모양인 데 반해, 선조체는 뉴런이 전체적으로 고르게 분포되어 있고 간뇌는 다발로 묶인 모양이다.

피질은 고르게 성장한다. 커다란 피질 전체에 같은 구조가 반복적으로 나타난다는 뜻이다. 피질이 늘어나 뇌 전체를 덮으며 시각, 청각, 촉각이라는 전혀 다른 기능을 담당하면서도, 전체적으로 같은 구조로 되어 있다. 앞서 살펴보았듯이 선조체와 간뇌, 뇌간과 소뇌는 쉽게 구별되지만 피질의 여러 영역을 구분하기는 쉽지 않다. 심지어 다른 포유류의 피질을 살펴볼 때도, 그 영역을 구분하기 어렵다. 이처럼 같은 구조가 반복해서 나타나는 현상은 생물학의 원칙에도 위배된다. 심장이나 신장과 같은 다른 신체 기관에는 다양한 구조의 집합이 나타나고, 기관마다 특수한 기능을 수행한다. 그래서 기관의 모양이나 다른 기관과의 연관성을 통해 기능을 추론할 수 있다. 하지만 피질은 그렇지 않다.

뉴런과 신경망

뉴런은 유난히 큰 세포다. 화학 처리를 통해 육안으로 쉽게 식별할 수 있을 정도로 크다. 〈그림 5. 2〉는 뉴런의 기본 구조를 이루는 세 부분을 보여준다. 비교적 크기가 작은 세포체, 세포체에서 뻗어 나온 거대한 수상돌기, 세포체

기저부에서 뻗어 나온 가느다란 축색 한 줄기가 있다. 축색은 길게 뻗어나가면서 곁가지를 친다. 간혹 척수 맨 아래까지 뻗어나가기도 한다.

피질은 뉴런으로 이루어진 거대한 숲과 같다. 세포를 작은 새의 크기로 간주하면(〈그림 5. 2〉의 적혈구 세포를 보라), 인간의 뇌 피질은 끝없이 얽히고 설킨 거대한 수상돌기가 미시시피 강 동쪽의 넓은 지역을 완전히 뒤덮은 것과 같다. 뉴런은 통신을 담당한다. 즉, 간단한 전기 신호를 받고 전송한다.

4장에서 살펴보았듯이 모든 통신은 뉴런의 연결을 통해 이루어진다. 뉴런은 축색을 통해 수만 개의 다른 뉴런에 정보를 보낸다. '전송하는' 뉴런의 축색과 '수신하는' 뉴런의 수상돌기가 실제 접촉하는 부위를 시냅스synapse라 한다. 수신하는 뉴런의 수상돌기에서 뻗어 나온 곁가지에 단단히 연결되는 것이다. 시냅스 연결된 수상돌기는 다른 뉴런과 수만 개의 시냅스를 형성할 수 있다.

축색을 타고 흐르는 전기자극에 의해 시냅스에서 신경전달물질이 방출되고, 이 물질이 미세한 구멍을 통해 수상돌기의 중심으로 흘러들어간다. 머리카락 한 올에 2000개가 들어갈 정도로 작은 구멍이다. 피질의 거의 모든 시냅스에 나오는 신경전달물질은 원자 서른 개 정도로 이루어진 글루타민산염이라는 작은 분자다. 신경전달물질 분자 글루타민산염은 시냅스 내 수상돌기의 수용기receptor와 결합한다. 신경전달물질이 결합하면 대상 뉴런에서 새로운 전기 신호가 발생한다.

시냅스를 통해 뉴런에서 뉴런으로 전달되는 메시지는 시냅스가 안정적일 때만 전달된다. 하지만 시냅스는 불안정하기로 악명 높다. 어느 한 입력 메시지는 글루타민산염 신경전달물질을 여러 번 방출해야만, 즉 불안정한 사건 수천 개가 동시에 발생해야만 안정적인 사고와 행동을 일으킬 수 있다. 뉴런과 시냅스는 회로의 구성요소지만, 유능한 회로 설계자라면 뉴런이나 시

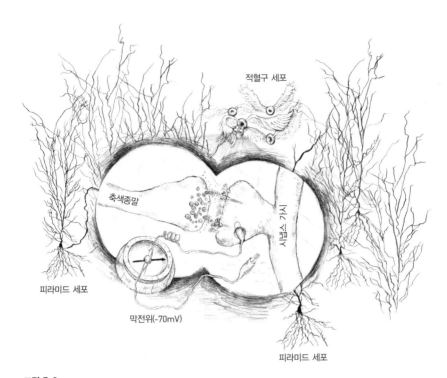

적혈구 세포

축색종말

시냅스 가지

피라미드 세포

막전위(-70mV)

피라미드 세포

그림 5.2

작은 시냅스들이 복잡하게 얽혀서 숲을 이루는 뉴런의 모습. 보통의 뉴런(왼쪽)은 작은 세포체에서 뻗어 나온 무성한 수상돌기로 뒤덮여 있다. 세포체는 축색 하나를 내보내 다른 뉴런의 수상돌기와 시냅스를 형성한다. 세포체에서 생성된 전기자극은 축색을 타고 흐르다 '축색말단'에 도달하고, 축색말단에서 신경전달물질을 방출시킨다. 신경전달물질은 작은 시냅스 틈을 지나 상대 뉴런의 '수상돌기'로 이동하고, 여기서 다시 새로운 전기자극을 일으킨다. 그림과 달리 실제 뇌 피질은 수상돌기가 무성하게 얽히고설킨 뉴런으로 뒤덮여 있다. 세포를 새 한 마리 크기라고 생각해보자. 새가 하늘에서 피질을 내려다보면 나무가 빼곡히 들어찬 숲이 끝없이 펼쳐진 모습이 보일 것이다.

냅스 같은 부품을 사용하진 않을 것이다. 인텔사의 컴퓨터 칩 설계자가 시냅스 같은 연결을 설계한다면 당장 해고당할 것이다. 하지만 뇌는 불안정한 구성요소를 이용해서 컴퓨터는 엄두도 내지 못할 인식과 같은 까다로운 작업을 수행할 수 있다.

2장에서 밝혔듯이 이 책에서 우리는 뇌의 보잘것없는 구성요소들이 어우

러져서 어떻게 완벽한 기능을 갖춘 장치가 나올 수 있는지 살펴볼 것이다.

냄새를 감지하는 후각계는 세 부분으로 나뉜다. 1) 코 세포, 후각구와 연결된다. 2) 후각구, 후각피질과 연결된다. 3) 후각피질(〈그림 5. 3〉). 여기에도 앞서 언급한 회로 구조가 나타난다. 코에서 후각구로 연결된 축색은 지점연결 방식으로 신호를 전달한다. 어떤 냄새가 코로 들어올 때 활성화된 세포 활동이 후각구에 그대로 복제된다. 반면에 후각구와 피질은 임의접근 방식으로 연결된다. 말하자면 후각 양상이 코에서 후각구까지 그대로 보존됐다가, 후각구에서 피질로 이어지는 경로에서 무질서하게 넘어가는 것이다.

메시지가 무질서하게 전달되는 방식이 후각계의 핵심이다. 이처럼 처음에는 지점연결 방식으로 시작하여 코의 특정 영역을 활성화시켰다가, 나중에 피질로 전달할 때는 일정한 구조 없이 어디든지 연결되는 임의접근 방식인 이유는 무엇일까?

앞서 설명했듯이 후각계의 임의접근 방식은 냄새나 냄새 화합물의 특징을 통해 이해할 수 있다. 코코넛, 파인애플, 감귤류, 생강, 백단향이 함유된 양초, 혹은 복숭아, 월계수 잎, 럼주 향이 나는 비누를 산다고 해보자. 향마다 통일된 후각 경험을 만들어낼 수 있다. 양초나 비누에 포함된 성분을 일일이 지각하지 않고도 양초나 비누의 향을 맡을 수 있다. 임의접근 방식으로 여러 성분을 통일된 방식으로 지각할 수 있는 것이다.

〈그림 5. 3〉에서 후각구의 세 지점(코의 세 지점을 반영한다)에서 나온 축색은 임의접근 방식으로 후각피질을 통과하여 모두 피질의 표적 뉴런target neuron에 모여든다. 이 표적 뉴런은 후각구의 양상에 의해 강력하게 활성화된다. 표적 뉴런은 동시에 세 개의 전기 메시지를 받지만, 근처에 분포한 이웃 뉴런은 하나만 받거나 전혀 받지 못할 수도 있기 때문이다. 따라서 표적 뉴런은 특정 냄새 화합물에 반응하도록 '채택'된다. 임의접근 방식의 장점은 표

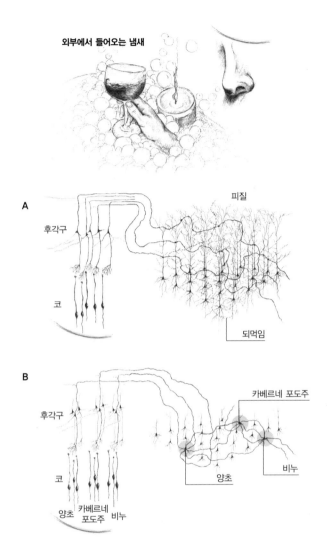

외부에서 들어오는 냄새

A

피질

후각구

코

되먹임

B

후각구

카베르네 포도주

코

비누

양초

양초　카베르네　비누
　　　포도주

그림 5.3

후각계의 지점연결 구조와 임의접근 구조. 코의 뉴런 배열(A)은 축색을 후각구로 보내면서 지점연결 방식으로
공간 구조를 유지한다. 하지만 후각구는 공간 구조를 버리고 산만한 임의접근 방식으로 축색을 후각피질로 보
낸다(맨 오른쪽). 후각구 뉴런의 축색에서 뻗어 나온 가지는 다시 후각피질로 돌아가서 이미 복잡하게 혼합된
입력 신호를 다시 한 번 뒤섞는다. 향기의 세 가지 성분이 코의 세 부분을 활성화시킬지라도, 후각피질에서는
이미 혼합된 입력 신호가 더욱 뒤섞인다. 즉, 세 가지 향기 성분(B)이 코의 세 부분을 활성화한다 해도 후각
구에서는 임의접근 방식에 의해 피질의 여러 지점에 무질서하게 교차한다. 입력 신호가 모이는 세포는 통일된
지각 대상(예: 양초, 카베르네 포도주 또는 비누)의 저장소로 쓰일 수 있다.

적 뉴런을 채택하여 임의의 성분으로 이루어진 새로운 냄새에 배정할 수 있다는 점이다. 채택된 표적 뉴런은 어떻게 보면 새로운 냄새의 '이름'이 된다. 앞서 설명한 시각회로의 지점연결 방식에서는 불가능한 일이다. 시각회로에 나무의 줄기나 가지가 입력된다면, 실제 나무와 똑같은 모양이 출력된다. 하지만 임의접근 회로에서는 똑같은 정보, 곧 줄기와 가지의 시각적 이미지가 입력돼도, 나무의 각 부분을 구분하지 않고 모든 부분을 동시에 표시하는 하나의 출력을 선택할 수 있다. 따라서 뉴런이 나무의 일부가 아니라 나무 전체를 표상한다. 다시 말해서, 표적 뉴런은 줄기나 가지를 포함한 나무의 모든 입력 부분에 반응하여, 나무 전체 형태를 감지하고 지각하는 것이다. 2장에서 설명했듯이 임의접근 방식에서 표적 뉴런은 부분이 아닌 전체를 감지한다. 지점연결 방식에서 뉴런 하나는 입력 정보 중 특정 부분에만 반응하지만, 임의접근 회로에서는 뉴런 하나가 전체 입력 형태의 여러 부분에 반응할 수 있다. 임의접근 회로를 이루는 세포는 특정 형태의 정보가 나타나길 기다린다. 이를테면 정교하게 연결된 장면을 이루는 부분이 입력되길 기다리는 것이다.

임의접근 회로의 주된 장점은 피질에 흩어져 있는 세포 집합 몇 개만으로 전혀 예상치 못했거나 이진에 경험해본 적 없는 어떤 냄새 조합에도 반응할 수 있다는 점이다. 임의접근 회로는 다양하고 예상할 수 없는 입력 집합을 하나의 독특한 출력으로 조합시키는 문제를 해결해준다.

동물의 코에 냄새 500가지를 감지하는 수용기가 있다고 하자. 냄새를 몇 가지 조합해서 자연의 냄새를 만들 수 있다. 조합 가능한 냄새는 수십억 가지에 달하고, 우리의 뇌는 임의접근 회로 덕분에 조합 가능한 모든 냄새를 수용할 수 있다.

시냅스와 학습

임의접근 회로의 가장 중요한 특징은 회로가 경험에 의해 수정된다는 점이다. 특정 연결이 자주 활성화될수록 연결이 더욱 강해져서 점차 안정적으로 반응한다. 이 문제만 가지고도 책 한 권은 쓸 수 있을 정도로 중요하다. 우선 여기서는 생물학에서 수많은 관찰 결과와 놀라울 정도로 꼭 들어맞는 여러 가지 예 중 하나라고 해두자. 예컨대, 쥐는 냄새를 맡을 때 규칙적으로 1초에 대여섯 번 코를 씰룩인다. 이는 쥐의 의도적인 행동이 아니라, 그 정도의 속도로 씰룩거리도록 생물학적으로 규정된 것이다. 처음에는 코의 수용기 세포, 이어서 후각구(〈그림 5. 3〉), 다음으로 후각피질이 같은 비율로 활성화된다. 활성 상태가 피질에 도달하면 놀라운 일이 벌어진다. 피질의 시냅스 연결에는 신호를 증폭시켜 시냅스를 강화하는 생물학적 기제가 들어 있다. 그리고 이 기제는 코를 씰룩이는 동작으로 촉발된 미세한 주기적 활성 상태에 의해 선택적으로 활성화된다. 다시 말해서, 동물이 환경을 적극적으로 탐색하는 동안 활성화되는 뇌 활동에 의해 시냅스 연결이 강화되고, 뇌의 뉴런은 앞으로 같은 냄새 자극에 강하게 반응하게 된다. 동물은 환경을 탐색하면서 코를 씰룩이고, 코를 씰룩이면서 학습하는 것이다. 단백질, 전압, 독특한 화학물질과 같은 초현미경적인 세계의 구성요소는 모두 이러한 주기적 활성 상태와 밀접하게 연결되어 있다. 주기적 활성 상태는 수억 년 전에 원시 어류가 꼬리를 흔들며 헤엄칠 때부터 나타났다. 전화번호를 새로 학습할 때, 먹장어가 미끄러지듯이 물살을 가르는 것과 동일한 생물학적 기제가 개입된다. 유기체는 한 번 개발한 기능을 여러 번 반복해서 쓰면서 새로운 용도에 맞게 적응시킨다.

시냅스 연결을 강화하는 능력은 단순한 형태의 학습이다. 시냅스 연결이 강해지면 뇌에 특정 양상이 고착되고, 이 양상은 지각 대상에 대한 '코드'가

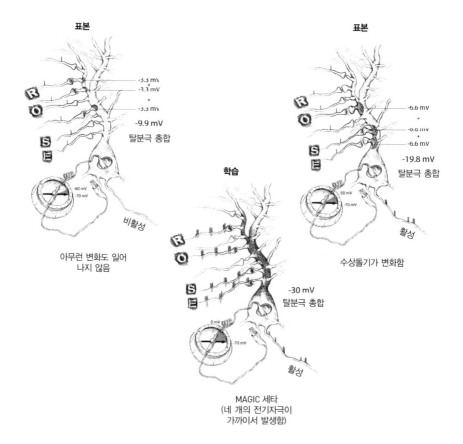

그림 5.4

기억이 부호화되는 방식. 위 그림은 학습의 세 단계를 보여준다. A) 입력 정보(R.O.S.E)가 네 개의 축색을 활성화시킨다. 입력 정보는 확률에 따라 방출되고 실패하는 경우가 많기 때문에 그림에 신경전달물질이 활성화된 축색 네 개 중 세 개에서만 방출되는 것으로 표시되어 있다. 뉴런 안과 바깥에 전압계를 설치해서 전압을 측정할 때, 방출된 신경전달물질은 수상돌기 세 곳에서 전압의 변화(그림에서는 −3.3mV, mV는 V의 1000분의 1)를 일으켜 세포 전체 전압을 9.9mV만큼 떨어뜨린다. 전체 전압의 변화는 전기자극을 축색으로 내려보낼 정도로 강하지 않다('비활성 상태'). B) '세타theta' 양식으로 입력될 때 학습이 일어난다(축색에서 미세한 전기자극이 일어난다). 일단 학습이 일어나면 확률을 압도하고 모든 시냅스에서 신경전달물질이 반복해서 발생한다. 일련의 사건이 모두 결합되어 큰 전압 변화(−30mV)를 일으키고, 1초의 10분의 1미만의 짧은 시간 안에 변화가 일어날 때, 활성화된(신경전달물질이 방출된) 시냅스가 더욱 강하게 연결된다. C) R.O.S.E.라는 입력 신호는 학습이 일어나기 전과 동일하지만 이번에는 방출된 신경전달물질이 학습으로 변화된 수상돌기로 들어간다. 따라서 전압 변화량이 두 배로 늘어나 뉴런에서 축색으로 전기자극을 보낼 수 있게 된다. 이제 뉴런이 '장미'라는 단어를 '지각'한다.

된다. 가령 초콜릿 칩 쿠키라는 경험은 사진이나 기록이 아니다. 카메라 이미지가 아니라 내적 구성체, 곧 피질에서 만들어낸 산물이다.

뇌 피질은 원시 후각계에서 출발하여 독립적으로 진화해왔다. 피질은 원래의 후각 관련 기능만 수행할 필요가 없다. 포유류의 뇌 피질은 후각, 시각, 청각, 촉각, 그리고 그밖의 다양한 감각을 분석하기 위한 중요한 기관으로 발달했다. 앞서 설명했듯이 한 가지 구조로 이루어진 피질에서 어떻게 여러 감각의 다양한 작업을 처리할 수 있는지는 뇌에 관한 또 하나의 수수께끼다.

피질에서는 후각계처럼 이미지와 소리가 임의접근 코드로 변환된다. 신호를 임의접근 코드로 변환하면 뇌의 다른 영역으로 전달하기 쉽고, 모든 신호가 같은 내부 코드체계를 이용할 수 있게 된다. 또 임의접근 코드를 통해 두 가지 감각이 직접 연결될 수 있다. 이를테면, 초콜릿 칩 쿠키의 냄새와 모양과 맛과 부서질 때 나는 소리가 결합될 수 있다. 동일한 피질 구조를 사용하기 때문에, 모든 감각은 동일한 능력을 갖는다. 노래를 듣고 그 곡을 연주한 악단과 CD 표지와 직접 가서 본 공연과 공연에 함께 갔던 사람을 줄줄이 떠올릴 수 있다. 즉, 모든 감각은 어떤 사건을 지각하고, 사건에 대한 기억을 생성하고, 기억을 떠올리는 데 관여한다.

포유류의 뇌는 후각계의 임의접근 방식을 바탕으로 구성되어 있고, 앞에서 열거한 기능을 갖추었다. 이는 포유류와 다른 동물이 구별되는 중요한 특징이다. 파충류와 조류의 뇌는 임의접근 회로의 후각계가 상대적으로 작다. 포유류의 후각계도 처음에는 작았지만 점차 커지고 정교하게 다듬어졌다. 파충류와 조류의 뇌에서 이미지와 소리의 지점연결 회로 사이에 정보를 전달하는 것은 완전히 새로운 기능이다. 하지만 포유류의 뇌에서는 정보 전달이 자연스럽게 이루어진다.

포유류의 뇌가 커지면서 폭발적으로 팽창한 뇌 피질에서 임의접근 회로가 기본 구조로 자리 잡았다. 피질의 임의접근 회로는 후각 영역뿐 아니라 시각 영역에서도 작동하여, 그밖에 포유류 뇌의 다양한 지적 기능을 생성한다. 인간의 정교한 인지기능의 대부분은 원시적인 구조를 바탕으로 한다. 이 같은 구조들이 커지면서 새로운 지적 능력을 갖춘 새로운 동물이 출현한다.

후각에서 인지까지

포유류가 처음 출현하면서 새로운 피질 회로가 발생했다. 이 회로가 곧 인간 지능의 기원이 된다. 하지만 피질 회로만 홀로 기능하지는 않는다. 피질은 바로 밑에 위치한 네 개의 중요한 뇌 구조와 밀접하게 연결돼 있다. 이 네 개의 피질하부 구조물은 피질과 유기적으로 협력하면서 각자 나름의 기능을 수행하여 유기체의 생존에 기여한다.

앞으로 살펴보겠지만 피질하부 영역은 피질에서 제기하는 물음에 화답하는 기관으로 볼 수 있다. 피질에서 냄새를 '지각'하면 곧바로 질문이 생긴다. 익숙한 냄새인가, 낯선 냄새인가? 다른 냄새를 연상시키는가? 위험한 냄새인가, 기분 좋은 냄새인가? 좋은 결과가 연상되는가, 나쁜 결과가 연상되는가? 보상인가, 처벌인가? 특정 장소나 조건이나 대상과 결합되는가? 예전에 이 냄새가 났을 때 무슨 일이 있었는가? 접근이나 회피와 같은 단순한 행동부터 추적이나 계획과 같은 복잡한 행동에 이르기까지, 이 냄새에 반응해서 취해야 할 행동이 있는가?

이런 질문은 질문이 일어나는 구조만큼이나 오래된 것이다. 그리고 피질에서 네 가지 기본 회로로 연결되는 경로에서 해결된다.

　〈그림 6. 1〉은 포유류의 뇌를 일반화해서 그린 그림으로, 후각피질의 네 가지 주요 표적기관인 선조체, 편도체amygdala, 해마hippocampus, 시상thalamus을 보여준다. 네 가지 구조물은 회로 구조나 연결 방식이나 기능 면에서 전혀 다르지만 모두 피질에 연결된다. 나중에 설명하겠지만 네 가지 구조물은 피질과 상호작용하여 우리의 행동과 반응을 비롯하여 생각, 결정, 기억을 통제한다.

선조체

4장에서 간략히 소개한 바 있는 선조체는 근육에 연결된 뇌간과 척수로 출력 신호를 보낸다. 이는 명백히 신체를 움직이는 기능과 연관된다. 선조체에서

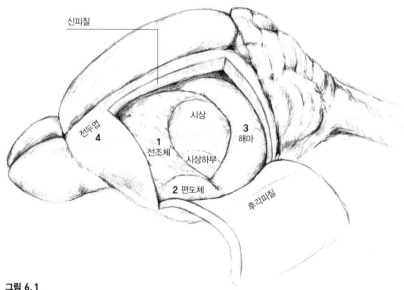

그림 6. 1
후각피질과 연결되는 네 가지 피질 아래 영역: 1) 선조체, 2) 편도체, 3) 해마, 4) 전두엽 시상-피질 구조. 네 가지 피질하부 영역은 뇌에서 지각, 학습, 기억, 계획이 이루어지는 동안 서로 다른 구조물과 결합하여 각자의 작업을 처리한다.

보내는 신호를 이해하면 선조체가 어떤 구조인지 알 수 있다. 파충류와 거의 모든 포유류의 선조체는 근육을 관장하는 원시적인 뇌 구조물인 후뇌와 뇌간에 신호를 보낸다. 뇌간은 경련과 같은 미세한 동작을 일으킨다. 미세한 동작이 모여서 원시적인 행동이 일어나는 것이다. 선조체는 뇌간의 여러 구조를 지휘하는 역할을 한다. 피아노 건반을 두드리듯 뉴런을 활성화시키고 각각의 음조로 하나의 곡과 화음을 만들어낸다.

선조체의 정체는 최근 몇 년 동안 명확히 밝혀졌다. 오랫동안 연구에 매진해온 학자들이 선조체의 비밀을 풀어낸 것이다. 기본적으로 선조체에는 후뇌근육계hindbrain muscle system를 활성화시키는 회로와 억제하는 회로가 있다는 사실이 드러났다. 피질에서 선조체로 들어가는 메시지는 이 두 가지 회로를 통해 '이동'이나 '멈춤' 신호를 발생시킬 수 있다. 따라서 피질에서 지각한 냄새는 동물을 움직이거나(음식에 반응) 얼어붙게 할 수 있다(포식자 감지).

후뇌와 선조체의 기능이 다르다는 사실은 실험을 통해 확인할 수 있다. 후뇌에 전극을 연결하면 일부 근육군에 경련을 일으킬 수 있다(전극을 연결한 지점에 따라 경련이 일어나는 부위가 달라진다). 하지만 선조체에 전극을 대면 선조체 특유의 일관성 있고 조직적인 동작이 나타난다.

예일대 교수를 지낸 바 있는 호세 델가도 Jose Manuel Rodriguez Delgado는 '전기 마인드 컨트롤electrical mind control'의 효용성을 입증하는 유명한 실험을 실시했다. 델가도는 1960년대 스페인의 한 목장에서 황소 몇 마리의 뇌에 무선 수신기를 이식했다. 그러고는 아무런 무기도 들지 않고 투우장 한가운데 서서 한 번에 한 마리씩 황소를 풀어놓았다. 그는 무선 송신기 단추를 눌러 황소의 행동을 마음대로 조종했다. 한 번은 황소가 델가도에게 달려들려고 했다. 델가도는 단추를 눌러 황소가 방향을 틀도록 조종했다. 실험 장면은 고스란히 필름에 담겨 전 세계에서 뉴스로 다뤄졌다. 〈뉴욕 타임스〉는 이 사건을 1면 기사로 다루면서 "외부에서 뇌를 통제하여 동물의 행동을 정교하게 수정하는 모습을 보여준 대단한 실험"이라고 찬사를 보냈다.

선조체는 뇌과학 역사상 가장 많은 오해를 받아온 구조이기도 하다. 해부학자들은 20세기 중반까지도 조류의 뇌에서 선조체를 식별하지 못하고, 조류의 전뇌는 비정상적으로 발달한 선조체가 차지하고 있다는 결론을 내렸다. 포유류의 선조체와 운동의 관계를 바탕으로, 조류의 뇌는 거대한 선조체 덩어리이므로 조류의 운동체계도 거대할 것이고, 더 나아가 조류의 뇌는 거대한 반사작용체계라는 주장까지 나왔다. 하지만 결국 조류도 포유류처럼 적당한 크기의 선조체가 큰 뇌 영역 위에 자리 잡고 있는 것으로 밝혀졌다. 그 결과 현재 조류와 포유류를 비교하는 신경해부학에서는 대격변이 일어나고 있다. 2004년과 2005년에 발표된 논문들은 조류의 뇌를 구성하는 거의 모든 구조물의 이름을 새로 짓고 있다. 꾸준히 연구가 진행되면 조류와 포유류의 특징에 관한 풍부한 지식이 쌓일 것이다.

편도체

편도체도 선조체와 마찬가지로 출력 신호를 통해 이해할 수 있다. 편도체는 시상하부hypothalamus라는 뇌의 작은 영역에 방대한 양의 신호를 내보낸다. 시상하부는 자율신경계를 관장하는 조절기관이다. 시상하부는 내분비선을 관장하고, 여기서 분비되는 호르몬(테스토스테론, 에스트로겐, 성장호르몬, 아드레날린, 갑상선호르몬과 그밖의 호르몬들)은 단순한 원시적인 행동을 일으킨다. 쉬운 예를 들어보자. 동물의 시상하부 오른쪽 지점을 자극하면 체내 혈류에 테스토스테론이 분비된다. 그러면 동물은 곧바로 가까이 있는 상대와 성행위에 돌입한다. 시상하부를 관장하는 편도체는 성행위 같이 지극히 기본적인 행위를 조절하는 기관이다. 편도체와 밀접한 관련이 있는 기능은 강렬한 정서 반응의 유발이다. 편도체는 시상하부를 통해 원시적인 고유의 행동뿐 아니라, 이 행동에 수반되는 정서 반응을 일으킬 수도 있다.

다시 델가도 교수 이야기로 돌아가 보자. 이번에는 황소나 원숭이가 아니라 사람 환자를 실험 대상으로 삼았다. 정신분열증 환자, 간질병 환자, 치료를 받아도 호전되지 않는 환자, 폭력이나 발작 때문에 다른 사람이나 스스로에게 위험을 초래할 수 있는 환자가 가득한 병원이 있었다. 델가도는 병을 치료할 수 있는 마지막 방법이라면서 '불치의' 환자 수십 명의 뇌에 전극을 이식했다. 편도체와 주변 영역에 자극을 가하여 생생한 감정을 일으키기 위해서였다. 전극으로 간단한 전자기파를 보내서 강렬한 분노, 절절한 사랑의 감정, 의기소침한 슬픔을 비롯하여, 아주 짧은 순간에 인간이 의식할 수 있는 거의 모든 심리적 상태를 불러일으켰다. 전자기파가 주입된 지점에 따라 반응 유형이 달라졌다.

한 번은 델가도와 두 연구자가 하버드에서 평온한 상태의 환자에게 전기자극을 가하다가, 환자가 갑자기 극도의 분노를 폭발시킨 바람에 연구자 한 사람이 큰 상해를 입을 뻔했다(델가도 연구팀 소속의 프랭크 어빈 밑에 있던 어느 의과대학생은 실험방법을 직접 전수받아 나중에 부업으로 쓰게 되는 소설의 영감을 얻었다. 마이클 크라이튼이라는 이 학생은 1972년에 첫 소설 《터미널 맨》을 출간했다. 이 책에는 환자의 뇌에 전기자극을 가해 분노를 일으키는 장면이 자세히 나온다. 베스트셀러가 된 이 소설은 뇌과학 연구의 잠재적 위험을 잘 알려주는 훌륭한 책이다).

이후 쏟아져 나온 연구 결과는 폭력행동이나 성욕항진증 같은 정서장애가 편도체의 손상이나 기능장애로 인한 것인지에 관한 논란에 불을 붙였다. 이런 이유로 불안장애와 우울증 치료 효과가 기대되는 몇몇 실험 중인 약물들은 명백히 편도체 회로에 영향을 주는 성분으로 만들어졌다.

해마

편도체보다 악명 높은 뇌 구조물은 바로 피질 밑에 자리 잡은 전뇌의 세 번째 영역인 해마다. 선조체와 편도체가 운동과 정서를 관장한다면 해마는 기억을 관장하는 중추기관이다. 1950년대부터 우연히 해마의 기능에 관한 여러 가지 증거가 발견되기 시작했다. 우선 해마와 주변 영역이 간질 발작의 주범이라는 사실이 밝혀졌다. 그 결과 좀처럼 치료하기 힘든 발작을 치료하기 위한 방법으로 문제 부위를 통째로 들어내는 수술이 실시됐다. 즉, 뇌에서 해마와 주변 영역을 제거한 것이다. 해마 주변 영역으로는 편도체와 편도체 위 피질 영역의 전부나 일부가 포함된다. 이 거대한 구조물 집합을 '내측 측두엽'medial-temporal lobe이라고도 한다. 하지만 편의를 위해 하나로 묶어서 부르다가는 자칫 다양한 회로의 집합인데도 통일된 하나의 구조물이라는 인상을 심어줄 위험이 있다.

한편 신경과학의 역사를 뒤바꿔놓은 수술이 있었다. 헨리라는 환자는 십대부터 발작이 시작돼 점점 심해져 어떤 치료법에도 반응하지 않았다. 20대 후반에 증상이 심해져서 1953년 마침내 해마를 중심으로 뇌의 넓은 영역을 제거하는 수술을 받았다. 수술을 받은 뒤에도 발작은 사라지지 않았지만 강도는 전보다 훨씬 약해졌다. 헨리는 뇌의 넓은 영역을 잃은 사람치고는 정상인처럼 보였다. 말과 행동과 감각 기능과 심지어 IQ까지도 크게 손상되지 않았다. 하지만 브렌다 밀너Brenda Milner 박사를 비롯한 수많은 심리학자가 이후 몇 년 동안 헨리와 같은 수술을 받은 환자들을 추적 조사한 결과, 모두 심각한 기억력 감퇴를 보이는 것으로 나타났다. 헨리는 줄곧 1953년이라고 생각했고, 수술 받은 기억을 통째로 잃었다. 그뿐 아니라 방금 대화를 나눈 의사도 기억하지 못했고, 수술 이후에 일어난 일을 전혀 기억하지 못했다. 헨리가 새로운 기억을 형성하지 못한다는 충격적인 진실이 밝혀진 것이다. 하지만 과거의 기억은 고스란히 남아 있었다. 자기가 누구이고 어디에 살고 있는지를 아는 건 물론, 학창시절의 추억까지 세세하게 기억했다. 하지만 기억의 저장고에 새로운 기억을 추가하지는 못하는 듯했다. 의사가 헨리와 이야기를 나누고 방을 나섰다가 다시 들어왔을 때, 헨리는 의사를 기억하지 못했다. 그날만이 아니라 한 번도 본 적이 없다고 우겼다. 헨리는 해마와 주변 영역이 제거된 그 순간에 영원히 머물러 있는 것이다. 신경과학계에서는 그 후 해마와 주변의 '내측 측두엽'에 관심을 쏟아왔다.

후각계가 가장 많은 출력 신호를 보내는 것이 해마이고, 적어도 설치류의 경우에는 해마로 들어가는 가장 많은 입력 신호가 후각계에서 나온다는 사실은 특기할 만하다. 해마는 작은 뇌 포유류의 뇌에서 고차원적인 후각 정보를 처리하는 구조물로 시작했다. 쥐는 냄새를 기억하는 능력이 뛰어나지만, 해마가 손상되면 새로운 냄새를 학습하지 못한다. 헨리가 수술 이후의 일을 기억하지 못하는 것과 같다.

해마가 손상되기 이전 기억은 온전히 보존되지만 새로운 기억은 형성되지 않는다는 사실을 바탕으로, 해마는 기억이 피질의 영구 저장소로 들어가기 전에 임시로 머무르는 임시 저장소라는 가설이 제기됐다(피질이라는 기억 천국으로 올라가기 전에 해마라는 연옥에서 잠시 쉬어가는 것으로 비유하기도 한다). 기억을 도서관의 책에 비유하면, 먼저 입고실이나 사서의 책상에 머물렀다가 영구 분류되어 서가에 꽂힌다. 하지만 뇌의 작동 방식이 일상생활의 처리 방식과 항상 일치하는 것은 아니다. 해마는 사건과 사건 사이에 수반되는 우발적인 사고contingencies를 순서대로 암호화하는 듯하다. 이를테면, 특정 냄새와 특정 장면이나 소리를 순서대로 입력하는 것이다. 해마에서 새로운 사건을 감지하면 피질에 새로운 정보를 저장하라는 신호를 내보낸다. 따라서 해마가 없으면 새로운 사상은 감지되지도, 저장되지도 않는다.

시상-피질 고리|thalamo-cortical loop

피질의 네 번째이자 마지막 표적 구조이긴 하지만 결코 중요하지 않다는 뜻은 아니다. 시상-피질 고리는 전두엽 피질의 일부와 시상의 일부라는 두 거대 구조를 연결되는 고리다(〈그림 6. 1〉). 시상-피질의 연결은 처음에는 작게 시작하지만 뇌가 커지면서 가장 중요한 부위로 발달하고, 뇌가 큰 포유류에 이르러서는 시상-피질 고리가 뇌의 핵심 기능을 담당한다. 시상-피질 고리에 관해서는 7장과 8장에서 자세히 다루겠다.

후각피질은 특정 시상-피질 고리에 연결된다. 이 고리에는 시상의 특정 영역과 피질의 특정 영역이 포함되어 있다. 후각피질의 표적이 되는 시상 영역은 위치에 따라 배내측핵dorso-medial nucleus, DMN이라고 부른다. 후각피질의 표적이 되는 피질 영역은 피질에서도 가장 많은 층으로 이루어진 전두엽이다. 전두엽은 대뇌피질 맨 앞에 위치하며 코와 이마 사이의 공간으로 커진다. 원래 작은 뇌 포유류에서 운동을 관장하는 구조물로서, 선조체에 연결되어 이동을 비롯한 복잡한 운동을 담당한다. 선조체가 뇌간의 근육조절 구조까지 포섭하여 길게 여러 번 협응운동을 일으키면, 다음으로 전두엽이 이 운동을 점검하고 학습 기제를 통해 운동의 결과를 예상하기 시작한다. 전두엽이 선조체를 제어하기 시작하면서 특정 상황에서 어떤 운동을 선택할지 판단할 수 있게 되었다. 그 결과 계획 능력이 생겼다.

뇌에는 홀로 기능하는 구조물이 없다. 서로 특정 유형의 정보를 주고받는다. 특히 해마와 편도체는 모두 선조체에 신호를 보내고, 선조체는 다시 다른 피질과 시상-피질 회로에 연결된다. 모든 구조물이 모여서 통일된 구조를 이룬다. 예를 들어, 자동차의 특수 부품(점화플러그, 변속기, 연동장치)은 따로 작동할 때와 엔진과 상호작용할 때 기능이 달라진다. 대뇌피질과 피질 하부 영역은 인간 뇌를 작동시키는 다섯 가지 주요 기관이다. 이들 기관이 상호작용하는 방식을 관찰하면 인간의 조화로운 지적 활동을 어렴풋이나마 이해할 수 있다.

피질에서 행동까지

〈그림 6. 2〉는 피질과 표적 영역 네 곳이 서로 연결된 모습을 보여준다. 선조체는 후각피질과 마찬가지로 전두엽 시상−피질 고리와 연결되어 '선조−시상−피질 고리striata-thalamo-cortical loop'라는 큰 고리를 형성한다. 그리고 편도체와 해마가 선조체에 연결되어 거대한 선조−시상−피질 고리에 끼어든다. 결과적으로 냄새 경험은 한 가지가 아니라 여러 가지 정보를 시상−피질 고리에 보낸다. 냄새 정보는 후각피질에서 직접 들어가기도 하고, 선조체를 거쳐서 들어가기도 하며, 편도체와 해마를 통해 들어가기도 한다.

예를 들어, 전두엽 시상−피질 회로는 후각피질에서 직접 정보를 받고 선조체에서도 간접적으로 정보를 받는다. 전두엽 시상−피질 회로는 뇌에서 인식한 항목(음식 냄새)과 그 항목의 결과(섭식)에 관한 정보에 접근할 수 있으므로, 냄새에 접근하는 원시적인 계획을 세울 수 있다.

한편 후각피질에서 편도체로 이어지는 연결은 갈증, 포만감, 쾌락, 졸음과 같은 자율 반응과 정서 반응을 일으킨다. 편도체에서 다시 선조체로 연결되고, 선조체에서 다시 전두엽 시상−피질 회로로 이어진다. 여기서 놀라운 효과가 일어날 수 있다. 편도체와 해마에서 전달된 포만감을 알리는 호르몬 신호가 음식 냄새와 결합하면 몸에서 느껴지는 감각이 달라진다. 다시 말해서, 음식을 먹기 전과 후의 음식 냄새가 전혀 다르게 느껴질 수 있다는 뜻이다. 편도체는 좋은 쪽이든 나쁜 쪽이든 전두엽에서 지각하는 경험의 강도와 가치를 결정할 수 있다.

지금까지 후각피질과 해마의 연결을 통해 순차적 사건 사이에 우발적 사

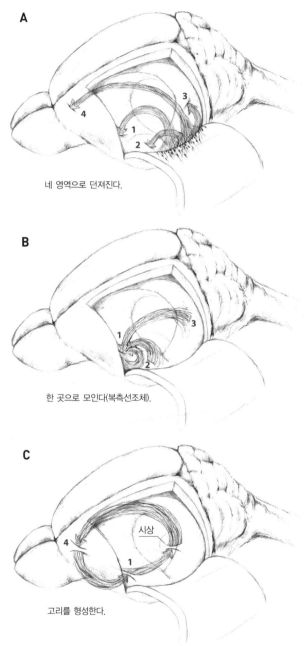

A

3

4

1

2

네 영역으로 던져진다.

B

1

3

2

한 곳으로 모인다(복측선조체).

C

4

시상

1

고리를 형성한다.

그림 6.2

A 후각피질에서 직접 피질하부 영역의 표적 부위로 축색을 보낸다(〈그림 6. 1〉 참조).

B 모든 표적 부위에서 복측선조체(1)로 투사한다.

C 복측선조체에서 일부 출력 신호를 시상DMN으로 보내고, 시상은 전두엽(4)과 연결하여 다시 복측선조체에 신호를 보내 고리를 형성한다. 후각피질의 표적 부위가 모두 선조체라는 고리의 한 부분으로 들어가지만, 전체 활동을 조절하는 전두엽을 뇌의 주요 실행기관이라고 볼 수 있다.

건이 학습되는 과정을 살펴보았다. 이어서 해마와 선조체의 연결을 사례를 통해 살펴보자. 굶주린 동물이 냄새를 쫓아다니는 모습을 떠올려보자. 온갖 냄새와 소리와 장면이 주의를 끌려고 다툰다. 자연은 유기체에 항상 "화려하고 소란스러운 혼란"을 제시한다. 해마는 무수한 경험에 일종의 질서를 부여하는 중요한 기관이다. 이전에도 같은 환경을 접해본 적이 있다면, 해마는 주어진 환경에서 주로 어떤 경험이 일어나고 어떤 경험이 일어나지 않는지 학습한다. 먹이를 찾는 동안 익숙한 외부 감각은 무시해도 된다. 하지만 익숙하지 않은 소리나 장면이나 냄새가 나타나면 해마가 선조체에서 '정지' 신호를 불러내고, 낯선 정보에 주의를 기울이거나 저장하게 한다. 해마가 없다면 새로운 사건에 주목하지 못하고 대뇌피질의 저장 영역에 입력하지 못한다.

이러한 몇 가지 사실을 염두에 두고, 다시 전두엽 시상-피질 고리를 살펴보자. 〈그림 6. 2〉에서 설명한 것처럼 선조체에서 나온 정보는 시상으로 돌아가고 시상에서 다시 피질에 들어갔다가 다시 선조체로 되돌아온다. 이렇게 해서 거대한 폐쇄형 고리가 형성된다. 전두엽은 피질에서 직접 냄새에 관한 정보를 받고, 더불어 신체 반응에 관한 간접 정보도 받는다. 이 정보는 다음 행동에 영향을 미칠 수 있다. 특정 냄새나 행동에 얽힌 과거의 모든 경험을 바탕으로, 다양한 행동에 예상되는 반응을 배우고 바로 다음 행동을 선택할 수 있다. 과거에 다양한 음식, 동물, 환경의 냄새를 쫓거나 피하면서, 성공하거나 실패하는 과정을 통해 매번 대뇌피질과 선조체의 시냅스 연결이 변형됐다. 따라서 다시 같은 상황을 만나면 수백 혹은 수천 가지 경험에 의해 형성된 선조-시상-피질 회로가 냄새나 행동과 상호작용한다. 이렇게 '경험에 의해 형성된' 회로로 구성된 프로그램을 통해 유기체의 행동이 한 배열에서 다른 배열로 바뀔 수 있다.

이런 구조에서 순환형 고리가 만들어지기 때문에, 거대한 전두 선조-시상-피질 회로가 오랫동안(여러 초가 흐르는 동안) 순환하면서 확장된 행동을 일으키고, 현재의 항목을 '마음에 간직할' 수 있다. 이런 '작업 기억'은 포유류의 뇌에 꼭 필요한 도구가 된다. 덕분에 뇌의 CEO라 할 수 있는 전두엽은 목표 달성을 향한 계획을 세우고 다양한 세부 활동을 조직할 수 있다. 우선 전두엽 영역을 '자극'하여 다음 행동을 선택하고, 다음으로 대뇌피질을 자극하여 또 다른 행동을 선택하는 식으로, 지각된 냄새가 자리 잡을 때까지 계속된다. 이 과정에서 동물은 영리하고 자연스럽게 행동한다.

후각에서 다른 감각으로

해부학적 분석으로도 냄새가 행동을 유발하는 과정을 직접적이고 완벽하게 그릴 수 있다. 우선 1차 피질 영역에서 냄새 단서를 지각하고, 다음으로 운동을 일으키는 영역(선조체), 운동을 강화하거나 약화시키는 영역(편도체), 탐색하는 동안 예외의 사건을 포착하는 영역(해마), 단서와 대상을 연결하는 영역(해마), 적절한 순서로 행동을 조직하는 영역(전두 선조-시상-피질 고리)으로 냄새 신호를 골고루 퍼트린다. 시각, 청각, 촉각의 다른 감각계에서도 같은 경로를 따라 외부세계와 적절한 반응을 연결시킨다.

신피질의 발생

포유류의 오랜 진화 역사에는 두 차례 뚜렷한 단절이 있다. 첫 번째 단절 시기에는 단공류가 나왔다. 단공류는 난생동물로서 후손 중에는 지금도 오스트레일리아 오지에서 명맥을 유지하는 오리너구리와 바늘두더지가 있다. 두 번째 단절 시기에는 새끼를 낳아 주머니에 넣고 기르는 유대류(캥거루, 웜뱃, 주머니쥐, 코알라)와 새끼를 낳고 주머니가 없는 태반포유류가 나뉜다. 태반포유류는 쥐, 개, 곰, 인간을 비롯하여 우리가 흔히 아는 모든 포유동물을 가리킨다. 최초의 포유류(줄기 포유류)는 오늘날의 고슴도치와 상당히 유사하다. 먹장어가 원시 척추동물의 대표라면 고슴도치는 원시 포유류의 대표다.

고슴도치의 뇌는 후각기관이 가장 넓은 영역을 차지한다(〈그림 6. 3〉). 고슴도치의 후각피질은 전뇌 나머지 영역을 모두 합친 것과 비슷하고, 정서와 부수적인 연상을 일으키는 표적 부위인 편도체와 해마가 특히 눈에 띈다. 시상과 전두엽은 편도체나 해마보다는 눈에 띄지 않지만 고슴도치의 뇌에서 잘 발달한 부위다. 고슴도치의 뇌에는 시각, 촉각, 청각 영역이 대뇌피질 뒤쪽으로 밀려나서, 다른 포유류의 전두엽에 해당하는 넓은 영역이 비게 된다. 전

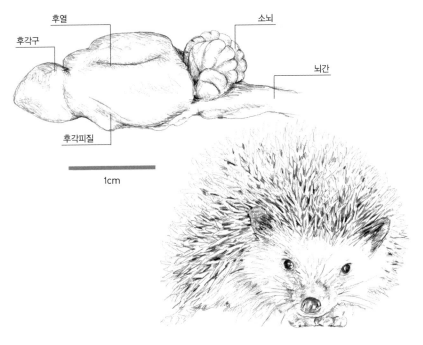

그림 6.3
고슴도치는 대표적인 원시 포유류다. 고슴도치의 뇌(44쪽 〈그림 2. 1〉과 82쪽 〈그림 5. 1〉도 참조)는 후각구(왼쪽)와 후열Rhinal Fissure 아래 대부분을 차지하는 후각피질로 이루어져 있다. 후열 위의 신피질 영역은 상대적으로 작다. 고슴도치의 신피질을 모두 합쳐도 원시 기관인 소뇌와 뇌간보다 아주 조금 큰 정도다.

체적으로 고슴도치의 전뇌는 후각계와 관련된 조직이 점유하고 있고, 다른 감각 영역에서 차지하는 부위는 훨씬 적다.

포유류는 오랫동안 공룡을 피해 살면서 야행성 동물로 진화했다. 따라서 청각, 후각, 거리 감각은 발달했지만 시각계는 더디게 발달했다. 공룡이 멸종한 후, 시각계의 확장과 정밀화라는 진화적 특징이 꾸준히 나타났다. 수십억 년에 걸친 원시 척추동물이나 포유류의 진화사에서, 대뇌피질 아래의 중뇌 영역은 시각과 청각을 효과적으로 관장해왔지만, 시야와 소리를 관장하는 피질도 점차 커지기 시작했다.

처음에 감각피질이 확장될 때는 지점연결 방식으로 이미지와 소리를 있는 그대로 표상하여 신피질로 보냈다. 앞서 살펴보았듯이 신피질은 후각피질과 마찬가지로 임의접근 구조로 되어 있다. 따라서 시각계의 지점연결 이미지는 시각피질로 들어가 몇 차례 연결을 거치는 과정에서 폐기된다. 앞서 살펴보았듯이 후각계에서도 같은 일이 벌어진다. 코와 후각구의 공간적 구조가 사라지고, 후각피질에서는 임의접근 방식의 표상으로 대체된다. 신피질이 늘어나면서 후각계를 모방한 것이다.

시각, 청각, 촉각의 모든 감각 입력 신호가 동일한 임의접근 방식으로 암호화되면서 감각통합cross modal 표상을 방해하던 장벽이 사라졌다. 다시 말해서, 전문 기능을 담당하던 중뇌에서 피질로 이동하면서, 외부세계의 다양한 감각이 통일된 표상으로 생성되는 것이다. 결국 감각통합 표상을 처리하지 못하는 파충류와 처리할 수 있는 포유류 사이에 격차가 벌어진 것이다. 가장 하등한 포유류도 여러 가지 면에서 파충류보다 영리하고 지능이 높고 융통성이 있다. 신피질을 중심으로 발달한 뇌 구조 덕분에 포유류가 보다 적응적인 행동을 보이게 된 것이다.

그렇다면 현재 포유류 신피질의 시각, 청각, 촉각 영역에서 나타나는 정교하고 전문화된 기능은 어디에서 시작됐을까? 이런 기능은 뇌가 지각을 정교화하는 과정에서 부수적으로 나타났다고 볼 수 있다. 시각 정보는 후각 정보보다 뇌에서 처리되는 용량이 크다. 망막을 비롯하여 1차 시각처리 영역의 역량을 훨씬 능가하는 수준이다. 그리하여 시각피질과 청각피질이 초기 뇌 단계의 정보-추출 기능을 보완하면서 상위 감각처리 기관으로 진화했다.

기존 이론에 의하면 뇌에서 지점연결 피질이 먼저 발달하고 임의접근 방식의 '연합피질'이 나중에 발달했다고 한다. 쥐와 같은 작은 뇌 포유류 대부분은 지점연결 방식의 감각피질이 크고, 임의접근 방식의 연합피질은 상대적으로 작다. 반면에 큰 뇌 포유류는 연합피질이 커지는 경향을 보인다. 따라서 원래 포유류의 피질은 쥐의 뇌처럼 연합피질이 작고 감각피질이 주를 이루었다고 가설을 세우는 것이 자연스러웠다.

하지만 쥐가 원숭이보다 덜 진화했다고 볼 수는 없다. 설치류는 영장류보다 늦게 출현한 동물로, 공룡이 멸종하고 포유류가 지구를 독차지할 무렵에 등장했다. 〈그림 6. 4〉는 포유류의 뇌가 지점연결 방식과 임의접근 방식이 결합된 구조로 발달하기까지 일어났을 법한 사건을 순서대로 요약했다. 위 그림에서 신피질이 원래는 지점연결 구조로 시작했다가 나중에 연합피질이 추가됐다는 이론을 확인할 수 있다. 아래 그림은 새로운 이론을 보여준다. 신피질은 모두 후각피질에서 시작했고, 후각 구조를 그대로 유지하면서 거대한 연합피질을 발달시켰다. 그리고 진화의 과정에서 고도로 전문화된 시각, 청각, 촉각의 감각 영역이 늘어난 것이다. 두 가지 처리 방식 모두 유용하지만 포유류의 뇌가 커지면서 연합 영역이 폭발적으로 늘어났다.

연합 영역이 감각 영역보다 먼저 발생했다는 가설을 뒷받침해주는 중요한 증거가 있다. 원시 후각피질과 마찬가지로 연합 영역은 선조체, 편도체, 해마, 전두 시상-피질 구조로 이루어진 거대한 피질하부 영역과 밀접히 연결

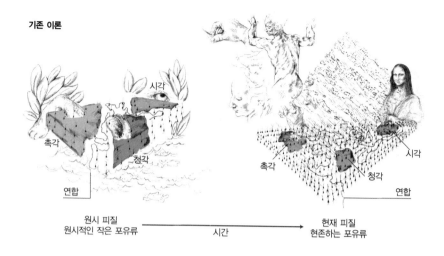

시각

촉각

청각

연합

시각

촉각

청각

연합

원시 피질
원시적인 작은 포유류 ──────→ 시간 ──────→ 현재 피질
현존하는 포유류

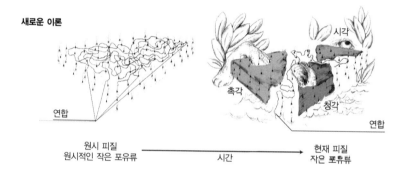

시각

촉각

청각

연합

연합

원시 피질
원시적인 작은 포유류 ──────→ 시간 ──────→ 현재 피질
작은 포유류

그림 6.4

인간 뇌에서 가장 넓은 영역을 차지하는 신피질의 발생과정에 관한 급진적인 이론. (위) 기존 이론. 원래 포유류의 피질(왼쪽)은 시각(눈), 청각(귀), 촉각(다리) 수용기에서 들어오는 정보를 복제하는 지점연결 영역으로 채워져 있고, 입력 정보를 결합하는 임의접근 연합 영역이 조금씩 흩어져 있었다. 뇌가 커지면서 지점연결 영역의 크기는 변하지 않은 채 연합 영역만 거대해졌다. 따라서 음파를 조화롭게 결합하고, 구체적인 이미지로 그림을 그리며, 더 나아가 눈에 보이는 몸의 지도를 결합하여 조각을 만들 수 있게 되었다. (아래) 새로운 이론. 원시적인 작은 뇌 포유류의 신피질은 원래 대부분 임의접근 방식의 후각피질로 이루어져 있었다. 촉각, 청각, 시각 단서는 지점연결 복제 정보와 거의 결합하지 않았다. 시간이 지나면서 지점연결 영역이 추가되어 작은 뇌 포유류의 뇌에서 거의 대부분의 영역을 차지하고, 큰 뇌 포유류에서는 원시 연합 영역의 크기가 커지면서 비율에 맞지 않게 비대해졌다. 따라서 새로운 이론에 따르면 인간 고유의 통합 능력은 포유류의 진화가 시작될 무렵부터 온전히 발달해 있었다.

돼 있다는 사실이다. 반면에 감각 영역은 피질하부 영역과 연결되어 있지 않다. 만약 지점연결 영역이 먼저 발생하고 연합 영역이 나중에 발생했다면, 피질하부 영역과 연결되는 경로가 더 늦게 발달했을 것이다. 하지만 어느 것이 먼저인지 알 수 없다. 신피질은 원시 후각피질과 같은 틀에서 발달했고, 계속해서 출력 신호를 선조체, 편도체, 해마로 보냈으며, 지점연결 방식의 감각피질은 나중에 독자적으로 추가됐다는 이론이 가장 그럴듯해 보인다. 하지만 진화에서는 새로운 목적을 달성하기 위해 과거의 적응기제를 다시 활용하는 예도 있다.

07

생각하는 뇌

인간의 뇌는 겉모습만큼 실제로도 거대하다. 가령 사자 같은 일반 포유류의 뇌는 무게가 500g도 되지 않다. 평균 1300g 정도인 인간의 뇌에 비하면 상당히 작다. 뇌는 어떻게 초기의 단순한 구조에서 오늘날 인간의 정교한 뇌로 진화했을까?

뇌의 대부분이 후각계로 채워진 고슴도치 같은 원시 포유류의 뇌는 감각 영역, 특히 청각과 시각이 발달했다. 앞서 설명한 것처럼 이 새로운 감각 영역은 후각계와 같은 기본 구조와 결합됐다. 오늘날 포유류에서도 이 단계의 특징을 보존하는 유형이 있다. 여우원숭이의 일종인 부시베이비는 초기 형태의 영장류로서 뇌 구조가 〈그림 7. 1〉의 왼쪽과 같다. 후각 영역이 발달했지만 시각과 청각을 비롯한 신피질의 다른 영역도 눈에 띄게 발달했다. 이는 뇌가 양옆과 뒤쪽으로 크게 확장하여 후각 영역과 소뇌를 덮을 정도로 커진 데서도 알 수 있다. 신피질이 커진 것은 〈그림 7. 1〉의 오른쪽에 있는 아메리카 대륙에 서식하는 비단털원숭이에서 더욱 분명히 드러난다. 두 동물의 뇌 구조는 진화의 특정 단계에서 뇌 구조가 어땠는지 보여준다.

담요를 겹쳐 놓은 듯한 피질은 공간을 절약하는 능력이 탁월하다. 피질은 작은 두개골 안에 압축돼서 들어갈 수 있도록 주름진 모양으로 발달했다. 아주 작은 방에 양탄자를 구겨 넣은 모양이다(82쪽 〈그림 5. 1〉). 큰 뇌 포유류의 피질은 차곡차곡 접혀 있다. 부시베이비의 뇌에도 원시적인 형태이긴 하지만 접히고 주름진 모양이 나타난다. 뇌가 두개골보다 커지기 시작했다는 증거다. 주름진 피질은 비단털원숭이의 뇌에도 뚜렷하게 나타난다. 비단털원숭이를 비롯한 원숭이들은 3500만 년 전에 발생했고, 뇌가 점차 커졌다.

뇌가 커지면서 새로 추가되는 구조물은 대부분 감각피질이 아니라 연합피질에 편입된다. 나중에 설명하겠지만 뇌 구조의 발달 속도에 따라 감각 영역과 연합 영역의 비율이 결정된다. 부시베이비처럼 비교적 뇌가 작은 포유류는 시각피질이 전체 뇌의 약 20퍼센트를 차지한다. 하지만 진화에서 시각피

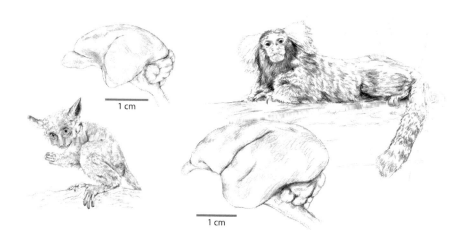

그림 7. 1
부시베이비(왼쪽)는 초기 영장류와 유사하다. 고슴도치의 뇌처럼(105쪽 〈그림 6. 3〉) 부시베이비의 뇌 역시 후각구가 비대하지만, 이제 큰 뇌 포유류처럼 접힌 모양의 형태를 띤 신피질이 추가로 나타난다. 중남미산 비단털원숭이(오른쪽)는 원숭이와 유인원의 조상과 유사하다. 후각구가 크게 줄고 신피질이 뇌를 완전히 뒤덮는다.

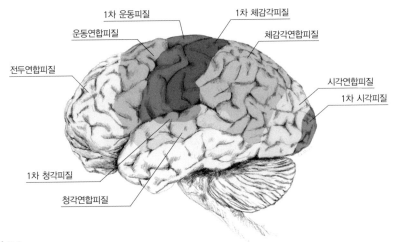

그림 7.2

인간의 뇌와 넓은 연합피질. 어둡게 칠한 몇 군데만 외부세계의 자극을 그대로 복제하는 지점연결 방식의 1차
피질 영역이다. 이 영역을 둘러싼 넓은 연합 영역(밝은 회색)은 이미지를 모아 미술품을 만들고, 소리를 엮어
음악을 만들고, 근육운동을 결합하여 동작을 만든다. 그리고 이 영역 너머에도 거대한 연합 영역(음영이 없는
부분)이 자리 잡고 있으며, 여기서는 감각과 운동을 넘어서 고차원적 사고를 담당한다.

질이 커지는 속도는 연합피질보다 느리다. 그리하여 큰 뇌 포유류에서는 전
세가 역전되어 연합피질이 감각피질보다 커진다. 이런 경향은 인간의 큰 뇌
에도 나타난다. 〈그림 7. 2〉에서 보듯 인간의 뇌에서는 신피질의 일부만 감
각 영역이고 나머지는 모두 연합 영역이다.

〈그림 7. 3〉에서 진화의 최종 형태를 확인할 수 있다. 왼쪽 그림은 뇌 크기
가 소, 중, 대인 포유류, 즉 쥐, 원숭이, 인간의 뇌를 간략하게 표현하고, 각
각의 상대적 크기를 보여주는 그림이다.

세 가지 뇌가 같은 크기라고 가정하고 비교해보면 지점연결 방식인 감각
영역과 임의접근 방식인 연합 영역의 성장 속도가 달라서 뇌 구조가 달라진
모습을 확인할 수 있다.

쥐의 뇌 대부분은 시각, 청각, 후각, 촉각-운동결합 영역이 차지한다. 뇌

앞쪽에는 커다란 후각구가 보이고, 뒤쪽에는 소뇌가 보인다. 연합 영역이 차지하는 부분은 매우 작다.

원숭이의 뇌에서는 연합 영역이 감각 영역에 비해 훨씬 커졌다. 원숭이의 감각 영역은 주머니쥐의 감각 영역보다 약간 크지만 전체 뇌에서 차지하는 비율은 낮은 편이다.

마찬가지로 인간의 감각 영역은 원숭이의 감각 영역보다 크지만 전체 뇌에서 차지하는 비율은 낮다. 거대하게 늘어난 신피질 가운데 극히 일부분만 차지한다. 신피질의 나머지 영역은 모두 연합피질이다(〈그림 7. 2〉와 비교).

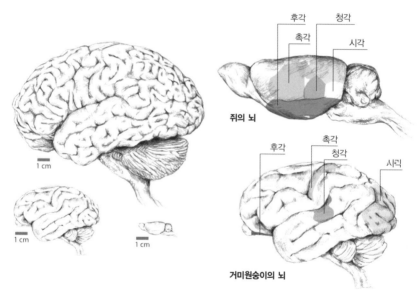

그림 7.3

뇌가 커지면서 연합 영역과 감각 영역이 다른 속도로 늘어나는 모습을 그렸다. 왼쪽은 쥐, 원숭이, 인간의 뇌를 간단하게 묘사한 그림이다. 쥐의 피질(오른쪽 위) 대부분은 청각(중간 회색), 촉각(밝은 회색), 시각(가장 밝은 회색)과 후각(가장 어두운 회색, 커다란 후각구와 그 옆에 붙어 있는 후각피질) 영역으로 구성된다. 원숭이의 뇌(오른쪽 아래)에서는 감각 영역의 크기는 더 크지만 전체 뇌에서 차지하는 비율은 오히려 줄었다. 영역마다 발달하는 비율이 다른 경향은 인간의 뇌에서 더욱 두드러지게 나타난다.

진화라는 기준에서는 연합피질이 늘어나야 할 이유는 없다. 인간 뇌는 원시 포유류의 뇌가 거대하게 늘어난 결과일 뿐이다. 이 문제에 관해서는 11장에서 다시 다루겠다.

감각 영역의 구조는 모든 뇌에서 그대로 유지된다. 후각에서 살펴보았듯이 처음에는 지점연결 방식으로 정보가 들어왔다가 임의접근 회로로 전달된다. 예를 들어, 시각에서는 눈에 분포한 뉴런의 축색이 시상에 분포한 뉴런으로 정보를 보내면, 시상 뉴런의 축색이 다시 1차 시각피질로 정보를 보낸다. 이때 망막에 투영된 이미지가 지점연결 방식으로 피질에 전달된다. 청각과 촉각도 마찬가지다. 그리고 다음으로 1차 감각 영역에서 연합 영역으로 정보를 보낸다. 연합 영역에는 지점연결 구조가 사라지고 임의접근 구조가 나타난다. 여기서부터 정보가 연합 영역에서 선조체, 편도체, 전두 시상-피질로 전달된다. 6장에서 살펴보았듯이 연합피질은 운동을 일으키고 정서 반응을 유발하며 계획을 세운다.

한편 연합피질이 같은 연합피질에 정보를 보내기도 한다. 뇌가 커질수록 연합피질끼리의 연결이 더욱 늘어난다. 앞서 살펴보았듯이 연합피질끼리의 연결은 모든 영역에서 같은 방식으로 표상이 만들어질 때만 가능하다. 낯익은 얼굴에 대한 기억은 활성뉴런의 양상이라는 일종의 주소 집합으로 특정 연합피질에 저장되고, 목소리에 대한 기억은 다른 주소 집합으로 다른 연합피질에 저장된다. 따라서 얼굴 표상과 목소리 표상 모두가 도달할 수 있는 '하위downstream' 연합 영역이 있어야 한다. 하위 기억은 보다 추상적인 기억을 생성한다. 이를테면, 얼굴과 목소리를 연결하는 표상을 만들어낸다.

따라서 피질에는 위계질서가 있다. 단순한 수준에서 고차원적이고 추상적인 수준으로 메시지를 보내고 되먹임을 받는다. 시각을 담당하는 연합 영역은 주로 같은 영역 안에서 연결을 형성하지만, 청각을 담당하는 연합 영역과,

혹은 시각이나 청각 정보를 독점적으로 처리하지 않은 연합 영역과 연결되기도 한다. 이런 구조에서 계속 아래로 내려가 보면 얼굴과 목소리 표상이 단일한 뇌 코드로 결합되는 영역이 나온다.

사고의 확장

지금까지는 뇌 뒤편에 위치한 연합 영역, 즉 시각, 청각, 촉각의 감각 영역에서 보내는 입력 정보를 통합하는 경로가 모인 영역을 살펴보았다. 그러나 대뇌피질의 4분의 1에 해당하는 방대한 영역이 아직 남아 있다. 이마 아래 뇌앞부분에 위치한 이 부분을 전두연합 영역frontal association field이라고 한다. 여기서 이마는 매우 중요한 부분이다. 이마는 인간에게만 있다. 다른 동물은 전두엽이 훨씬 작기 때문에 코와 이마 사이가 푹 꺼져 있다. 진화에서 뇌가 커지는 동안 전두엽이 커지는 속도는 제각각이다. 영장류의 뇌, 그 중에서도 특히 인간의 뇌는 전두엽이 거대해졌다.

전두엽에서 내보내는 정보를 보면 전두엽의 특성을 알 수 있다. 전두엽에는 출력 신호가 나가는 세 가지 경로가 있다. 첫 번째 경로는 신체근육의 지점연결 지도가 담겨 있는 운동피질motor cortex에 연결된다. 가령 왼쪽 발을 옮기고 싶다고 하자. 전두엽에서 내보내는 출력 신호가 전운동피질premotor cortex과 운동피질로 들어가서 뇌간을 자극하고 근육 반응을 일으킨다. 두 번째 경로는 선조체에 연결되고, 여기서 다시 시상-피질 회로에 되돌아가서 6장에서 설명한 폐쇄형 고리를 형성한다. 피질에서 선조체로, 선조체에서 시상으로, 시상에서 다시 피질로 연결되는 고리다. 세 번째 경로는 전두엽과 감각연합피질 사이의 양방향 연결이다. 이 세 가지 경로를 통해 운동을 계획하고, 시간을 조절하고, 사고를 조율하는 전두엽의 세 가지 기본 역할을 확인할 수 있다.

따라서 운동은 추상적 단위에서 유발되는 것이다. 다시 말해서, 추상적인 시간-동작의 지도 그리기에 의해 운동이 일어난다. 투수는 손에서 공이 떠나 눈 깜짝할 사이에 커브를 그리며 홈 베이스로 들어가도록 동작을 조율해야 한다. 모든 동작이 정교한 과정을 거친다. 먼저 다리 근육을 움직이고, 왼쪽 팔 근육을 움직인 다음, 특정 순간에 공을 놓는다(〈그림 7. 4〉). 전두엽에

그림 7.4
계획을 세우고 실행하기까지 뇌 영역은 연속으로 활성화된다. 전두엽은 저장된(학습된) 동작 중에서 투구 유형(슬라이더, 체인지업 등)을 선택하고 운동피질을 활성화시키고 척수의 '운동' 뉴런에 직접 축색을 통해 정보를 전달하여 적절한 운동을 시작한다. 그러면 척수의 운동 뉴런이 근육을 수축시킨다. 정보가 피질 아래로 내려가면서 소뇌와 뇌간(그림의 플래카드)에 곁가지를 보내서 신체 모든 부분을 조화롭게 움직이게 한다. 나아가 선조체와 전두엽이 연결된 '고리'에도 메시지가 전달된다. 고리는 전두엽의 활성 시간을 늘려서 전체 과정이 순차적으로 작동할 수 있게 한다. 마지막으로 감각연합피질에서 전두엽으로 입력되는 정보는 운동의 목표에 맞게 몸의 위치를 끊임없이 바꿔준다.

서 운동피질로 들어가는 투사를 보면 운동에서 계획까지 추상적인 과정을 알 수 있다.

운동이 일어나기까지는 몇 초가 걸릴 수 있지만 뉴런은 극히 짧은 순간에 활성화된다. 전두엽에서 선조체로 이어지는 연결도 마찬가지다. 선조체의 뉴런은 일련의 동작이 일어날 때까지 활성 상태를 유지한다. 선조체의 뉴런은 도파민dopamine을 통해 메시지를 받을 수도 있다. 도파민은 몇 초 동안 활성 상태를 유지하게 하는 신경전달물질이다. 선조체는 여러 특징을 갖추면서 활성 상태를 오래 연장하는 데 적합한 구조로 진화했다. 그리고 선조체에서 전두엽으로 정보를 전달하는 폐쇄형 고리를 형성하므로, 선조체는 일련의 행동을 일으키는 데 필요한 시간을 피질에 '알려줄' 수 있다.

전두엽에서 감각연합피질로 이어지는 세 번째 연결은 앞서 예로 든 얼굴과 목소리 정보를 결합하는 것 같은 자체적인 작업을 처리하는 영역과 계획하는 영역을 연결한다. 복잡한 행동을 조율하는 데 필요한 마지막 부분인 셈이다. 우리는 지각된 감각의 통일된 정보를 바탕으로 똑바로 걷고 말을 하고 차를 가지런히 주차할 수 있다. 투수가 공을 잘 던져서 스트라이크를 얻어내는 것도 이런 능력을 바탕으로 한다.

전두엽은 동작을 조직하는 데서 멈추지 않고 생각을 조직할 수도 있다. 전두엽은 일시적인 배열을 오랫동안 조합함으로써, 우리는 과거의 기억을 구성하고 재현할 수 있으며, 창의력을 발휘할 수도 있다. 전두엽은 연합피질 전역에 저장된 방대한 감각자료에서 정보를 선택한다. 다만 전두엽이 가장 큰 영역을 차지하는 큰 뇌에서만 가능한 일이다. 인간의 뇌는 전두엽이 넓은 영역을 차지하지만 다른 포유류의 전두엽은 그다지 크지 않다. 일부 인간의 뇌에서는 천재성의 지표가 되는 예상치 못한 새로운 조합이 나타나기도 한다.

여기에서도 오류가 발생할 여지가 있다. 저장 영역에 저장된 감각자료가 실제 세계와 일치하는지 전두엽에서 어떻게 판단하는가? 정신분열증 환자는 환청에 시달린다. 누군가가 실제로 말하는 것처럼 생생한 목소리를 듣는 것이다. 정신분열증은 전두엽과 도파민을 분비하는 선조체의 고리와 상관이 있다. 뇌에 저장된 사실이 새롭게 조합되어 왜곡될 수도 있다. 인간에게는 머릿속에서 일어나는 창의적인 생각을 규제하는 현실검증 능력이 필요하다.

뇌 속의 경쟁

작품성은 뛰어나지만 진가를 인정받지 못한 영화가 한 편 있다. 1950년대에 제작된 〈금지된 세계〉라는 영화다. 이 영화의 등장인물인 뫼비우스라는 광기어린 과학자는 그의 이름을 붙인 뫼비우스 행성에서 고도로 발달한 종족이 대단한 시스템을 개발한 사실을 알아낸다. 그것은 생각이 사라지기 전에 그 생각을 물질로 변환하는 시스템이다. 어느 연구자가 우주선을 타고 이 행성으로 들어간다. 그는 신성한 종족이 남긴 시스템을 활용하여 보통사람을 훨씬 뛰어넘는 수준까지 지능을 끌어올린다. (신의 것을 훔친 모든 인간의 운명이 그러하듯) 이 연구자는 죽기 직전에 마지막 숨을 토해내면서, "괴물, 뫼비우스, 이드의 괴물!"이라는 말로 고도로 발달한 종족의 멸종에 관한 놀라운 진실을 흘린다. 사실인즉슨 이러했다. 뫼비우스 행성에 살던 종족은 아주 오래전에 대단한 시스템을 완성했다. 그리고 그날 밤 모두 잠든 사이에 뇌의 원시적인 부분, 곧 프로이트가 말하는 이드가 주도권을 쥐고 문명의 덮개에 억눌려 있던 증오와 욕정을 현실에 살려냈다. 그리하여 단 하룻밤 사이에 자멸하고 만 것이다.

이 영화는 뇌에 관한 일반인의 생각을 잘 보여준다. 흔히 피질 밑에는 파충류 같은 추악한 충동을 지닌 원초적이고 사악하며 억압된 부분이 자리 잡고 있다고 믿는다. 지금까지 살펴본 뇌의 중요한 구조는 먹장어의 뇌에서도 발견된다. 따라서 우리 안의 괴물은 파충류가 아니라 어류에 가까울 수 있다. 하지만 어떤 '특성'을 지니든지, 하위의 뇌는 항상 피질과 경합을 벌인다.

하위의 뇌에서 피질로 이동하는 '조절'물질은 무수히 많다. 조절물질은 고차원의 뇌 기제를 조절하는 일종의 '다이얼'이라고 볼 수 있다. 피질과 선조체의 작용에 보상이나 처벌을 주어 이후 선택에 영향을 미치는 도파민에 관해서는 앞에서 간략히 살펴보았다. 노르에피네프린norepinephrine과 세로토닌serotonin 같은 조절물질도 있다. 두 물질 모두 피질에 고유의 강력한 영향력을 행사한다. 모든 원시적인 뇌 영역과 조절물질의 투사 작용은 원시 척추동물에게 직접 물려받았으며, 체온, 호르몬 수준, 시간, 배고픔과 같은 기본적인 생물학적 작용에 의해 활성화되거나 비활성화된다. 고차원적 영역은 조절물질의 신호를 받으면 행동을 바꾸어야 한다. 가령 정서 반응을 유발하는 편도체는 원시적인 자율조절계의 입력 정보에 큰 영향을 받는다. 피질이 적을수록 원시적인 기제의 영향력이 커진다. 피질이 커지면 연합 영역도 불균형하게 늘어나서 편도체와 같은 뇌 구조물에도 큰 영향을 미친다. 피질이 클수록 원시 구조물의 투사를 통제할 수 있다.

피질과 원시 구조물 사이의 경쟁은 아직 끝나지 않았다. 원시 조절물질의 영향은 정서, 수면의 질, 초현실적인 꿈의 세계, 빨간불이 깜박이는 것을 보고 느끼는 초조함의 형태로 드러난다. 프로작, 졸로프트, 팍실과 같은 항불안제는 신경조절물질 중 하나인 세로토닌계에 작용한다. 인간 뇌의 거대한 연합피질을 훈련하면 세로토닌이나 도파민과 같은 신경조절물질을 잘 통제할 수 있다. 엄청난 스트레스에 직면해도 침착하게 대처하는 사람이나 명상에 몰입하여 내면의 평정을 유지하는 사람들이 연합피질을 훈련한 좋은 본보기다.

대뇌피질 밑에 숨겨진 뇌 구조는 파충류, 조류, 포유류 모두의 조상인 원시 척추동물에게 물려받은 부분이다. 이 부분이 바로 '이드의 괴물'인 셈이다. 이 회로는 항상 피질 아래 도사리면서 환경에 대해 독특한 반응을 일으킨다. 그것은 신체 욕구를 분출하려고 들끓는 원시적인 뉴런의 집합이다. 고차원적 연합피질은 항상 피질하부 구조와 갈등을 일으킨다.

피질하부 영역을 통제하는 정도는 피질의 크기에 달려 있다. 다른 동물보다 연합피질이 큰 인간의 뇌에서는 피질하부 영역과 행동을 조절하는 영역의 비중이 크다. 인간과 짐승을 구분하는 가장 중요한 요인은 앞서 언급한 사고와 상상력이다. 침팬지는 비교적 정교하게 계획을 세울 줄 알고, 고릴라는 가끔씩 슬픔에 잠기는 듯하다. 하지만 인간 뇌에서 연합 영역끼리 연결된 정도와 거대한 전두엽과 선조체를 연결하는 고리는 유인원보다 몇 배나 크다.

생각의 도구

피질 회로

앞서 살펴보았듯이 뇌의 시상-피질 회로는 주요 피질하부 영역(선조체, 편도체, 해마)뿐 아니라 다른 피질 구조와도 조화롭게 작용한다. 큰 뇌는 피질 영역 사이의 연결이 늘어나서 작은 뇌보다 훨씬 많은 작업을 수행할 수 있다.

앞에서 중요한 질문을 제기한 바 있다. 신생 포유류의 신피질이 원래 구조는 그대로 유지한 채 크기만 커졌다면, 어떻게 단지 같은 회로가 반복해서 늘어났을 뿐인데 완전히 새로운 조작을 수행할 수 있게 되는가? 구조는 같고 피질의 양만 늘어났을 뿐인데 어떻게 종마다 뚜렷한 질적 차이가 나타날 수 있는가? 어떻게 쥐보다 개가 똑똑하고, 개보다 원숭이가 똑똑할 수 있는가? 어떻게 같은 구조의 뇌가 더 늘어났다고 해서 계획과 추론과 언어와 같은 인간 고유한 능력이 나타날 수 있는가?

우선 시각 이미지에 대한 대뇌피질 회로의 반응을 살펴보자. 꽃 그림이 망막의 뉴런을 활성화시킨다. 망막에서는 꽃 그림의 화소를 그대로 모방한다. 눈에 들어오는 이미지가 망막의 뉴런을 선택적으로 활성화시키는 것이다. 그리고 망막 뉴런의 축색이 지점연결 방식으로 시상-피질 영역에 정보를 보내고, 여기서 다시 임의접근 방식으로 피질하부 영역에 투사한다. 피질하부 영역에 관해서는 앞서 두 장에 걸쳐 설명했다.

이제 피질 회로의 마지막 주요 특징을 살펴보자. 피질 회로는 뇌 앞쪽의 하위 구조물에도 투사하고 동시에 뒤쪽의 감각 영역에도 투사한다. 이 과정은 시상-피질 회로나 피질-피질 회로 모두에서 동일하게 나타난다. 메시지가 양방향으로 보내지면서 장면이나 소리와 같은 입력 정보가 하위 뇌의 개념에 의해 변형된다. 다시 말해서, 첫 단계의 처리 정보가 '고차원적' 처리 과정에서 변형된다는 뜻이다. 사실 지각은 순수하지도 직접적이지도 않다. 학습된 '기대'에 영향을 받기 때문이다. 따라서 예전에 꽃을 접한 기억, 곧 꽃의 모양과 향기와 꽃을 본 장소 따위가 모두 지금 이 순간 꽃을 지각하는 방식에 영향을 미칠 수 있다.

뇌에서 투사가 일어나면서 새로운 감각이 형성된다. 감각연합 영역에서 나타나는 임의접근 방식의 추상적 표상은 감각피질의 지점연결 지도를 다시 활성화시키고, 환경에서 주어진 실제 이미지를 다시 만들어낼 수 있다. 화가는 캔버스에 붓을 대기 전에 먼저 마음속으로 그림을 떠올려본다. 베토벤은 청력을 거의 잃은 뒤에 마음속으로 음악 소리를 듣고 나서 9번 교향곡을 작곡할 수 있었다.

뇌 회로에는 더욱 놀라운 함의가 담겨 있다. 2장에서 설명했듯이 피질을 직접 연구할 수 있는 도구는 매우 제한적이므로 컴퓨터 시뮬레이션을 이용하여 뇌 회로의 조작을 탐색한다. 컴퓨터가 발달한 덕분에 뉴런의 생물학적 특성을 되살리고, 이어서 뇌를 해부하는 과정에서 발견된 회로 설계 방식에 따라 수천, 수백만 개의 뉴런을 연결할 수 있다.

이렇게 개발된 모형은 개발자도 예상하지 못한 작업을 수행할 정도로 성능이 뛰어나다. 그 중 한 예를 소개하겠다. 컴퓨터로 개발한 피질 시뮬레이션 작업을 단계별로 살펴보고, 각 단계의 놀라운 결과를 살펴볼 것이다. 시각 반응처럼 단순해 보이는 반응조차도 생각만큼 단순하지 않다. '단순한' 지각이지만 수많은 단계가 숨겨져 있다.

1단계: 초기 활성화

꽃과 같은 이미지는 시각계를 본뜬 컴퓨터 모형에서 피질의 일부 뉴런 양식을 활성화시킨다. 다른 꽃은 다른 피질을 활성화시킨다. 하지만 이론상으로 A라는 꽃과 B라는 꽃이 공유하는 특징은 표적 뉴런이 꽃의 특징에 선택적으로 반응하기 때문에 같은 피질세포를 활성화시킬 수 있다.

뉴런을 간략히 그린 그림(〈그림 8. 1〉)을 보면 표적 뉴런이 다양한 꽃 이미지에 활성화되는 걸 알 수 있다. 활성화된 축색을 나타내는 두꺼운 가로선을 보면, 꽃마다 다른 축색을 활성화시키는 것을 알 수 있다. 축색은 시냅스 연결된 뉴런에 메시지를 보낸다. 예를 들어, 그림 맨 위의 축색을 따라 왼쪽에서 오른쪽으로 살펴보면 첫 번째 뉴런과 접촉하지만 두 번째나 세 번째 뉴런과는 접촉하지 않고 다시 네 번째 뉴런과 접촉한다. 세 가지 꽃은 종류는 다르지만 몇 가지 동일한 특징을 공유한다. 꽃잎이 있고 원형으로 배열돼 있으며 몇몇 색이 같다. 컴퓨터 모형에서 세 가지 꽃이 공유하는 특징은 맨 위 두 개의 축색을 통해 전달되는 듯하다. 이 축색은 다른 축색보다 두껍게 표시된다. 세 가지 꽃은 종류가 다르면서도 이 동일한 두 개의 축색을 활성화시킨다. 꽃마다 다른 특징은 서로 다른 축색을 통해 전달된다. 네 번째 축색은 장미에서 활성화되고, 다섯 번째와 여섯 번째 축색은 다음 두 꽃에서 활성화된다. 표적 뉴런은 꽃 그림 중 하나에 반응하여 활성화된 축색에서 입력 정보를 받는다. 정보를 적게 받은 뉴런은 비활성 상태로 남고(어두운 색), 활동량이 가장 많은 뉴런은 활성 상태(밝은 색)가 된다. 이 모형에서 서로 이웃하는 뉴런은 상대방 뉴런을 억제하며 활성화되려고 경쟁한다. 이웃하는 두 뉴런이 동시에 하나의 입력에서 자극을 받는다면, 가장 강력하게 활성화된 뉴런만 반응한다.

〈그림 8. 1〉에서는 왼쪽에서 오른쪽으로 이동하면서 1, 4, 9, 10번째 뉴런은 장미에 반응하여 활성화되고, 1, 4, 9, 11번째 뉴런은 데이지에 반응하여 활성화되며, 3, 4, 9번째 뉴런은 제비꽃에 반응하여 활성화된다.

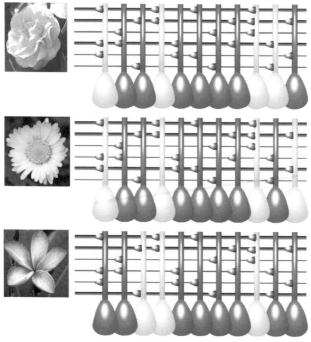

그림 8. 1
시뮬레이션된 뉴런 11개가 장미(위), 데이지(가운데), 제비꽃(아래)에 반응한다(밝은 색). 망막에 들어온 신호(왼쪽)가 시냅스 연결을 통해 수상돌기에 퍼지는 활동량이 충분하면 뉴런이 활성화된다. 다양한 꽃에 대한 첫 반응은 겹치지만 똑같지는 않다.

2단계: 학습

사건들 각각은 뇌의 활성화된 뉴런에서 학습된다. 다시 말해서, 어떤 특징이 나타날 때마다 컴퓨터 모형에서 해당 시냅스 연결이 강화되는 것이다. 〈그림 8. 2〉는 학습이 일어나기 전(왼쪽, 〈그림 8. 1〉과 동일)과 다양한 꽃을 경험한 이후(오른쪽)의 시냅스를 나타낸다.

경험이 반복될 때 가장 자주 활성화되는 시냅스가 강해진다. 모든 꽃이 공유하는 축색, 즉 하나 이상의 꽃 이미지에 관여하는 축색이 몇몇 경우만 담당하는 축색보다 자주 활성화된다. 〈그림 8. 2〉의 오른쪽 그림에는 공유된(유난히 강화된) 시냅스가 흰색으로 표시된다. 표적 뉴런의 활성 상태가 강화되면서 점차 모든 꽃에 반응한다. 게다가 이웃 뉴런끼리 '경쟁'하여 반응이 약

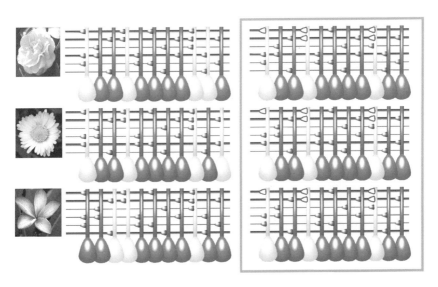

그림 8. 2
〈그림 8. 1〉과 같은 뉴런 11개에서 학습이 일어나기 전(왼쪽)과 학습이 일어난 후(오른쪽)의 반응이다. 가장 활성화된 시냅스가 강화된다(오른쪽의 흰색 시냅스). 강화된 시냅스는 꽃들 사이의 미세한 차이를 무시하고 모든 꽃에서 같은 뉴런이 반응하게 한다(오른쪽).

한 뉴런을 억제하면서 가장 강력하게 반응하는 뉴런이 유일한 반응 뉴런이 된다. 학습 이후에 강화된 시냅스 연결로 인해 1, 4, 9 뉴런이 장미, 데이지, 제비꽃에 모두 반응한다.

결국 학습 효과란 표적 뉴런이 입력 정보 사이의 미세한 차이를 구별하지 못하게 되는 것이다.

얼핏 보면 상식에 어긋나는 것처럼 보인다. 학습된 이후에는 반응이 뚜렷하고 예리해지고 작은 차이까지 구별할 수 있어야 할 것 같지 않은가? 하지만 위 모형에 의하면 학습 이후에 오히려 미세한 차이를 구분하지 못하게 된다. 이런 모순은 두 가지 측면에서 곧바로 해결된다.

첫째, 미세한 차이를 무시하는 것은 분명한 가치가 있다. 장미를 볼 때, 11개의 뉴런에 전달되는 미세한 차이가 있지만 여전히 장미는 장미다. 볼 때마다 다른 뉴런 활동 양식이 활성화되면 하나의 관점이 하나의 대상이 된다. 만약 모든 관점이 각기 다른 대상으로 등록되면 지나치게 구체적인 정보에 압도되어 반복적으로 나타나는 양상을 파악하지 못하게 된다. 그러나 비슷한 대상끼리 묶어 놓으면 지각 대상을 조직화할 수 있다. 말하자면, 꽃 하나하나를 일반화하여 모든 꽃의 범주로 묶을 수 있다.

둘째, 시상에서 피질로 들어가는 회로에서 처리되는 모든 처리 방식이 있다. 반대로 조금 전에 설명했듯이 뒤쪽으로 흐르는 회로도 있다. '상위'의 피질 영역에서 '하위'의 피질 영역으로 되먹임하고, 피질에서 다시 시상으로 되먹임하는 식이다. 이제부터는 이런 되먹임 경로가 중요한 역할을 담당한다.

3단계: 되먹임

피질에서 '범주' 반응이 일어나면 다시 입력 구조인 시상으로 되먹임 신호가 보내진다. 되먹임은 시상의 억제세포에 투사하여 입력 중 일부(피질 반응에 관여하고, 공유 혹은 범주 반응으로 모든 꽃에 반응하는 부분)만 선택적으로 억제한다.

꽃은 여전히 그 자리에 있고 일련의 과정이 다시 시작된다. 눈에서 시상으로 신호를 보내면 시상은 다시 피질로 신호를 보낸다. 하지만 억제가 지속되고 시상 일부가 피질의 되먹임에 의해 억제된다. 따라서 입력된 정보 중 일부만 시상에서 피질로 전달된다. 꽃의 '범주' 요소를 억제하거나 삭제하는 조작이 일어난 이후에 '남겨진' 부분만 전달되는 것이다. 이렇게 남겨진 부분에는 모든 꽃이 공유하지 않는 독특한 특징이 담겨 있다. 그 꽃만의 독특한 부분이나 꽃의 미세한 부분이 그 특징이다.

'남겨진' 신호는 피질로 올라가고, 피질은 첫 번째 '범주' 반응이 일어난 후 수십 ms(1000분의 1초) 만에 반응한다. 컴퓨터 모형의 두 번째 단계에서는 '남겨진' 입력 정보에 의해서만 활성화되며, 피질에서 첫 번째 입력과 다른 표적 뉴런을 자극한다. 학습은 수많은 사건을 거치면서 모든 꽃이 공유하는 특징에 대한 피질 반응을 선택적으로 강화하고, 다음으로 꽃의 하위 요소가 공유하는 특징에 대한 반응을 강화하는 과정이다. 되먹임 억제·삭제 기능은 세 번째와 네 번째 반응 뉴런에도 똑같은 영향을 주어, 약 네다섯 번의 반응이 일어난 후에(1000ms, 즉 1초 후) 마침내 억제 신호가 사라진다.

그럼, 피질에서 하나의 꽃을 보고 일정한 시간 동안 네다섯 가지 반응을 내보낸다는 말은 과연 무슨 뜻일까?

이 과정을 분석해보면 첫 번째 반응 뉴런은 모든 꽃에 똑같이 반응하고, 두 번째 반응 뉴런은 모든 장미나 모든 제비꽃이나 모든 데이지에 똑같은 반응을 보인다. 다음으로 흰 데이지와 노란 데이지처럼 작은 하위 요소에 반응하다가, 결국에는 특정 장미나 데이지 한 송이와 같은 범주에 선택적으로 반응한다.

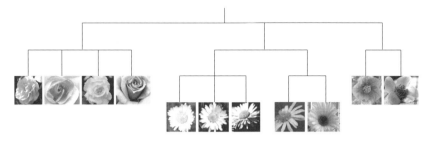

그림 8.3
시냅스 변화에 의해 반응 뉴런은 유사한 입력 정보에 똑같이 반응하고 지각 대상(여기서는 꽃의 이미지)을 하위 범주로 분류한다. 시상-피질 고리의 컴퓨터 모형은 한 첫 번째 범주(꽃)의 요소, 하위 범주(큰 꽃잎과 작은 꽃잎), 하위의 하위 범주(데이지)를 되풀이해서 '판독한다'. 인간의 뇌가 이런 식으로 작동한다는 증거가 있다.

　이러한 뇌 반응은 자동으로 특별한 훈련 없이 경험을 통해서만 일어나지만 결과는 엄청나다. 눈으로 장미와 데이지를 보면 시상-피질 고리가 서서히 작동해서 꽃의 내부 구조를 익히고 꽃을 범주로 분류하면서 꽃에 대한 기억을 저장한다(〈그림 8. 3〉 참조). 다음으로 어떤 꽃을 볼 때 시상-피질 고리에서 한 가지 '지각' 반응이 아니라 일련의 반응이 일어난다. 우선 대상이 꽃이고, 다음으로 데이지이며, 다음으로 노란 데이지라는 정보를 '판독'하면서, 범주에서 하위 범주로, 하위 범주에서 하나의 개체로, 점차 아래로 내려간다.

　뇌의 컴퓨터 시뮬레이션을 통해 지각은 하나의 작업이 아니라는 사실을 알 수 있다. 시간이 흐르는 사이 눈에 보이는 대상에 관한 새로운 정보가 생성된다. 여러 번의 '단편적인 반응'이 일어나면서 범주와 그 하위 범주, 그리고 개체에서 여러 가지 사건이 연속으로 발생한다. 이는 모두 1초도 안 되는 짧은 순간에 벌어진다. 하위의 시상-피질 회로와 피질-피질 회로에서 예상치 못한 복잡한 감각처리, 기억구성, 그리고 기억과 시각 사이의 상호작용이 일어난다. 모두 어떤 이미지가 지각되는 아주 짧은 순간에 발생하는 것이다.

이러한 컴퓨터 모형을 처음 개발할 당시에는 뇌에서 실제로 이런 작용이 일어나는지 입증할 증거가 없었지만, 이후 실제로 뇌에서 이런 작용이 일어나는지 입증하려는 연구가 실시되기 시작했다. 어떤 대상이든 범주를 먼저 지각하고, 그 다음에 개체를 지각한다. 지각은 우리의 예상과 다르게 일어난다는 뜻이다. 지각은 대상을 범주로 나누고 그 하위 범주로 나누는 특수한 과정을 통해서만 일어난다. 개별적인 과정이 아니라 범주 지각이라는 통합적인 과정을 통하는 것이다. 다음에는 추가로 피질 모형을 만들어 우리의 예상을 뒤엎는 결과를 살펴볼 것이다.

범주의 배열

앞에서 설명한 범주화 반응과 더불어, 피질 회로는 범주 반응을 묶어서 '배열sequence'로 분류한다. 이런 배열에 관해서는 수많은 학자들이 과학 학술지에 발표해왔다.

꽃잎 하나를 보고 다른 꽃잎을 보면 피질 회로에서 두 개의 꽃잎을 연결해서 둘 사이의 관계를 나타내는 배열로 묶는다. 예를 들어, 배열은 '꽃잎 하나 너비만큼 오른쪽으로, 꽃잎 둘의 너비만큼 아래로 이동'이라는 뜻이 될 수 있다. 다시 말해서, 꽃잎 하나에서 다른 꽃잎으로 옮겨가는 눈의 움직임을 반영하는 것이다.

여기서 말하는 배열은 범주의 배열이다. 어느 한 꽃잎의 배열이 아니라 일반적인 꽃잎의 배열이라는 뜻이다. 범주의 배열은 기억의 구성요소를 조직한다. 여기서 우리는 모든 기억이 배열로 구성된다는 가설을 세우고자 한다. 이어서 뇌 회로에서 배열과 범주로 복잡한 장면을 재현할 때 어떤 일이 일어나는지 살펴보자.

뇌 영역 사이의 정보 전달

뇌에는 약 1000억 개의 뉴런이 분포하고, 이 뉴런들은 언제든지 미세한 전기 자극을 일으켜 다른 뉴런에 신호를 보낼 수 있다. 이때 약 100조 개의 시냅스 연결이 형성된다. 뉴런은 다른 표적 뉴런으로 메시지를 전달할 수도 있다. 뇌의 경로를 따라 뉴런이 활성화되면서 메시지가 만들어지고, 활성화된 양상이 생각의 내용이 된다. 자연히 활성화된 양상이 어떻게 사고의 기초가 되는지 의문이 들 것이다. 이 책 나머지 부분에서 여러 차례에 걸쳐 다음 질문에 대한 답을 제시할 것이다.

첫째, 뇌 활동을 관찰하는 도구는 어떤 것이 있을까? 활성 상태인 뇌를 관찰할 수 있는 도구는 무엇일까? 인공적인 구조가 아닌 자연 상태의 뇌, 그 활동은커녕 뇌를 이루는 기본 구조조차 파악하기 어렵다. 오직 실험을 통해서만 뇌 구조의 특징과 작용을 알아낼 수 있다.

아직은 특수한 실험 몇 종류 정도만 실시할 수 있다. 뉴런에서 일어나는 모든 화학 및 전기 활동을 관찰하면서 뇌가 지각, 학습, 기억, 말하기와 같은 단계를 거치게 할 수 있다면, 관찰한 데이터를 모아서 정밀 분석으로 뇌의 작동 방식을 알아낼 수 있다. 다만 데이터의 양이 엄청나고 데이터를 분석하는 작업도 방대할 것이다. 이론적으로는 어떤 사람이 행동하는 동안 뉴런에서 일어나는 복잡한 활동에 관한 데이터만 수집할 수 있으면 방대한 작업이 훨씬 단순해질 것이다. 그러나 현실적으로 이런 데이터를 수집하기란 불가능하다.

그러면 먼저 실험 장치부터 살펴보자. 뇌 활동을 관찰하기 가장 좋은 장치는 우리의 기대에 크게 벗어난다. 신경과학계에서도 뇌 신호의 특성에 관한 논쟁이 진행 중이기 때문에 이 책에서는 대략적으로만 소개하고자 한다.

뇌에서 일어나는 전기 활동은 뇌전도EEG와 뇌자도Magnetoencephalogram, MEG

로 측정할 수 있다. 두 장치는 짧은 순간에 뇌의 한 영역에서 다른 영역으로 보내는 신호를 정확히 감지하지만, 처음 신호가 발생한 위치나 마지막으로 도달한 위치는 알아내지 못한다. 즉, 개별 뉴런이 아니라 넓은 뇌 영역에서 일어나는 현상만 보여준다. 반면에 기능성자기공명영상functional Magnetic Resonance Imaging, fMRI은 뇌 영역을 더욱 정확하게 보여준다(그래도 여전히 수십만 개의 뉴런을 덩어리로 보여준다!). 하지만 초 단위로 뇌 활동을 측정하기 때문에, 1000분의 1초에 발생하는 뇌의 전기 활동에 비하면 매우 느린 속도로 측정한다. PET 스캔, CAT, NIRS와 같은 뇌 활동 측정 장비는 저마다 차이점과 유사점이 있지만, 대부분 정확한 시간을 포기하는 대신 정확한 위치를 파악하여, 메시지가 전달되는 동안 뇌 표면에 흐릿하게 나타나는 뇌 활동 지도를 생성한다. 비유하자면 전화통화 내용에 대한 위성 기록을 검색하면서 한 나라 전체의 대화 내용을 한데 모으거나(EEG), 소도시별로 기록을 구분할 수는 있지만 평균 음량 정도만 파악하고 구체적인 단어나 문장은 포착할 수 없는 것과 같다(fMRI).

뇌 영상

요즘은 보통 사람도 뇌 영상 기술로 촬영한 사진에 익숙해져서, 밝은 얼룩이 새겨진 뇌 사진을 한눈에 알아본다(〈그림 8. 4〉).

　뇌 영상이 만들어지는 과정은 매우 복잡하다. 이는 단순히 뇌 활동을 스냅 사진으로 찍어서 나오는 영상이 아니라, 폭넓은 해석의 결과다. 즉, 개인이 특정 행동을 하는 동안 뇌 영역에서 나타나는 활동량의 미세하지만 안정적인 차이를 반영한 결과물이다. 사례가 단순하면 해석하기도 쉬워진다. 가령 어떤 장면을 볼 때는 시각을 담당하는 영역이 활성화되고, 소리를 들을 때는 청각을 담당하는 영역이 활성화된다. 그러나 훨씬 미묘한 경우도 있다. 차나

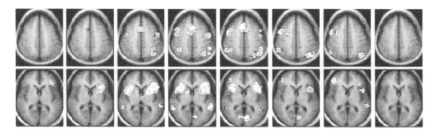

그림 8.4
fMRI로 찍은 인간의 뇌 영상. 밝은 부분은 혈액 산화blood oxygenation가 많이 일어나는 영역으로, 상대적으로 피질 활동이 왕성한 영역이다. 나머지 피질도 활성 상태이긴 하지만 밝게 표시된 영역만큼 활발한 것은 아니다.

집이나 얼굴을 볼 때 뇌에서는 조금씩 다른 활동 양상이 나타난다. 다양한 반응 영역에 기능과 관련된 이름을 붙여주어 구별하기도 한다. 다시 말해서, 어느 한 영역이 집이나 망치나 말과 같은 이미지보다 유독 책상 이미지에 조금 더 반응한다면 '책상 영역'이라는 이름을 붙일 수 있다. 혹은 보다 일반적으로 어떤 대상의 속성보다 그 대상의 위치에 민감하게 반응하는 영역이라면 ('무엇' 영역과 구분하여) '장소' 영역이라고 부를 수 있다.

이제부터 이런 반응을 보다 면밀히 살펴보자. '책상' 영역이 책상에 민감하게 반응한다면, 그 이유는 무엇일까? 눈에서 피질을 거쳐 '책상' 영역(과 다른 영역)까지 이어지는 경로에서 그 답을 찾을 수 있다.

일반론에서 특수론까지

뉴런 활성화 이미지를 보면 어떤 기능을 '수행'하는 '그' 영역을 보고 있다고 생각하게 된다. 따라서 X라는 뇌 영역이 음악을 '지각'하는 '그' 구조물이거나, Y 영역이 할머니의 얼굴을 지각한다고 볼 수 있다. 자동차에 비유해보자. 바퀴는 자동차의 일부로서 자동차를 달리게 한다. 하지만 바퀴는 차동 톱니바퀴에 의해 회전하고, 구동축에 의해 활성화되고, 전동장치에 의해 작동하며, 엔진에서 동력을 얻어 굴러간다. 생물학적 시스템 역시 복잡한 구조로 되어 있고 구성요소 사이의 상호작용에 의해 작동한다. 따라서 소리가 귀에 들어와 고막을 때리고, 달팽이관에 진동을 일으키고, 부호화된 전기 신호를 뇌간의 원시 구조물로 보낸 다음, 다시 시상에서 뉴런 집단을 선택하여 연결된 피질 영역에 전달한다. 피질의 어느 한 영역에서 소리(새의 지저귐이나 사람 목소리)를 '지각'할까? 아니면 피질 영역이 모듈 방식으로 '음성' 영역, '새 지저귐' 영역, '음악' 영역으로 나뉠까?

이에 대해서도 이견이 분분하다. 극과 극의 주장이 나오고 있다. 한쪽 극단에서는 할머니가 어떤 밝기에서 어떤 옷을 입고 나타나든 항상 반응하는 세포를 과감하게 '할머니 뉴런'이라고 명명해야 한다고 주장한다. 실제로 뇌에 캐리커처와 같은 뉴런이 존재할지도 모른다. 그러나 다른 한편에서는 '할머니 뉴런'과 정반대로 입력된 표상은 전체로 '분산'되며 특정 인물과 같은 복잡한 존재를 표상하기 위해서는 넓은 영역에서 수많은 뉴런이 협력해야 한다고 주장한다. 표상이 널리 분산된다는 주장에서, 개별 뉴런은 하위의 특정 성질만 지각하므로 '할머니'를 신호로 보내려면 할머니와 관련된 모든 특징이 동시에 발생해야 한다. 하지만 자세히 살펴보면 두 입장은 보기보다 뚜렷이 구분되지 않는다.

기억의 구성

기억의 기본 구성요소는 어떻게 결합되는가? 모서리나 선을 지각한 결과가 어떻게 자동차나 할머니를 지각하는 것과 연결되는가?

앞에서 시상-피질 회로의 기본 구조를 살펴보았다. '최전선' 뉴런은 물리적 자극에 직접 반응하고, 이후의 모든 뉴런은 유사한 신호로 이루어진 간단한 범주나 범주의 배열에 반응한다. 최전선 뉴런이 지각한 단순한 특징은 세

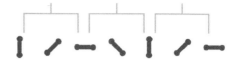

그림 8.5
시각피질의 첫 번째 뉴런은
여러 방향의 선과 모서리에 반응한다.

로와 가로 사이의 여러 각도로 기울어진 단순한 선 모음이다(〈그림 8. 5〉).

단순한 1순위 뉴런의 특정 조합에만 반응하는 2순위 뉴런이 선택적으로 활성화된다. 따라서 1순위 세포에서 가로선에 반응하는 A와 세로선에 반응하는 B가 있다면, 2순위 세포 C는 가로선과 세로선 둘 다 있을 때만 반응할 수 있다. 즉 'L'이나 'T'나 'V'나 '+'와 같은 형태일 때 반응한다(〈그림 8. 6〉).

아래로 내려갈수록 선택기준이 엄격해지면서, 상자에만 반응하거나 곡선이나 원이나 각도와 같은 간단한 형태에 반응할 수 있다. 앞부분의 뉴런이 동그란 눈, 가로선의 입매에 반응한다면, 하위의 뉴런 조합에서는 이런 특징이 얼굴에서 있어야 할 부위에 있을 때만 반응한다. 입력 정보의 배열에 따라 활성화되거나 자극을 받는 뉴런과 선택적으로 억제되는 뉴런이 있다면, 맨 아래쪽 표적 뉴런에서는 까다롭게 선택해서 반응할 수 있다. 하위의 뉴런은 어느 한 얼굴의 특징에만 선택적으로 반응할 수 있고, 반대로 특정 얼굴이 작거나 큰 뉴런 집합을 '모집'하거나 활성화시킬 수 있다(〈그림 8. 7〉).

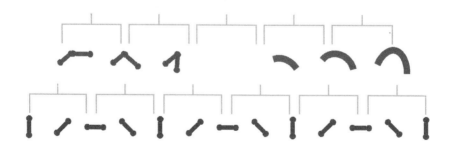

그림 8.6
하위의 뉴런일수록 여러 방향의 모서리가 각도와 모양으로 조합된 형태 같은 단순한 초기 특징에 반응한다.

그림 8.7
피질 아래로 더 내려가면 뉴런이 집단을 이루어 집이나 얼굴이나 동물의 특징처럼 보다 복잡한 특징의 조합에 선택적으로 반응한다. 다양한 대상에 선택적으로 반응하는 나름의 '문법'을 형성한다.

할머니 뉴런을 주장하는 입장과 완전히 분산되는 표상을 주장하는 입장 모두 충분한 증거를 제시한다. 같은 증거를 들어 복잡하지만 더 올바를 수 있는 중간 입장을 주장할 수도 한다. 중간 입장이란 활성화된 뉴런의 수는 표시된 이미지에 따라 달라진다는 주장이다. 복합적인 이미지에 민감하게 반응하는 뉴런이 존재하고, 또 특정 이미지가 다양한 규모의 뉴런 집단을 활성화시킬 수도 있다는 얘기다. 활성화되는 뉴런 집단의 크기는 과거에도 같은 이미지나 같은 범주로 분류된 이미지에 노출된 적이 있는지에 따라 결정된다. 연합피질에서는 단계적으로 처리된다. 점차 복잡한 표상을 만들어 더 아래쪽 피질 영역에 응축시킨다. 뇌의 연결 경로는 여러 방향으로 퍼져나가면서 초기의 유전적 특징에서 시작하여 특정 대상과 그 대상의 하위 집단으로 뻗어나간다. 여러 갈래의 뇌의 경로를 따라 안쪽으로 들어갈수록 뇌에 입력된 특정 정보에 '특수하게 맞춰진' 영역이 나온다. 모든 뇌 경로는 나란히 퍼져나간다. 주어진 장면이나 소리에 반응하는 경로는 기억을 저장하는 경로와 같다.

상위 인식 구축하기

앞서 살펴보았듯이 뇌가 클수록 피질의 연합 영역도 커진다. 따라서 학습에 의해 깊고 복잡한 구조가 형성된다. 이후의 피질-피질 영역에서는 단순한 특징으로 얼굴과 집의 복잡한 형태를 구성하고, 피질이 늘어날수록 보다 특수한 특징이 구성된다. 얼굴과 집이 다양한 특징(눈, 코, 입, 그리고 벽, 창문, 지붕)의 관계로 구성되는 것처럼, 하위의 피질 영역에서는 대상과 행동 사이의 정교한 관계를 입력하는 특수한 기능이 발달하기 시작한다. 피질의 깊은 영역은 기능에 따라 이름을 붙이기 어렵다. 피질의 첫 단계에서는 감각 기능과 운동 기능에 따라 시각피질V1, 청각피질A1, 운동피질M1이라는 이름을 붙였다. 그러나 하위 영역은 덩어리를 이루어 '연합'피질로 묶고, 각 영역은 번호(V2, V3, A2, A3……)나 주름진 뇌 표면과 연관된 영역(내측 측두엽, 후두정엽posterior parietal cortex, 각회Angular Gyrus, 배외측 전전두엽dorsolateral prefrontal cortex……)으로만 지칭할 수 있다.

　하위의 피질 영역에 관해서는 두 가지 중요한 측면을 살펴볼 수 있다. 첫째, 특정 피질 영역에 연결되어 정보를 주고받는 영역. 둘째, 피질 영역을 선택적으로 활성화시키는 환경. 우선 피질과의 연결성에 의해 명확히 정의되는 영역이 있다. 예를 들어, 피질 영역 'V2'가 앞부분의 시각 영역V1에서 직접 1차 입력 정보를 받는다면 정보를 받은 V2 영역에서는 약간 더 복잡한 시각 정보를 학습하고 나아가 시각 경로를 따라 더 깊은 영역으로 정보를 전달한다. 경로가 순식간에 부채꼴 모양으로 펼쳐지고 접혔다가 다시 펼쳐지는 식으로 하위 영역의 신경망을 형성한다. 이 부분은 연결성만으로는 기능을 파악하기 어려운 영역이다. 앞에서 EEG에서 fMRI까지 다양한 뇌 영상 기법을 이용해서 단순한 과제를 수행하는 동안 뇌를 스캔할 수 있다고 설명했다. 뇌 영상 기법은 기본적으로 다양한 과제를 수행하는 동안 다른 영역보다 활성화된 영역을 강조해서 표시하는 기술이다.

뇌 영상 기법은 뇌의 일부 영역을 다른 영역과 구분할 수 있게 만들어, 일정한 정신 작업을 수행하는 뇌 영역을 일시적으로 식별할 수 있게 한다. 일부 정신 작업은 일상의 언어로 설명하기가 불가능하다. 눈에 보이지는 않지만 다양한 기능의 기초가 되는 뇌 영역도 있기 때문이다. 앞에서 살펴보았던, 대상 표상의 단계를 구축하는 작업을 예로 들어보자. 정확한 실험을 거치기 전에는 우리가 얼굴이나 집만 인식하는 것이 아니라 수많은 이미지에 관여하는 이름 모를 부분적인 조합까지 인식하는지 확실히 알 수 없다. 이런 부분적인 조합을 통해 복잡한 장면을 순식간에 지각할 수 있지만, 반대로 복잡한 장면들이 공유하는 부분적인 조합에서 여러 대상의 유사성을 찾아낼 수도 있다. 가령 구조적으로 얼굴과 닮은 구석이 있으면 다양한 대상에서 얼굴을 보는 경향이 있다.

아래로 내려갈수록 복잡해지는 뇌의 하위 영역에서는 대상과 행위의 추상적인 관계를 설명하기 시작한다. 물체를 떨어뜨리면, 그것이 낙하하는 모습이 보이고, 이어서 바닥에 부딪히는 소리가 들린다. 사건의 통계적 규칙성에서 인과관계가 드러난다. 손을 펴면 물체가 떨어진다. 떨어지면 바닥에 부딪힌다. 바닥에 부딪히면 소리가 난다. 단순한 물리적 상호작용에 관한 유사한 관념을 기반으로 '대중 물리학folk physics'을 구축할 수 있다. 같은 맥락에서 공간적 위치도 설명된다. 북쪽으로 향했다가 오른쪽으로 방향을 돌리고 다시 오른쪽 향하면 남쪽을 향하게 된다.

이렇게 서로 연관시키는 방식으로 사회적 상호작용도 이해할 수 있다. 누군가 미소를 지으면 기쁜 모양이라고 추론하고, 찡그린 표정을 지으면 감정이 상한 모양이라고 추론하며, 우는 모습을 보면 슬픈 모양이라고 추론한다. 피질 경로를 따라 아래로 내려가면 다양한 지각 대상을 인식 가능한 정신적 구조물로 통합하는 단계에 도달한다. 충분히 넓은 뇌의 경로를 따라 더 깊게 들어가면 인간 고유의 정신 작업을 수행하는 영역이 나온다.

도서관과 미로

도서관에서는 책을 분야별로 배치한다. 도서관의 내부 구조나 인기 있는 분야에 따라 다양한 경로가 펼쳐진다. 수천 혹은 수백만 명의 방문자들의 이동 경로를 표시하여 통계자료를 수집할 수 있다. 즉, 입구에서 어느 경로를 제일 많이 선택하는지와 서가들 사이의 이동 경로를 표시하여 통계를 낼 수 있다. 예를 들어, 여행서 서가에서 소설 서가로 이동하거나, 여행서 서가에서 참고문헌 서가로 이동하거나, 베스트셀러 서가에서 역사서 서가로 이동하는 사람이 얼마나 되는지 통계를 낼 수 있다.

뇌를 통합적으로 이해하는 관점이 있다. 기억이 범주, 곧 '전문화된 영역'에 따라 여러 위치에 저장된다고 보는 관점이다. 기억을 불러낼 때는 저장된 위치를 찾아서 활성화시킨다. 새로운 기억을 저장할 때는 새 '책'을 '서가에 정리'하는 식으로 인식과 검색 기능을 활용할 수 있다.

한 가지 덧붙여야 할 것이 있다. 기억은 서가에 꽂힌 책처럼 완결된 상태로 저장되지 않는다. 뇌의 연결 경로를 따라 여기저기 이동하는 도중에 기억이 재구성된다. 한마디로 기억은 뇌의 연결 경로를 따라 서서히 '조합'되는 것이다.

흥미로운 사실은 뇌 구조는 우리가 흔히 비유하는 대상과 비슷하지 않다는 점이다. 전화선과도 닮지 않았고, 인터넷과도 다르고, 컴퓨터와도 다르다. 오히려 주워 모으기 게임scavenger hunt에 가깝다. 이는 주어진 경로를 따라 단서를 찾으며 조합하는 놀이로, 이전으로 돌아가서 단서를 찾으라는 지시 사항이 나오기도 한다.

유명한 신경과학자 찰스 셰링턴 경Sir Charles Sherrington은 뇌를 '수백만 개의 베틀이 깜박이면서 복잡한 패턴을 짜는 마법의 방'에 비유했다. 기술적으로 비유하자면 뇌는 조면기와 구식 물레를 결합한 형태로 볼 수 있다. 여러 영역을 돌아다니면서 원료를 하나씩 주워 한데 엮어 기억이라는 실을 짜내는 것이다. 이때도 한 방향으로 진행되지 않는다. 간혹 되돌아가서 다른 통로로 들어가 다른 장소에서 새로 원료를 주워서 실을 짜낼 수도 있다. 이와 마찬가지로 뇌는 반짝이는 빨간색과 부드러운 곡선을 보고 사과나 스포츠카를 떠올릴 수 있고, 이렇게 떠오른 형상이 다시 '역행 활성화backward activation'를 유발하여, 시각장을 거슬러 올라가 추가로 필요한 정보(줄기나 잎, 바퀴나 자동차 흙받이)를 찾아낼 수 있다.

이러한 비유를 연결시키려면 도서관에서 주어진 미로를 따라 단어와 페이지를 수집하여 점차 풍성하게 책으로 엮어내는 모습을 상상해봐야 한다.

그러나 뇌의 책은 '책'이 만들어지는 마지막 '단계'에 '놓여' 있는 것이 아니다. 그것은 뇌 경로의 도중의 책장에 흩어져 있다. 책 한 권이 완성될 때까지 도서관을 헤집고 다니면서 책을 재구성하는 것이다.

앞서 언급했듯이 뇌 영상 기법을 이용한 연구는 얼굴이나 집이나 숲을 볼 때 서로 다르게 활성화되는 특정 영역이 있다는 사실을 밝혀냈다. 편의상 '얼굴' 영역, '집' 영역, '장소' 영역이라고 부르지만, 경로의 '종착점(얼굴이나 집에 대한 기억을 조합할 때 도달하는 마지막 단계)'이나 경로 '교차점(기억 대상을 포함하는 둘 이상의 경로가 최종적으로 교차하여 얼굴이나 집을 재현하거나 표상하는 지점)'이라고 보는 편이 나을 것이다.

결국 fMRI를 비롯한 뇌 영상 기법을 이용하여 중요한 혹은 최종적인 결과물이 나타나는 뇌 경로(종착점과 교차점)에 이르는 다양한 중간 단계를 측정할 수 있다. 재현하는 동안 강조된 지점으로 이어지는 경로도 활성화될 수 있지만, 통계적으로 유의미하지 않을 수 있다. 따라서 뇌 영상 연구에서는 (신뢰도가 높은) 종착점과 교차점이 두드러지고, 종착점이나 교차점으로 이어지는 (보다 가변적인) 경로는 배제될 수 있다.

뇌의 문법

이런 체계 안에 형성된 기억의 구조에는 인식 가능한 조직이 있다. 경로를 따라 늘어선 단계마다 일정한 범주가 형성된다. 범주는 단계별로 형성되며, 어느 한 단계에서 형성된 범주는 전체 범주의 배열의 일부가 될 수 있다.

이런 구조는 우리가 학교에서 배우는 언어 문법에 비유할 수 있다. 부호라는 계산적 형식은 뇌의 계층적 표상의 중요한 특징을 담고 있다. 아래와 같은 간단한 예를 살펴보자.

언어 문법의 한 예로 영어 문법을 들 수 있다. 나중에 설명하겠지만 뇌의 문법은 언어 문법과 동일한 규칙을 따른다. 하지만 뇌의 문법은 문장을 넘어서 그 이상을 기술할 수 있다. 이를테면, 장면, 소리, 개념을 기술할 수 있다.

〈그림 8. 8〉의 문법을 살펴보자. 문장S은 명사구NP와 동사구VP로 된 구조다. 명사구는 한정사(a, an, the)와 형용사와 명사로 이루어지고, 동사구는 동사와 부사로 이루어진다. 왼쪽 그림은 이런 문법의 기본 구조를 보여준다. 오른쪽 그림은 같은 문법을 범주의 배열로 보기 쉽게 표시한 그림이다.

그림의 특수한 구조로는 "게으른 개가 코를 골았다. 컴퓨터가 망가졌다. 게임이 곧바로 시작됐다. 그녀의 시계가 멈췄다. 새가 멋지게 날아올랐다. 요란한 총성이 울렸다" 같은 아주 단순한 문장만 만들 수 있다.

단순한 문장이긴 하지만 무한정 만들어진다는 사실이 중요하다. 문장의 각 요소에 꼭 들어맞는 단어는 무수히 많다. 이처럼 단순한 문법 하나로 한 사람이 평생 말하는 문장보다 많은 문장을 만들 수 있다.

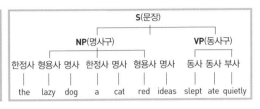

그림 8.8
〈그림 8. 7〉과 같은 연속적인 뉴런 조직은 얼굴이나 집 같은 이미지 뿐 아니라 임의의 신호에도 반응한다. 대상을 지각할 때 활성화되는 뇌 기제는 뇌 영역 깊은 곳으로 내려가면서 지각된 특징의 복잡한 배열을 언어 구조로 조직할 수 있다.

앞에서 뇌 회로는 언어 문법처럼 시각과 동작과 사고에 관해 동일한 기제를 활용한다는 가설을 세웠다. 뇌 회로는 범주를 단계별로 배열한다. 뇌는 시각이나 청각과 같은 순수 지각 정보를 바탕으로 단계적 절차에 따라 얼굴, 장소, 집, 고양이, 개와 같은 복잡한 개체를 표상한다. 깊게 처리할수록 넓은 연합 영역이 동원되면서, 기억과 기억 사이에 운동이나 억제나 소유와 같은 추상적인 관계가 덧붙는다. 여기서 더 깊게 들어가면 임의적이고 추상적인 사고가 나온다. 내부의 개체만으로 시작해서 범주의 단계적 배열을 거쳐 외부 경험을 온전히 표상하는 것이다.

뇌의 개인적 차이

지금까지 우리는 모든 포유류의 뇌가 얼마나 유사하고, 또 유사한 뇌에서 어떻게 공통의 기제가 나오는지 살펴보았다. 모든 포유류의 사고방식은 상당히 유사하다. 하지만 개인차도 무시할 수 없다. 형제자매라 해도 각자 사고방식과 행동 양식이 다르다. 인간은 모두 거의 비슷한 뇌를 가지고 태어나지만 각자의 경험에 따라 개인차가 생긴다. 한편 뇌 자체에도 개인차가 있다. 유전자가 뇌를 조직하는데, 유전자는 사람마다 조금씩 다르기 때문이다. 그렇다면 선천적으로 다르게 태어날 수 있지 않을까? 이 문제는 뜨거운 논쟁거리다. 집단마다 타고난 능력이 다르다고 주장하는 근거로 이 문제를 들고나오기 때문이다. 이는 흑인이 백인보다 열등하게 태어났고, 백인은 동양인보다 열등하게 태어났다는 주장을 펼치는 데 쓰인다. 인종 간의 차이를 주장하는 근거는 무엇일까? 뇌에 관한 지식으로 인종을 나눌 수 있을까?

우선 두드러진 차이를 보이는 사람 몇을 예로 들어보자. 킴과 레스는 중년 남성이고, 윌라는 18세 젊은 여성이다.

레스

미숙아로 태어난 레스는 날 때부터 합병증을 앓았다. 그리고 태어나자마자 버려져 양부모에게 입양됐다. 앞을 볼 수 없고 뇌 손상을 입은 듯했으며 건강 상태가 매우 나빴다. 병원에서는 몇 개월밖에 살지 못할 것이라고 했다. 밀워키 병원의 간호사 메이 렘키는 다섯 아이를 키우는 처지에도 얼마 살지 못할 레스를 보살펴 주려고 집으로 데려갔다.

그런데 양모의 극진한 보살핌을 받은 레스는 죽지 않고 살아남았다. 자라면서 기억력이 놀랍게 향상되어 상대방의 말투까지 똑같이 흉내 내며 긴 대화를 토씨 하나 틀리지 않고 읊을 때도 있었다.

어느 날 밤, 십대가 된 레스는 집에 있다가 텔레비전에서 차이코프스키의 피아노 협주곡 1번 주제곡을 들었다. 그날 밤 늦게 양부모는 피아노 선율에 잠에서 깼다. 처음에는 텔레비전을 켜두었나 보다고 생각했지만 사실은 레스가 오직 기억만으로 피아노곡을 연주한 것이었다.

레스는 피아노 레슨을 받은 적이 한 번도 없었다.

레스 렘키는 미국 뿐 아니라 해외 여러 나라에서 정기적으로 콘서트를 연다. 지금까지도 레스는 피아노 레슨을 받아본 적이 없다.

윌라

윌라의 게놈에는 약 스무 개의 유전자에 빠진 배열이 있다. 모두 7번 염색체 하나에서 빠진 것이다. 그 때문에 윌라는 1만 명 중 한 명 꼴로 나타나는 희귀질환인 윌리엄스 증후군에 걸렸다. 윌라의 뇌는 보통 사람의 뇌보다 15퍼센트 가량 작다. 열여덟 살이 된 윌라는 초등학교 1학년 수준의 역할만이 가능하며, 성인으로서 정상적으로 활동하지 못한다. 운전도 못하고 가스레인지도 켤 줄 모르며 지극히 단순한 작업을 할 때도 다른 사람의 감독을 받아야 한다. 하지만 사람들과 의사소통은 할 수 있다. 게다가 보통 사람보다 표현력이 풍부하다. 윌라가 자기소개하면서 즉석에서 만들어낸 표현을 예로 들어보자. "당신은 지금 미래의 작가를 보고 계세요. 제 책에는 드라마와 액션과 흥미로운 사건이 가득할 거예요. 누구나 제 책을 읽고 싶어 할 거예요. 앞으로 한 쪽 한 쪽, 한 권 한 권, 책을 써나갈 생각이에요. 당장 월요일부터 시작할 거예요." 윌라는 평소에 유창한 말솜씨와 풍부한 상상력을 발휘하여 이야기를 만들고 시와 노래가사를 쓸 수 있다.

킴

킴은 태어날 때부터 뇌 기능에 문제가 많았다. 뇌량corpus callosum과 전교련anterior commissure이라는 두 섬유다발이 없었다. 두 기관은 사람의 뇌에 넓게 자리 잡으면서 주로 우뇌와 좌뇌의 넓은 영역을 연결해주는 역할을 한다.

킴은 10초에 한 쪽, 1시간 만에 책 한 권을 다 읽을 수 있다. 책을 통째로 머릿속에 집어넣고, 전화번호부에서 번호를 찾듯이 필요할 때마다 기억에 저장된 수천 권의 책에서 어느 한 부분을 기억해낼 수 있다. 그밖에도 음악에서 산수까지 다양한 재능을 보였다.

일부 검사 결과로만 보면 킴은 보통 사람은 아무리 노력해도 얻기 힘든 정신능력을 갖춘 초인이다. 하지만 다른 검사 결과를 보면 킴은 정상적인 기능이 손상된 사람이다. 추상적인 개념을 형성하지 못하고, 사회적 관계를 맺지 못하고, 보통 사람이 '일상'이라고 여기는 일들을 해내지 못한다(작가 배리 모로는 킴을 만나고 영화 《레인맨》의 레이 배빗이라는 인물을 만들어냈다).

위의 세 사람과 우리의 유전적 차이는 크지 않다. 우연히 유전자 몇 개에 변이가 일어났을 뿐이다. 세 사람은 비상한 음악적 재능, 언어적 상상력, 초인적 기억력처럼 '보통' 사람은 결코 얻을 수 없는 능력을 갖추었다.

유전자 몇 개에 약간의 변이가 일어나서 남다른 능력을 발휘하는 사람이 존재한다면, 보통 사람의 뇌에도 그런 능력이 잠재해 있을지 모른다. 그들의 뇌는 우리의 뇌와 크게 다르지 않다. 작은 차이에서 놀라운 능력이 발현된다면, 그들의 능력과 우리의 능력이 크게 다르지 않다는 뜻이다.

보통 사람은 이 책은 물론 어떤 책이든 10초에 한 쪽씩 읽지 못한다. 수천 권의 책을 기억하지도 못한다. 협주곡을 한 번만 듣고 연주하지 못하는 건 물론 100번을 듣는다 해도 마찬가지다. 하지만 유전자와 뇌가 약간 변형된 사람은 가능하다.

이런 특이한 사람들을 보면, '보통' 사람이라도 뇌 구조를 조금만 변형하면 가치도 있고 시장성도 높은 재능을 이끌어낼 수 있다는 걸 알 수 있다.

하지만 이 사람들은 비범한 능력을 얻은 대신 다른 걸 잃은 듯하다. 가령 윌라는 뛰어난 언어능력과 사교능력을 얻었고, 레스는 남다른 음악적 재능을 얻었으며, 킴은 기억력을 얻었다. 대신 다른 능력은 얻지 못했다. 이 부분에 관해서는 나중에 살펴보기로 하고, 우선 이처럼 남다른 재능이 어떤 의미를 갖는지 살펴보자.

뇌 연결망이 조금만 바뀌어도 기억력은 월등히 높이길 수 있는 듯하다. 뇌 구조와 경로가 조금만 바뀌어도 놀라운 음악적 재능을 발휘할 수 있으며, 또한 언어능력도 스위치를 누르듯 간단하게 불러낼 수 있는 듯하다. 외부 자극 없이 뇌에서 약간의 변이만 일어나도 비범한 능력이 발현된다면, 원래부터 우리 뇌에 잠재해 있다가 변이로 인해 발현된다고 볼 수 있을 것이다.

그런데 어떤 변이를 말하는 걸까?

뇌 경로

뇌 영역은 섬유다발을 통해 서로 연결된다. 섬유다발이란 넓은 뇌 조직을 오가며 이웃하거나 멀리 떨어진 뇌 영역을 연결해주는 축색으로 된 관이다.

뇌를 자세히 들여다보면 몇 가지 뇌 경로가 눈에 띈다. 축색다발은 세포체보다 반사율이 높아서 '백질white matter'이라고 한다. 육안으로도 쉽게 확인할 수 있어서 일찍이 신경과학계 선구자들이 이름을 붙여놓은 부분도 있다. 뇌량, 궁상다발arcuate fasciculus, 피질척수로corticospinal tract 등이 그 부분이다. 그리고 섬유에 착색하는 기법으로 더 많은 섬유다발이 발견됐다. 최근에는 뇌 영상 기술의 발전으로 다양한 '신경섬유지도tractography' 기법을 이용하여 살아 있는 사람의 뇌에서도 축색다발의 경로는 물론, 뇌 전체에 연결된 경로까지 찾아낼 수 있다.

지금쯤 최첨단 기술을 동원하여 뇌의 모든 경로를 찾아서 이름을 붙이고 성질을 이해했을 것이라고 생각할 수 있지만 현실은 그렇지 않다. 현실적으로 유전학에서 인지과학에 이르는 다양한 뇌과학 분야에 비해, 뇌의 실제 구조를 연구하는 해부학에 관심을 보이는 학자도 적고 연구비 지원도 적은 형편이다. 모든 뇌과학 분야가 해부학을 바탕으로 하는데도 말이다.

앞서 살펴보았듯이 뇌 영역이 연속적으로 연결되면서 입력 정보가 점차 복잡하게 조합되는 현상이 나타난다. 뇌 신호는 적절한 경로를 통해 분류되고 전달되어 한 단계씩 나아가면서 점점 정교해진다. 초기 단계에는 주로 단순한 정보를 처리한다. 단순한 정보가 조합되어 보다 규칙적인 양상을 만들어 내는 아래 단계로 내려간다. 규칙적인 양상은 일종의 기억이며, 경험에 의해 뉴런의 시냅스 연결이 조금씩 바뀌면서 형성된다. '특수한' 영역은 개인의 경험에 의해 형성된다. 소나무를 자주 보는 사람은 새로운 소나무 이미지를 과거에 본 소나무와 다르게 처리할 것이다. 뇌 깊은 곳에 자리 잡은 특수 영역

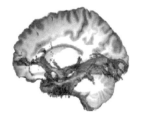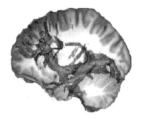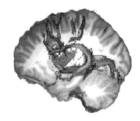

그림 9.1
확산분광법으로 찾아낸 뇌의 구조적 경로(Anwander 외, 2007).

에서, 얼굴과 집의 이미지부터 말소리와 음악까지 다양한 신호의 양상을 분류한다.

뇌 전체에 분포한 다양한 경로는 지각과 기억이 처리되는 조립라인인 셈이다. 축색다발은 신호가 드나드는 경로를 결정하고, 기억을 조합하는 데 기여하는 다른 뇌 영역의 후속 지점을 결정한다.

최첨단 '신경섬유지도' 기법으로 살아 있는 사람의 뇌 경로를 추적할 수 있다. 특히 확산분광법Diffusion Tensor Imaging, DTI이라는 다소 난해한 이름의 기술을 이용하여 살아 있는 뇌에서 축색다발의 경로를 추적하고 뇌 영역의 해부학적 연결을 재현할 수 있다. 〈그림 9. 1〉은 이를 통해 재현된 이미지이다.

〈그림 9. 1〉은 뇌의 여러 영역을 연결해주는 경로를 보여준다. 기능적 영상 기법으로 읽기, 특정 사물이나 장소 지각하기, 얼굴에서 감정 관찰하기와 같은 과제를 수행하는 동안 뇌에서 선택적으로 활성화되는 영역을 추적할 수 있다. 이런 방식으로 뇌 경로와 기능적 활성화에 관한 정보를 수집한다. 또 뇌의 한 영역에서 다른 영역으로 활성 상태가 이동하는 경로를 추적할 수 있다. 특정 작업을 수행할 때 뇌 경로의 어느 지점이 선택적으로 활성화되는지 확인할 수 있다면, 뇌 전체의 조립라인을 이해할 수 있을 것이다.

이런 연구를 통해 일정한 의도를 지닌 다음 질문을 제기할 수 있다. 어떻게 각각의 뇌는 선호하는 정보에 따라 다르게 구성되는가? 이는 다음과 같이 대답할 수 있다.

- 집단마다 유전적 특질의 조합이 다르다.
- 미세한 유전자 변이로 인해 뇌 경로 연결에 차이가 나타날 수 있다.
- 뇌 경로에 따라 특정 기능을 수행하는 정도가 달라질 수 있다.

결론은 간단하다. 타고난 뇌 경로 연결의 차이에 의해 개인차와 집단차가 생긴다. 연결 양상의 차이에 의해 개인의 능력이 달라지는 것이다.

여기서 주목할 사실이 있다. 유전자는 간접적으로만 뇌 경로 연결을 통제한다는 사실이다. 몇 년 전에 어린 쥐의 전뇌에서 뇌 경로를 제거하고, 그 경로가 정상적으로 종결되는 영역에서 어떤 변화가 일어나는지 관찰한 적이 있다. 놀랍게도 그 영역의 다른 연결이 급속도로 발달하여 단 며칠 만에 잘라낸 경로에 할당됐던 모든 영역을 차지했다. 뇌 경로가 바뀐 것이다. 이 실험을 비롯하여 수많은 유사 실험에서 유전자는 뇌 경로의 궁극적인 크기와 용도를 직접 명령하지 않는다는 사실을 드러냈다. 뇌 경로의 발달은 사실 빈틈없이 정교한 공학적 과정이 아니라 금광을 찾아다니는 모험에 가깝다. 유전자는 피질의 특정 영역을 구성하는 뉴런의 수와 언제 지정된 뉴런 수에 도달할지를 느슨하게 결정하는 식으로 뇌 발달 과정에 영향을 미친다. 따라서 유전자 변이는 뇌 경로 연결에 간접적인 영향만 미친다.

뇌의 연결과 능력의 차이
최근에 뇌의 신경삭tract에 따라 능력의 차이가 나타난다는 가설을 입증하려는 연구가 실시되어왔다. 확산분광법을 이용해서 능력의 차이를 보이는 사람들의 뇌에서 뇌 연결성의 차이를 확인했다. 실험에서 흔히 이용되는 주제는 읽기능력이다. 난독증처럼 읽기능력에 결함을 보이는 사람부터 남보다 빠르고 정확하게 읽을 줄 아는 사람까지 읽기능력의 범위는 넓은 연속선을 이룬다. 연구자들은 피험자의 뇌 연결 경로를 확인하고 연결 경로와 읽기능력을 비교했다. 연구 결과는 매우 흥미로우면서도 논쟁적이다.

연구 결과, 읽기능력은 특정 뇌 영역을 연결하는 연결 경로와 관련이 있는 것으로 나타났다. 단어의 모양을 지각할 때는 뇌 뒤쪽과 왼쪽으로 향하는 영역이 선택적으로 활성화된다. 뇌 왼쪽 앞부분으로 향하는 영역은 운율과 같은 단어의 소리를 지각할 때 선택적으로 활성화된다. 두 영역은 상세로다발 superior longitudinal fasciculus, SLF이라는 1차 축색관axon tract으로 연결되어 있는데, 난독증 환자는 보통 사람보다 두 영역이 느슨하게 연결돼 있다. 그러나 이는 난독증 환자와 일반인의 차이점으로 보고된 무수히 많은 특징 중 하나일 뿐이다.

난독증 환자와 일반인만 비교한 것은 아니다. 읽기능력 수준에 따라 상, 중, 하 집단으로 나누어 검사를 실시하기도 했다. 연구 결과, 두 영역을 연결하는 뇌 경로가 줄어들수록 읽기 수준이 떨어지는 것으로 나타났다. 읽기능력이 뛰어난 집단은 두 영역 사이의 연결이 강하고, 읽기 능력이 부족한 집단은 두 영역 사이의 연결이 느슨했다. 뇌 경로와 읽기능력을 비교한 연구를 통해, 읽기능력이 온전한 사람과 특정 능력에 결함을 보이는 사람의 차이뿐 아니라, 두 영역 간의 연결이 강한 사람일수록 읽기능력이 뛰어나다는 사실도 확인할 수 있다.

읽기능력이 부족한 사람이 두 영역 사이의 연결이 약하다는 결과를 얻었다고 해서 곧바로 인과관계를 유추하기는 어렵다. 다시 말해서, 두 영역 사이의 연결이 약하다고 해서 읽기능력이 손상됐다고 단정하거나, 읽기능력이 부족하다고 해서 두 영역 사이의 연결이 약하거나 읽기 연습이 부족한 탓이라고 단정해서는 안 된다. 조심스럽게 실험을 거친 후에야 이런 주장을 펼칠수 있다.

따라서 연구자들은 성인보다 독서 경험이 적은 7세에서 13세 사이의 아동을 대상으로 상관관계를 연구했다. 그러나 상관관계가 있는지 여부는 확실히 알 수 없었다. 다만 읽기 연습이나 읽기 경험이 두 영역 사이의 연결에 변화를 일으키기보다는, 아동이든 성인이든 연결에 변화가 일어나면 읽기능력의 차이가 나타나는 경향이 강했다.

유전과 환경

유전과 환경이라는 주제는 다양한 억측을 불러일으킬 수 있다. 타고난 유전적 기질이 뇌의 연결에 영향을 미치며 일생의 능력을 미리 규정할 수 있는가?

꼭 그렇지는 않은 듯하다. 유전적 기질은 뇌 발달에 일정한 방향만 제시하지, 뇌 발달을 직접 명령하지는 않는다. 타고난 유전적 특징이 개인차의 절반을 결정한다는 보고가 있다. 나머지 절반은 환경, 양육, 형제자매, 또래, 학교, 영양 상태 등 유전적 특징과는 상관없는 외부요인에 의한 차이라는 것이다. 태어나자마자 떨어져서 자란 쌍둥이, 쌍둥이가 아닌 형제자매, 입양아 형제자매를 대상으로 비교 연구를 실시해왔다. 서로 떨어져 자란 쌍둥이는 유전적 특징을 완벽하게 공유하지만 자라온 환경은 다르다. 생물학적 형제자매는 유전적 특징의 일부만 공유하고 자라온 환경은 거의 비슷하다. 입양아 형제자매는 환경은 동일하지만 유전적 특징은 전혀 다르다. 통계적 연구 결과, 집단의 유사점과 차이점의 절반은 유전적 특징에 기인하고, 나머지 절반은 유전적 특징에 의한 것이 아니기 때문에 환경의 영향으로 볼 수 있는 것으로 드러났다. 유전적 기질은 하나의 경향이지 운명이 아니다. 뇌 경로는 유전과 환경의 영향을 비슷하게 받는다.

　유전과 환경은 모두 간접적인 영향을 미칠 수 있다. 일란성 쌍생아 연구는 유전자와 뇌만을 대상으로 실시되는 경향이 있다. 그러나 사실 쌍둥이는 신체적 특징과 호르몬 수준과 시력을 비롯한 여러 가지 요인을 공유한다. 모든 요인은 아동이 환경을 경험하는 방식에 영향을 미친다. 아동의 학교생활은 키, 몸무게, 운동능력, 피부색의 영향을 받고, 아동의 능력은 정신 상태에 영향을 미칠 것이다. 이는 인지능력과 재능의 유전적 형질이 아주 작은 영향이나마 미친다는 몇몇 과학자들의 주장의 한 근거이다.

　그밖에도 다양한 능력이 뇌 경로에 영향을 줄 수 있다. 뇌 경로는 유전과 환경의 영향을 받으면서 음악적 재능, 체력, 사교성을 비롯한 개인의 다양한 특징을 규정하는 데 일정한 역할을 담당한다. 개인을 '승자'와 '패자'라는 편협한 틀에 가둘 필요는 없다. 뇌 경로가 다양하게 배열되고 개인이 광범위한 재능과 능력을 얻어서 인류의 용광로가 다채로워질수록 좋은 것이다.

10

종이란 무엇인가?

인간은 외로운 존재다. 우리는 진화적 동종 집단에서 유일하게 살아남은 종이다.

이는 매우 기이한 현상이다. 다른 종에게는 대부분 현존하는 '사촌', 곧 같은 조상에서 나온 가까이 연결된 종이 있다.

예를 들어, 사자는 '판테라 레오Panthera leo'라고 하는데, 유전적 동질 집단인 '판테라 속Panthera genus'과 같은 종인 '레오 종Leo species'을 합친 말이다. 현재 판테라 속에는 세 개의 종이 더 있다. 바로 호랑이, 재규어, 표범이다. 그밖에 홀리스터 사자, 콩고 사자, 인도 사자처럼 이종교배는 가능하지만 지리적으로 멀리 떨어져 있어서 사실상 교배하기 어렵기 때문에, 결국에는 각기 다른 특성을 지니게 된 예도 있다.

인간은 보편적인 생물학적 질서에서 벗어나 홀로 떨어진 의붓자식과 같다. 인간의 학명은 '호모 사피엔스 사피엔스Homo sapiens sapiens'다. 라틴어로 '사람'이라는 뜻의 '호모Homo' 속, 라틴어로 '현명한, 지적인, 알고 있는'이라는 뜻의 '사피엔스sapiens' 종, 그리고 인간의 지혜를 다시 한 번 강조하는 의

미의 '사피엔스' 아종이다. 이 이름에는 지금은 멸종했지만 다른 아종이 갈라져 나왔을 수도 있다는 뜻이 담겨 있다.

사자와 재규어처럼 인간 속에도 무수히 많은 종이 있다. 진정한 의미에서 최초로 '호모' 속에 속한 유형으로는 도구를 사용하는 인간이라는 뜻인 '호모 하빌리스Homo habilis', 직립인간이라는 뜻인 '호모 에렉투스Homo erectus', 독일 네안데르 계곡에서 유골이 출토되어 네안데르탈인이라고도 불리는 '호모 네안데르탈렌시스Homo neanderthalensis'가 있다.

두 사례에는 뚜렷한 차이가 하나 있다. 우선 첫 번째 경우에는 사자, 호랑이, 재규어, 표범과 같이 네 가지 현존하는 종이 있고, 그밖에도 수많은 아종이 있으며, 모두 판테라 속에 속한다. 반면에 인간의 경우 모든 친척, 곧 인간 속, 종, 아종에 속하는 다른 구성원이 모두 멸종했다.

〈그림 10. 1〉에는 인간의 '친척'들이 살았던 예상 연도가 나와 있다.

사람과hominid의 진화사를 훑어보아도 인간과 유사한 조상이 두 종 이상 공존한 흔적은 보이지 않는다. 인간처럼 호리호리한 체격의 호모 속과 보다 유인원처럼 투박한 외모의 파란트로푸스 속으로 갈라진 이후로는 서로 겹치지 않았다. 호모 에렉투스는 따로 설명할 필요가 있다. 호모 에렉투스는 불굴의 의지로 50만 년이 넘는 시간 동안 거의 홀로 살아남았다. 인간의 역사가 문헌에 기록된 기간의 100배에 달하는 긴 시간이다. 홀로 기나긴 고독의 시간을 견뎌온 우리 호모 사피엔스의 조상이다.

호모 속에서 한 종만 홀로 살아남았다는 학설에 반하는 주장도 있다. 지금까지 출토된 화석을 살펴보면 호모 속에 속한 전형적인 종 이외에 다른 종도 존재했을 수 있고, 아직 확인되지 않은 종이 더 있을 수도 있다. 사실 화석의 종류와 양은 생각보다 많지 않다. 예를 들어, 믿기지 않겠지만 원시 침팬지의 화석은 이전까지 발견되지 않다가 2005년에야 처음으로 발굴됐다. 식별

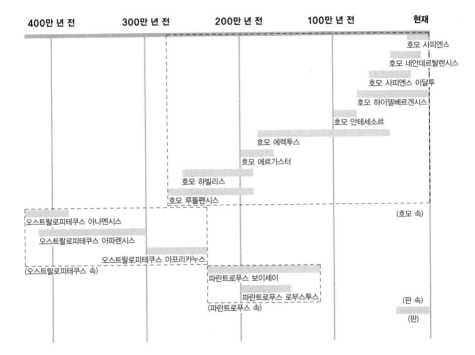

그림 10. 1

인간의 친척에 해당하는 호미니드의 생존 연대표. 오스트랄로피테쿠스 속의 원인은 두 갈래로 갈라져 유인원에 가까운 파란트로푸스Paranthropus 속과 인간에 가까운 호모 속에 속하는 종으로 진화했다. 결국 호모 속은 인간과 현재는 멸종한 수많은 아종으로 진화했다.

가능한 화석만으로 종에 관한 가설을 세운다면, 인류의 가계도를 보는 관점은 지금과 많이 다를 것이다. 화석은 시간의 풍파에 쉽게 파손된다. 발굴되지 않을 정도로 깊이 파묻혀 있거나 심하게 파손된 화석이 무수히 많을 수 있다. 그만큼 다양한 종이 존재했을지도 모른다.

인류의 분류

앞에서 설명한 가계도에 관해서는 이견이 분분하다. 침팬지나 나아가 고릴라까지 판 속이나 고릴라 속이 아니라 호모 속으로 분류해야 한다고 주장하는 진영도 있다. 다른 쪽에서는 나이든 현자라는 뜻의 호모 사피엔스 이달투Homo sapiens idaltu와 네안데르탈인이 호모 사피엔스의 아종이라고 주장한다. 그래서 그들은 호모 네안데르탈시스가 아니라 호모 사피엔스 네안데르탈시스라고 부른다. 즉, 현대 인류는 호모 사피엔스 사피엔스라는 아종인 셈이다. 네안데르탈인과 이달투인은 현대 인류와 같은 종일까? 아니면 같은 속일까? 우리의 형제 혹은 먼 사촌일까? 최근 독일 과학자들이 네안데르탈인의 게놈을 해독했다. 이 연구와 또 다른 연구들은 네안데르탈인을 인간과 같은 종에 포함시켜야 한다는 주장과 포함시켜서는 안 된다는 주장 양측 모두를 뒷받침해주는 증거들을 제공한다.

이처럼 불분명한 속성 때문에 종의 명칭을 지정하고, 이에 따라 이름을 짓고 명확히 분류하기는 어렵다. 기존의 이름과 분류가 과학적 검증을 거친 결과로 여겨지곤 하지만, 사실은 조악한 분류의 결과다. 흔히 속과 종의 범주를 모두 일컬어 '분류군'taxon이라고 한다. 이는 독립적으로 검증하거나 반증할 수 있는 가설에 따른 것이 아니라, 연구자 개인의 독특한 성향에 따라 분류한 것이다.

많은 경우 그러하듯이, 이러한 분류는 내적으로 쉽게 변하지 않으며, 같은 분야의 누군가가 문제를 제기해야 바뀌는 식이었다. 최근에는 유명한 고인류학자 제프리 슈워츠Jeffrey Schwartz가 〈인종과 고생물학의 기이한 역사〉에서 일부 학자들이 "인간 화석 기록에서 분류군의 다양성을 인정하지 않는 편향을 보인다"고 지적했다. 더불어 "고생물학계에서는 대게 새 발굴지를 찾아내거나 이미 알려진 발굴지를 계속 발굴하면서 새 분류군을 정의하는 데 반해, 고인류학계에서는 사람도 과거에는 다른 동물처럼 여러 종으로 나뉘어 있었을 가능성에 반박하는 일이 비일비재하다"고 주장했다.

다시 말해서, 판테라 속과 같은 대부분의 속은 하위의 여러 종을 인정하기가 어렵지 않다. 하지만 호모 속의 경우 새 발굴지에서든 기존 발굴지에서든 인간을 닮은 화석이 계속 나와도, 호모 속으로 분류되는 종의 수는 점점 줄어든다. 가능성은 두 가지다. 호모 속에 아직 승인되지 않은 종이 추가로 존재하거나, 호모 속에 종이 거의 없거나 둘 중 하나다. 어느 쪽이든 명확한 해명이 필요하다.

가장 해명하기 어려운 문제가 있다. 바로 호모 속의 모든 종과, 호모 속보다 큰 분류로서 침팬지, 원숭이, 고릴라, 오랑우탄과 현대 인류를 모두 아우르는 사람과에 속한 모든 종이 공유하는 특징이 많다는 점이다. 상대적으로 큰 뇌, 특이한 모양의 치아, 물건을 쥐고 다른 손가락을 마주볼 수 있는 엄지를 비롯하여 다양한 공통 특징이 있다. 더불어 호모 속에만 나타나고 사람과의 다른 속에는 나타나지 않는 특징(매우 큰 뇌, 특히 도구를 이용할 수 있는 뇌)도 있고, 더 나아가 호모 사피엔스(혹은 호모 사피엔스 사피엔스)에만 나타나는 특징(건축, 언어)도 있다.

따라서 종을 아종으로 분류할 때, 어떤 특징을 기준으로 하는가에 따라 달라진다. 다양한 변종을 하나로 '묶으면' 수많은 하위집단을 아우르는 광범위한 범주가 나올 수 있다. 반대로 변종이 나타날 때마다 '따로 분류'하면 뚜렷하게 구분되지 않는 여러 개의 범주가 나올 수 있다.

인종 우월성의 오류

인종 논의에 자주 끼어드는 문제가 바로 우월성 논쟁이다. 네안데르탈인과 같이 '원시인처럼 생긴' 화석을 인간과 다른 종으로 분류하려는 입장은 현생인류에 나타나는 차이를 본질적인 생물학적 차이로 여기며 진화적으로 중요한 의미를 갖는다고 본다. 그래서 어떤 집단을 다른 집단보다 우월하다고 주장할 수 있다.

그러나 이들의 주장에 숨겨진 사회적 함의를 일축할 근거가 있다. 먼저 이종교배와 동종교배의 차이를 이해해야 한다.

이질적인 유전자 풀

'이질적인' 유전자 풀(어떤 생물 종의 모든 개체가 가지고 있는 유전자 전체)에 속하는 구성원 사이에는 이종교배가 성립되지 않는다. 따라서 이질적인 집단(사자와 재규어)의 차이는 때론 (유전자 변이에 의해) 독립적으로 생성되고, 때론 (자원과 서식지를 두고 경쟁하면서) 반≠독립적으로 선택된다.

이종교배 유전자 풀

반면에 서로 겹치는 유전자 풀(종 안에서의 변이)에서는 이종교배가 성립된다. 한 집단 안에서 개체 사이의 차이는 이종교배가 성립되지 않는 다른 집단과의 차이와 본질적으로 다르다. 특히 개체 사이의 차이는 선발압의 영향을 받기 쉽다. 집단 내 구성원끼리 서식지와 짝짓기 상대를 두고 치열하게 경쟁해야 하기 때문이다.

이 두 가지 분류는 엄격히 구분되지는 않는다. 500만 년 전에 인간에게 유전자를 물려준 인류의 조상은 침팬지의 조상과 다른 유전적 특징을 구축했다. 그러나 그 이전에는 이종교배가 가능한 단일한 유전자 풀에 속했다. 곧 인간과 원숭이 모두의 조상이었다는 뜻이다. 그 후 100만 년 정도에 걸쳐 인간과 침팬지의 조상이 갈라진 이후에도 두 집단 사이에 이종교배가 가능했다는 증거가 있다. 2006년에 이 사실이 발표되자 모두 충격에 휩싸였다. 그전까지 두 집단이 유전적으로 배타적이라고 믿어왔기 때문이다.

어떤 유전적 특징이 '우월'하다는 주장을 받아들인다면, '열등'한 특질을 타고난 사람을 제거하여(죽이거나 선택적으로 출산의 권리를 박탈하여) 인류를 '발전'시키자는 드라콘법(BC 621년 또는 BC 624년경, 아테네에서 제정된 최초의 성문법. 사소한 일에도 사형을 과하는 일이 너무 많았기 때문에 '피로 쓰여진' 법이라는 평을 받았다. - 옮긴이 주)에까지 생각이 미칠 수도 있다.

하지만 어떤 특질이 '우월한지' 혹은 '열등한지'를 판단할 수 없음은 물론, 교배 가능한 유전자 풀에서 그런 특질이 어떻게 상호작용할지는 더욱 알기 힘들다. 앞서 3장에서 설명했듯이 몇 가지 특질은 다른 특질과 서로 복잡하게 얽혀 있다. 게놈에 의해 인간의 모든 특징이 2만여 개 정도의 유전자로 압축되어 있기 때문이다. 그리고 어떤 원리로 압축되어 있는지는 아직 밝혀지지 않았다. 아직 유전자와 개체군에 관한 지식이 미미한 상황에서 '완벽하게 정리할' 계획을 세우려 한다면 과욕을 부리는 것일 뿐이다.

하지만 인류의 역사는 이처럼 무모한 시도로 점철돼 있다. 자기와 다른 신체적 특징을 지닌 사람을 노예로 삼거나 살해하는 예가 많다. 나치에서 르완다 대학살에 이르기까지, 유럽의 전 세계적 식민지 제국 건설부터 작은 부족이 (외부인이 보기에는 거의 구분이 되지 않을 정도로) 아주 조금 다른 이웃의 생존권을 박탈하는 사건에 이르기까지 그 수를 헤아릴 수 없을 정도다.

게다가 놀라운 사실이 있다. 최근까지도 '우생학eugenics'이라는 사회운동이 존재했다는 사실이다. '인간 진화의 방향을 스스로 결정한다'는 뜻으로 정의되는 우생학은 20세기 초반에 널리 유행했다. 대표적인 학자로는 알렉산더 그레이엄 벨, 조지 버나드 쇼, 윈스턴 처칠이 있다. 우생학의 목표는 '바람직한' 특질을 '발전'시키고, '바람직하지 않은' 특질을 '억제'하는 것이다.

우생학은 살인까지 도모하지는 않았다. 하지만 바람직하지 않다고 규정되는 사람을 강제로 불임으로 만드는 만행을 저질렀다. 바람직하지 않은 특질에는 각종 정신질환(당시 의학 지식의 부족으로 불치병으로 분류됐다), 결핵(역시 의학 지식의 부족으로 유전병으로 분류됐다) 같은 신체질환, 심지어 '만성 빈곤', 곧 주머니에 돈이 없는 가난한 처지까지 포함됐다.

우생학의 역사를 자세히 살펴보면 정신이 번쩍 드는 사건이 발견된다. 미국에서는 1907년 인디애나 주를 시작으로 각 주가 '바람직하지 않은 사람'을 강제로 불임시키는 법률을 제정했다. 수십 곳의 다른 주와 세계 각국에서 인디애나 주의 선례를 따랐다. 자식을 낳을 권리를 강제로 박탈당해도 마땅한 사람이 어디 있을까? 인디애나 주에서는 법에 따라 " '저능아'와 '바보'를 포함한 상습범"이 소환됐다. 이 법은 1921년에 위헌 판정을 받았지만 1927년에 다시 의회에서 통과되어 적용됐다. 1974년이 돼서야 비로소 영원히 폐지됐다.

인종과 유전자 풀

〈그림 10. 2〉는 가설적 개인으로 이루어진 집단의 유전자 구성과 겉으로 드러난 특징을 뜻하는 표현형질을 그림으로 표시한 것이다.

그림에서 인간의 유전자 변이는 두 가지 방식으로 나타난다. 그림 맨 위에 표시된 〈, +, o,), ~, ㅁ, △, //라는 기호는 가설적인 유전적 특질을 나타낸다. 일부 유전적 특질은 표현형으로 드러난다. 즉, 키나 유전성 비만이나 머리색, 눈동자색, 피부색과 같은 신체적 특징으로 발현된다는 뜻이다. 하지만 겉으로 드러나지 않는 특질도 있다. 예를 들어, 몸의 화학작용을 제어하는 유전자가 있고, 시력을 담당하는 유전자가 있으며, 어떤 질환에 걸리기 쉬운 기질과 관련된 유전자도 있다. 여기서는 유전자 모두가 서로 관련을 맺느냐가 관건이다. 이를테면, 피부색으로 그 사람의 다른 유전적 특질을 얼마나 알아낼 수 있냐는 것이다. 아무것도 알아낼 수 없다는 게 그 답이다.

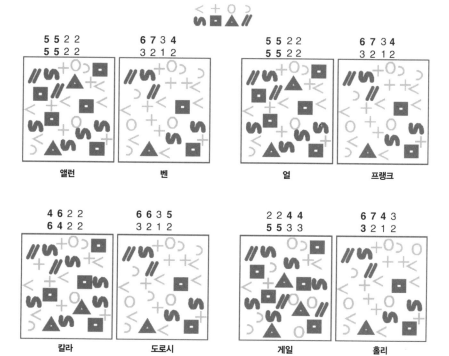

그림 10.2
유전자를 도식으로 표현한 그림과 유전자로 구성된 유기체의 특징. 여덟 사람은 각자 '유전자' 배열이 다르다. 숫자는 한 사람의 게놈에 포함된 유전자 성분(+, 0, 〈 등)의 수를 나타낸다. 상자는 유전자 배열에서 나온 개인의 해부학적 특징을 보여준다. 이 그림에서 겉으로 드러난 특징이 기저의 유전자 구성을 정확히 반영하지는 않는다는 사실을 알 수 있다. 겉으로 드러난 특징이 비슷해도 유전자 구성은 다를 수 있고, 마찬가지로 겉으로 드러난 특징은 달라도 유전자 구성은 비슷할 수 있다.

〈그림 10. 2〉에서 짙은 색으로 표시된 특질(~, ㅁ, △, //)을 지닌 사람은 이 특질을 적게 지닌 사람보다 피부색이 눈에 띄게 어두울 것이라고 가정해 보자. 상자 하나는 유전적 특질이 조합된 개인의 모습을 보여준다. 상자에는 8가지 유전자 특질이 복제된 수를 뜻하는 숫자가 표시되고, 더불어 해당 유전자를 지닌 개인의 겉으로 드러난 '외양'이 표시된다. 왼쪽 위 앨런의 유전

자 구성은 'ᘰ' 유전자 5개, '+' 유전자 5개, '0'와 ')' 유전자 2개씩, '~'와 'ㅁ' 유전자 5개씩, '△'와 '//' 유전자 2개씩으로 되어 있다.

그림 왼쪽에는 네 사람이 있다. 앨런과 칼라는 피부가 '어둡고', 벤과 도로시는 '밝다'. 네 사람의 기본 유전자 조합은 피부색과 상관을 보인다. 왼쪽의 앨런과 칼라는 모두 피부가 어두운 편이고 비슷한 유전자 구성을 보인다(앨런은 5522, 5522이고, 카를라는 4622, 6422다). 오른쪽의 벤과 도로시는 둘 다 피부가 흰 편이고 유전자 구성도 비슷하다(벤은 6734, 3212이고, 도로시는 6635, 3212다). 따라서 네 사람은 실제로 '인종'이라는 구분이 존재하는 모집단에서 선발됐다고 볼 수 있다. 즉, 겉으로 드러난 특질로 알아볼 수 있는 유전자 프로파일을 지녔다는 뜻이다.

그림 오른쪽에도 네 사람이 있다. 여기서도 역시 얼과 게일 두 사람은 피부가 '어두운' 편이고 프랭크와 홀리 두 사람은 '밝은' 편이다. 하지만 얼과 게일의 유전자 구성은 전혀 다르다. 얼의 유전자는 5522, 5522이고, 게일의 유전자는 2244, 5533으로 서로 전혀 다른 양상을 보인다. 프랭크와 홀리 역시 유전자는 전혀 다른 양상을 보인다. 네 사람은 피부색처럼 겉으로 드러난 특질이 유전자 풀과 상관이 없는 모집단에서 선발됐기 때문이다. 따라서 겉으로 드러난 특질만 보고 전체적인 유전자 구성을 추측하려고 한다면 예상치 못한 결과에 부딪히게 된다.

왼쪽 모집단이 만화에 가깝다면, 오른쪽의 모집단은 인간의 특질을 보다 정확히 반영한 것이다. 모든 인간의 유전자 구성은 서로 비슷하다. 밝은 외양이나 어두운 외양을 결정하는 유전자가 있긴 하지만, 이 유전자가 다른 유전자와 상관관계를 보이는 것은 아니다.

모든 구성원이 일정한 특질을 공유하는 집단을 예로 들어보자. 피부색, 눈 모양, 코 모양, 귀 모양, 키, 머리색이나 눈동자 색이 같은 사람들의 집단이 있다. 한 집단, 즉 한 인종 안에서도 나머지 유전자에 변이가 일어난다. 그 역도 성립된다. 말하자면, 특정 유전자형을 지닌 모집단의 하위 집단, 예를 들어 근친을 포함한 가족처럼 유전자 구성이 거의 일치하는 집단의 구성원의 겉모습은 제각각이다. 그래서 형제, 자매, 사촌들이 유전적으로 서로 밀접히 연관되어 있으면서도 겉모습은 확연히 다른 것이다.

11

큰 뇌의 기원

지금까지 인간을 종으로 분류하는 방식을 논의하고, 인간 지능 발달의 기폭제가 된 뇌 변화에 관한 갖가지 주장을 소개했다. 그러면 이제부터 지능을 인간 수준으로 끌어올린 뇌 발달을 살펴보겠다. 우선 자주 묻지 않는 질문에 답하려 한다. 인간 지능은 왜 지금의 수준에 이르렀을까? 뇌가 더 늘어나면 새로운 기능이 추가될 수도 있을까?

이 질문에 답하려면 우선 지금은 멸종했지만 인간과 가장 가까웠던 인류의 친척부터 살펴봐야 할 것이다. 이야기는 100여 년 전 암스테르담에서 시작한다.

다윈의 책이 처음 출간된 이후, 19세기 유럽의 지식인 사회에는 진화라는 개념이 들불처럼 번져나갔다. 1887년에 네안데르탈인의 화석이 발굴된 사건은 들불에 기름을 붙는 격이었다. 아주 오래전에 살았고 인간과 비슷하면서도 인간은 아닌 그 무엇인가가 발견된 것이다. 원숭이와 유사한 인류의 먼 조상과 현대인 사이에 있던 진화 과정의 잃어버린 고리를 발견한 듯했다. 하지만 당시 저명한 생물학자인 루돌프 피르호Rudolf Virchow는 네안데르탈인에 관한 학계의 해석에 일격을 가했다. 네안데르탈인 화석은 구루병을 심하게 앓다가 죽은 사람의 유골이라고 주장한 것이다. 평소 예리한 과학적 직관력을 자랑하던 피르호였지만 진화론에 대한 지독한 혐오감으로 인해 예리한 직관력이 무뎌진 것이다. 진화론이 결국에는 극우파의 주장을 뒷받침해주는 증거로 쓰일지 모른다는 우려에서 나온 억지 주장이었다. 극우파의 주장에 관해서는 10장에서 살펴본 바 있다. 요컨대, 피르호는 직관적으로 진실을 알았지만 전혀 엉뚱한 결론에 도달한 것이다. 그 즈음 혈기왕성한 젊은 학자 에른스트 헤켈Ernst Haeckel은 피르호의 위상에 도전했다. 헤켈은 종의 진화가 한 개인의 발달에도 반복적으로 나타난다는, 흥미롭지만 진실에서는 크게 벗어난 이론을 내세운 인물이다. 그러나 헤켈의 이론은 최근까지도 생물학을 왜곡시켜왔다.

헤켈은 네안데르탈인 화석을 연구하면서 네안데르탈인이 바로 진화의 '진짜' 잃어버린 고리라고 주장하는 강의와 출판물을 섭렵했다. 헤켈은 네안데르탈인을 원인猿人 피테칸트로푸스Pithecanthropus라고 불렀다. 헤켈의 설명에 따르면 절반은 인간인 피테칸트로푸스는 직립보행은 물론 여러 가지 면에서 인간처럼 보이지만 언어능력이 없으므로 짐승에서 벗어나지 못한 종이었다. 진화론을 지키고 인류의 기원을 밝히는 데 필요한 것은 바로 피테칸트로푸스의 유골을 찾을 수 있는 수단을 가지고 있고 또 찾겠다는 의지에 불타는 사람이었다. 그리고 이는 결국 헤켈의 투박하고 비상식적일 정도로 낭만적인 모험에 꼭 필요한 사람의 귀에 들어갔다.

바로 유진 뒤부아Eugene DuBois라는 학자였다. 뒤부아는 네덜란드의 작지만 영향력 있는 의학 및 과학협회 소속으로 헤켈의 이론에서 훌륭한 과학자로 역사에 길이 남을 기회를 발견했다. 신중한 학자였던 뒤부아는 피테칸트로푸스가 마지막으로 잠든 장소를 찾아다니다가 마침내 네덜란드령 동인도(지금의 인도네시아)에 속하는 한두 곳의 섬이라고 결론을 내렸다. 아내와 자식들을 데리고 군대에 합류하여, 인도네시아 섬에 들어가 땅을 파기만하면 될 일이었다. 일은 순조롭게 진행됐다. 마침내 진화의 잃어버린 고리, 정확히 말하면 원숭이에서 인간으로 진화하는 과정에 놓인 연결고리 중 하나를 찾아낸 것이다. 뒤부아는 학계에 선전포고를 한 셈이었다. 그가 죽기 전까지도 학계에서는 치열한 논쟁이 끝나지 않았다. 피테칸트로푸스는 덩치 큰 긴팔원숭이라고 하는 학자도 있고, 인간이라는 학자도 있고, 뒤부아처럼 원숭이도 인간도 아니라고 주장하는 학자도 있었다.

자연히 두개골에서 유추한 뇌의 크기를 둘러싼 논쟁이 가장 격렬했다. 뇌의 절대적인 크기와 몸집에 비례한 상대적인 크기 둘 다 논란거리였다. 결국 피테칸트로푸스의 뇌는 유인원보다는 크고 호모 사피엔스보다는 훨씬 작은 것으로 드러났다.

이후의 연구에서 유인원을 비롯한 포유류의 뇌와 신체의 크기를 수학적으로 정확히 계산한 비율이 나왔다. 이 비율을 기준으로 보면 인간의 뇌 크기는 뇌-신체의 비율에서 크게 벗어난다.

유인원의 뇌 크기

사람의 뇌 크기는 앞에서 제시한 바 있다. 약 1350cc로서, 사람과 가장 가까운 친척인 침팬지의 뇌보다 3배나 크다. 하지만 침팬지는 사람보다 몸집이 작다. 뇌도 평균적인 뇌보다 작을 수도 있고 클 수도 있다. 그렇다면 평균적인 뇌-신체의 비율은 어떨까?

고등 유인원 27종의 뇌 중량과 체중을 나타낸 그래프에서 호모 사피엔스는 예상대로 기준선보다 한참 위에 표시된다. 그러나 놀랍게도 인간과 여러 가지 면에서 유사한 유인원은 기준선 위에 표시되지 않는다(〈그림 11. 1〉).

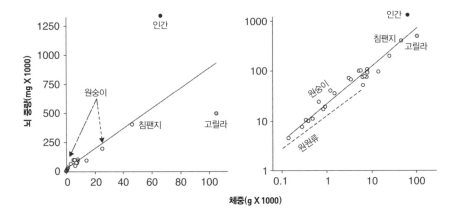

그림 11.1

원숭이, 유인원, 인간의 신체 크기와 뇌 크기의 관계. 왼쪽과 오른쪽 그래프는 같은 자료로 그려졌다. 먼저 왼쪽 그래프의 선형 척도에 자료를 표시하고, 다음으로 오른쪽 그래프의 대수 척도에 표시하여 자료를 골고루 분산시킨 것이다. 유인원은 대체로 신체 크기로 뇌 크기를 유추할 수 있다. 하지만 인간의 뇌 크기는 뇌-신체 비율에서 크게 벗어난다.

첫 번째 그래프에서는 점들이 왼쪽 하단에 몰려 있고 나머지 공간에는 원숭이보다 몸집이 훨씬 큰 인간, 고릴라, 침팬지만 표시되어 있다. 하지만 오른쪽 그래프처럼 약간의 변화만 주면 점들이 골고루 퍼진다. 오른쪽 그래프의 점은 한 단계 아래 점보다 10배나 큰 수치를 나타낸다. 즉, 오른쪽 그래프에서는 0, 10, 20, 30이 아니라 0, 1, 10, 100으로 척도를 나누어 자료가 적절한 간격으로 분포된다.

두 그래프에서 뇌 크기와 신체 크기 사이에는 밀접한 관계가 있고, 인간의 뇌는 다른 유인원보다 뇌-신체 비율로 유추한 뇌 크기에서 많이 벗어난다는 사실을 확인할 수 있다. 인간의 뇌는 다른 유인원의 예상 크기보다 2.3배 정도 크다(놀랍게도 고릴라의 뇌는 뇌-신체 비율로 예상되는 크기보다 작다. 이 점에 관해서는 나중에 다시 살펴볼 것이다).

〈그림 11. 1〉에서 점선은 새로 추가된 정보를 나타낸다. 바로 부시베이비 같은 하등 유인원인 '원원류原猿類'의 뇌-신체 관계를 나타낸 것이다. 원원류의 뇌-신체 비율은 포유류의 평균에 가까운 반면에 원숭이와 유인원은 몸집에 비해 뇌가 큰 편으로, 다른 포유류에 비해 약 3배나 크다.

뇌와 신체의 크기가 높은 상관을 보이는 이유는 무엇일까? 하나의 간단한 설명은 감각기관이나 운동기관으로 큰 몸을 움직이려면 뇌 용량도 커야 한다는 것이다. 예를 들어, 유인원은 원숭이보다 피부 면적이 훨씬 넓기 때문에 촉각 수용기의 수도 훨씬 많다. 모든 수용기를 뇌 표면에 포함시키려면 뇌 용량이 늘어나야 하는 것이다. 틀린 말은 아니지만 지극히 제한적인 설명이다. 사실 뇌를 자세히 살펴보면 감각 영역과 운동 영역은 큰 뇌의 일부만 차지한다.

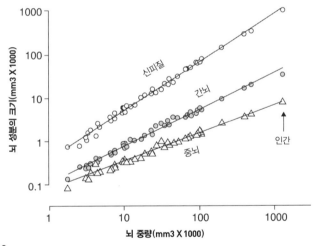

그림 11.2
뇌를 구성하는 영역과 구조물은 뇌의 전체 크기로 충분히 추정할 수 있다. 인간도 예외가 아니다(가장 오른쪽). 인간의 신피질, 간뇌, 중뇌의 크기는 인간과 뇌 크기가 같은 유인원에서 예상되는 크기와 같다. 다만 직선의 기울기는 중요한 차이를 의미한다. 뇌가 커지면 뇌를 구성하는 영역의 상대적인 크기가 달라진다는 뜻이다. 작은 뇌의 부시베이비의 피질은 중뇌보다 10배 크지만, 인간은 120배나 크다.

〈그림 11. 2〉는 뇌의 전체 크기를 기준으로 뇌를 구성하는 영역의 상대적인 크기를 보여준다. 그래프에는 비교적 원시적인 중뇌나 간뇌와 함께 신피질이 표시돼 있다. 그래프를 보면 뇌가 커지면 감각과 운동을 담당하는 하위 영역도 늘어나긴 하지만, 신피질은 다른 하위 영역에 비해 훨씬 많이 늘어난다. 뇌가 커지면서 늘어난 영역은 주로 감각이나 운동을 담당하는 하위 영역이 아니라 신피질 영역과 관련이 있다. 큰 뇌에서는 신체 크기를 기준으로 예상되는 크기보다 신피질이 훨씬 많이 늘어난다.

위 그래프에서 눈여겨보아야 할 사실이 하나 더 있다. 모든 뇌 영역의 크기는 예측 가능성이 매우 높다는 점이다. 부시베이비에서 인간에 이르기까지 모든 영장류의 뇌 크기만 알면 각 영역의 크기를 비교적 정확히 유추할 수 있다. 만약 외부의 진화적 '압력'에 의해 뇌 영역이 변한다는 주장을 받아들인다면, 수많은 변화에도 불구하고 위 그래프와 같은 직선을 그린다는 사실은 대단한 우연이 아닐 수 없다. 그러나 증거는 뇌 영역의 크기는 크게 바뀌지 않으며 뇌가 커져도 외부환경에 별다른 반응을 보이지 않는다는 것을 강하게 뒷받침한다.

더불어 또 하나 주목할 사실은 그래프 맨 오른쪽에 위치한 인간도 다른 영장류와 마찬가지로 뇌 크기를 기준으로 구성 영역을 예측할 수 있다는 점이다. 인간도 비정상적으로 뇌가 큰 유인원과 뇌의 구성이 똑같다.

선조체, 해마, 시상하부 같은 뇌 영역의 크기도 뇌의 전체 크기만으로 비교적 정확하게 예측할 수 있다. 인간의 뇌도 마찬가지다. 전체 뇌 크기에 따른 각 영역의 상대적인 크기가 예측 가능하다. 동물의 종마다 차이는 있을 수 있다. 이는 진화적 압력의 작은 영향 때문인 듯하다.

이 같은 유사한 성장의 양상에도 몇 가지 변이가 나타난다. 가령 긴팔원숭이의 해마가 예측치보다 약간 크다면 개체의 여러 특질의 적응도를 높이는 기능이나 효과가 높아질 것이다. 그리하여 큰 해마를 가진 긴팔원숭이의 개체수는 늘어나지만, 콜로부스 원숭이와 같은 다른 원숭이는 아무런 영향을 받지 않는다. 다시 밝혀두지만 라마르크의 이론과는 다르다. 진화에서 해마가 커야 유리한지 작아야 유리한지 미리 알 수는 없다. 변이는 우연히 일어난다. 우연한 변이로 인해 종의 평균 생존율이 높아지면 자손에게도 우연히 같은 변이가 일어날 가능성이 높아지는 것일 뿐이다. 동물의 신체에는 이런 특징이 자주 발견된다. 가령 나무에 매달린 긴팔원숭이는 인간보다 팔다리가 길다. 어떤 특질이 우연히 나타났지만 장점이 크다면 오래 남아 건강한 유전적 특질로서 후대에 전해질 가능성이 높다.

어떤 종 특유의 변이가 일어나도 뇌 크기에는 영향을 주지 않는다. 뇌의 각 영역도 전체 뇌 크기로 예측할 수 있는 크기에서 크게 벗어나지 않는다. 모든 영장류의 뇌 구조는 동일하다.

특히 큰 뇌는 작은 뇌보다 피질의 비율이 높다. 게다가 피질이 클수록 감각 영역보다 연합 영역이 차지하는 영역이 커진다. 따라서 뇌 크기에 따라 지능도 달라진다.

유인원의 뇌는 영장류의 뇌-신체 비율에서 많이 벗어나지 않는다. 유인원의 체격은 원숭이보다 크므로, 예상대로 뇌도 원숭이의 뇌보다 크다. 게다가 유인원은 도구 사용, 의사소통, 계획 면에서 원숭이보다 똑똑하다. 연구에 의하면 침팬지는 원숭이와 달리 초보적인 수준의 언어를 배울 수 있고, 집단을 조직하여 이웃 영역에 쳐들어가 싸움을 일으키기도 한다. 인간을 연상시키는 이런 행동은 원숭이의 뇌가 늘어나면서 나타난 행동이며, 침팬지 크기의 영장류에서 충분히 예상되는 수준이다. 유인원의 지능이 높아진 이유는 특별히 경쟁우위를 점했기 때문이 아니라 (다른 영장류에 비해) 몸집이 비정상적으로 커졌기 때문이다.

인간도 마찬가지다. 인간의 행동도 원숭이의 뇌를 아주 크게 늘리면 나타날 것으로 예상되는 수준이다.

하지만 〈그림 11. 1〉을 보면 인간은 예측치를 훨씬 뛰어넘었다. 인간의 뇌는 몸집이 큰 포유류에서 기대되는 정도를 넘어서 포유류 평균보다 세 배나 더 커졌다. 인간은 어떻게 몸집이 뇌 크기를 결정하는 자연의 규칙에서 벗어나게 되었을까?

'사람과'의 뇌 크기

약 600만 년 전에 원숭이처럼 생긴 영장류 계열이 다른 영장류와 갈라졌다. 원숭이처럼 생긴 계열은 열대우림을 떠나 광활한 대초원으로 나가면서 점차 똑바로 서서 두 발로 걷기 시작했다. 분자생물학 분야의 최신 연구에 따르면 두 계열이 갈라지는 과정은 결코 간단하지 않았다. 10장에서 설명했듯이 두 집단은 오랜 세월 동안 교배가 가능한 사이였다. 하지만 500만 년 전 무렵 두 집단은 완전히 다른 종으로 분리됐다. 한쪽은 대초원을 탐험하며 원인으로 진화했고, 다른 한쪽은 밀림에 남아 침팬지가 되었다. 결과적으로 보면 떠나는 것이 현명했다. 수천만 년 동안 아프리카를 덮고 있던 거대한 밀림이 점차 줄어들면서 조상대대로 물려받은 유인원의 안식처도 함께 사라지고 있으니 말이다.

침팬지로부터 떨어져 나온 원인을 가리키는 이름은 다양하다. 분류학상으로는 원인과 그 자손을 모두 일컬어 '사람과'라고 한다. 10장에서 설명했듯이 지금은 지구상에 오직 한 종만 살아남았다. 사람과의 일부 종은 인간의 직계 조상이다. 다른 종은 수백만 년 동안 서서히 떨어져 나가 인간의 직계 조상은 아니지만 친척뻘로 존재했을 수 있다. 그러나 결국 사람과의 곁가지는 모두 멸종했다.

10장에서 설명했듯이 사람과의 화석은 매우 적고 일정하지도 않다. 고생물학자의 눈에 띌 때까지 남아 있는 화석은 극히 적다. 400만 전으로 거슬러 올라가면 오스트랄로피데쿠스 아파렌시스Australopithecus afarensis가 나온다. 키가 150cm, 체중이 45kg 정도인 초기 원인이다. 이들도 인간처럼 골반과 다리뼈가 지탱해주어 직립보행이 가능했지만, 얼굴 생김새는 유인원에 가까웠다. 뇌는 약 440cc로 침팬지 수준을 넘지 못했다.

오스트랄로피데쿠스 아파렌시스의 두상은 유인원에 가깝지만 몸은 인간에 가까워지기 시작했기 때문에, 19세기 생물학계에서 열띤 논쟁을 불러일으킨 "뇌가 발달하기 전에 몸이 먼저 인간에 가까워졌을까?"라는 질문에 답할 수 있었다. 다윈은 그럴 리가 없다고 믿었다. 인간은 정신이 먼저 진화하고 몸이 뒤를 따랐다는 게 다윈의 생각이었다. 다윈은 이 생각을 바탕으로 인간과 유인원의 거리가 멀다는 가설을 세웠지만, 잘못된 주장이었다. '뇌가 먼저 진화했다'는 가설은 인간을 규정하는 가장 중요한 요소인 높은 지능을 향한 선택압에 의해 진화가 이루어졌다는 믿음에서 나왔다. 필연의 오류의 한 예이다. 우리에게 중요하면 진화에도 중요하다고 믿는 것이다. 하지만 침팬지와 유인원, 더 나아가 쥐까지도 인간과 똑같이 진화해왔다. 모두 선택되어 살아남았다. 진화는 결과를 알지 못할 뿐 아니라 결과에는 관심도 없다. 우연히 선택하고 생존에 도움이 되는 특질을 보존할 뿐이다. 인간의 진화에서도 똑바로 선 자세가 먼저 선택되고 큰 뇌는 나중에 선택됐다. 오스트랄로피테쿠스 계열에서 나중에 출현한 오스트랄로피테쿠스 아프리카누스 Australopithecus africanus의 뇌는 오스트랄로피테쿠스 아파렌시스보다 아주 조금 커져서 약 450cc에 이르렀다. 하지만 두개골은 인간에 조금 더 가까워졌고, 특히 턱뼈가 유인원의 큰 턱뼈보다 다소 작게 줄어들었다.

그리고 약 200만 년 전 즈음 다시 한 번 변화의 조짐이 나타나기 시작했다. 오스트랄로피테쿠스 속이 유인원에 가까운 종과 인간에 가까운 종으로 갈라진 듯하다. 유인원에 가까운 종인 파란트로푸스는 두개골이 두껍고 턱이 커서 오스트랄로피테쿠스보다 유인원에 가깝게 생겼다. 그리고 인간에 가까운 종은 파란트로푸스와 같은 시대에 살았으며 현대 인류의 조상으로 간주되는 최초의 인류다. 인간의 유전적 분류인 '사람과'에 들어가는 첫 번째 인류다. 이 최초의 인류를 호모 하빌리스라고 한다. 키는 아직 150cm에 불과하고 유인원과 비슷하게 생겼지만, 뇌 용량은 600cc를 넘었다. 뇌가 커지면서 일정 수준의 지능에 도달한 듯하다. 호모 하빌리스는 최초로 도구를 만들어 쓰는 법을 알았다. 호모 하빌리스라는 이름도 도구를 쓸 줄 아는 능력 때문에 붙여진 것이다. 호모 하빌리스란 "도구를 사용하는 인간"이라는 뜻이다.

도구 사용에 관해서는 열띤 논의가 끊이지 않는다. 뇌 용량이 400cc인 침팬지는 나뭇잎을 벗겨낸 가느다란 가지를 들고 곤충의 굴을 헤집는다. 돌덩이를 내리쳐 견과류 껍질을 까기도 한다. 반면에 뇌 용량이 600cc에 달하던 호모 하빌리스는 특정한 종류의 돌을 깨트려 끝을 날카롭게 만들었다. 날카로운 돌을 칼처럼 들고 다니며 고기에서 살점을 발라내는 용도를 썼다(하지만 채식 위주의 식단이라 고기는 어쩌다 한 번 먹을 수 있었다).

150만 년에서 180만 년 전 즈음 호모 하빌리스의 자손 중 하나에게 새로운 특징이 나타났다. 호모 에렉투스라는 이름의 이 원인은 다리가 길어져서 키가 150cm에서 180cm 사이로 커졌다. 체형도 지금의 인간과 매우 유사하고 뇌 용량도 800cc로 급격히 늘어났다. 체격이 같은 침팬지의 뇌 크기의 두 배에 해당하는 크기다. 호모 에렉투스는 불을 발견해서 추위를 이기고 어두운 동굴을 밝히고 고기를 익혀 먹을 수 있었다. 직립보행으로 먼 거리를 이동하고, 불을 발견한 덕에 과감하게 추운 지방까지 올라갈 수 있었다. 이후

몇백만 년 동안 호모 에렉투스는 아프리카를 벗어나 유럽을 지나 극동아시아(수백만 년 후 유진 뒤부아에 의해 화석이 발견된 곳이다)로 뻗어나갔다. 호모 에렉투스는 단시일 내에 널리 퍼져나가면서 놀라울 정도로 진화했다. 50만 년 전 무렵에는 뇌 용량이 1000cc로 늘어났다. 현대인 중 가장 작은 수준에 도달한 것이다. 그리하여 호모 에렉투스는 위대한 업적을 이룰 도정에 올라선 듯했다.

100만 년 전 즈음에는 이전과 전혀 다른 화석이 나타나기 시작한다. 호모 안테세소르Homo antecessor와 호모 하이델베르겐시스Homo heidelbergensis는 둘 다 뇌가 약간 커졌다. 이 시기에도 호모 에렉투스는 계속 남아 있었다. 그 후 지난 수십만 년 동안 호모 사피엔스가 여러 가지 모습으로 등장한다. 호모 사피엔스 이달투, 호모 사피엔스 네안데르탈렌시스, 현생인류인 호모 사피엔스 사피엔스가 등장한 것이다. 그리고 마침내 호모 에렉투스는 종적을 감췄다. 그 이유는 여전히 논란거리다. 새로 출현한 뇌가 더 큰 호모 종과의 경쟁에서 밀려났는지, 간혹 제기되는 주장처럼 각지로 흩어져서 서로 독립적인 현대인으로 진화했는지, 아직 정확한 이유는 밝혀지지 않았다. 경쟁에서 패해 멸종했다는 첫 번째 주장이 옳다면 인류는 오랫동안 가까이 살다가 수만 년 전부터 갈라진 셈이 된다. 그리고 독립적으로 진화했다는 두 번째 주장이 옳다면 인류가 서로 떨어진 시기는 훨씬 오래전으로 거슬러 올라간다. 어느 쪽 주장이 옳든, 호모 에렉투스와 호모 사피엔스가 오랫동안 공존했다는 뚜렷한 증거가 있다. 불과 3만 년 전에 최후의 호모 에렉투스가 인도네시아 등지에 살았던 흔적이 남아 있다. 이처럼 이전의 호모 종과 겹친 시기가 있었기 때문에 '옛사람들'에 관한 신화가 나왔다는 주장도 있다.

호모 하이델베르겐시스라는 학명이 붙은 오래된 화석은 호모 에렉투스와 크게 다르지 않다. 처음에는 독일 하이델베르크 동남쪽 모래밭에서 턱뼈만 발견됐지만 나중에 아프리카에서도 발견됐다. 체중은 호모 에렉투스보다 조금 더 나가서 56kg 정도였고, 뇌도 약간 커져서 현대인 중에 낮은 수준인 1200cc 정도였다. 영화에 자주 등장하는 '혈거인'과 비슷한 모습이었다.

체질인류학 혹은 형질인류학physical anthropology에서는 주로 호모 하이델베르겐시스가 네안데르탈인으로 진화한 것으로 본다. 네안데르탈인은 월리스와 다윈이 진화론을 주장한 이래로 가장 자주 거론되는 종이다. 화석 기록에 의하면 네안데르탈인은 약 20만 년 전에 살았던 듯하지만, 그보다 일찍 나타났을 수도 있다. 네안데르탈인은 3만 년 전까지만 해도 유럽과 중동의 넓은 지역에서 살았다. 여기서 다시 한 번 큰 의문이 생긴다. 이들에게는 과연 무슨 일이 일어났을까? 나중에 나온, 완전히 현대인의 모습을 갖춘 인류와 경쟁하다 밀려났을까? 이종교배를 통해 새로운 인류에 흡수됐을까? 앞에서 이 질문과 같은 맥락에서 풀리지 않는 수수께끼 하나를 제기한 바 있다. 네안데르탈인을 인간의 일원으로 간주하여 호모 사피엔스 네안데르탈렌시스로 보아야 할지, 아니면 아주 가깝기는 하지만 별개의 종인 호모 네안데르탈렌시스로 보아야 할지의 문제다. 네안데르탈인은 상대적으로 키가 작고 힘이 센 듯하다. 네안데르탈인이 말을 못하고, 사냥에 서투르고, 야만적으로 살면서 식인 풍습도 행해졌을 것이라는 주장이 줄기차게 제기됐다. 하지만 동료가 죽으면 매장하고, 공예품을 만들어 쓰고, 연장자를 공경하는 풍습이 있었던 증거가 있다. 어쩌면 우리는 맹목적인 종 우월주의에 사로잡혀 다른 종의 뇌가 더 컸다는 주장을 받아들이지 않으려는지도 모른다. 이제 관용의 미덕을 베풀어보자. 사람과의 진화에서 뇌 크기가 각기 다른 변종이 나타났고, 인간의 뇌는 사람과의 뇌 크기 중에서 작은 축에 속한다는 사실을 인정해야 한다.

네안데르탈인은 다른 이유에서 시달림을 당해왔다. 인간보다 뇌가 크다는 불편한 진실 때문이다. 네안데르탈인의 뇌는 인간보다 10퍼센트나 큰 1500cc 이상이었다. 지금까지 우연의 결과라고 치부되며 중요한 사실로 받아들여지지 않았다. 하지만 네안데르탈인은 인간보다 몸집이 크지 않았으므로 뇌-신체 비율로 봐도 뇌가 매우 큰 것이다. 같은 인간끼리는 뇌 크기의 차이(예를 들어, 경마기수와 농구선수의 차이)가 작은 것으로 보면 네안데르탈인의 큰 뇌가 갖는 의미가 더욱 커진다. 학계에서는 오랜 시간에 걸쳐 네안데르탈인의 유전자 배열을 거의 완벽하게 재현해왔고, 현재 네안데르탈인이 처음 발견된 독일의 한 연구팀이 이 작업을 마무리하고 있다. 유전적 증거에 따르면 네안데르탈인과 인간 사이에 큰 차이가 존재하기 때문에 서로 다른 종으로 봐야 한다. 네안데르탈인이 종적을 감춘 시기는 정확하게 알 수 없다. 2만 5000년 전에도 살아서 현대인과 왕성하게 교류했을 거라고 보기도 한다. 머리가 크고 힘이 장사이며 인간과 생김새가 거의 비슷한 네안데르탈인에 관한 기억은 언제까지 전해 내려왔을까? 성경에는 "그때 그리고 그 뒤에도 세상에는 느빌림이라는 거인족이 있었는데"라는 구절이 있다. 인류 최초의 서사시 《길가메시》는 숲속 깊은 곳에 무시무시한 반인반수가 외로이 살고 있다고 전한다.

완전한 현생인류의 화석은 약 20만 년 전에 처음 등장한다. 뇌 크기는 평균 1350cc 정도였다. 이들은 호모 하이델베르겐시스의 자손이 아니라 호모 에렉투스에서 갈라져 나온 듯하다. 호모 사피엔스라는 이름의 현생인류는 단시간 내에 유럽과 아시아로 퍼져나가 멀리 시베리아 북동쪽 끝까지 흘러갔고, 거기서 다시 아메리카 대륙으로 건너갔다.

모든 화석의 두개골 크기를 종합해보면 깜짝 놀랄만한 그림이 그려진다. 〈그림 11. 3〉은 앞에서 소개한 종이 화석으로 등장한 시기에 따라 두개골 크기를 표시한 것이다.

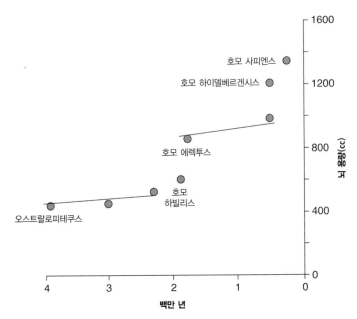

그림 11.3

사람과의 뇌 크기. 오스트랄로피테쿠스(400만 년 전에 나타남)의 뇌 크기는 현재 유인원의 뇌 크기와 비슷하다. 뇌가 급격히 커진 것은 200만 년 전으로, 호모 하빌리스와 호모 에렉투스가 처음 등장한 때였다. 그 후 150만 년 동안 뇌 크기가 일정하게 유지됐다. 그러다 50만 년 전에 다시 한 번 갑작스런 변화가 일어났다.

우선 그래프에서 단절된 부분 두 곳이 눈에 띈다. 오스트랄로피테쿠스가 살던 200만 년 동안 뇌는 일정한 크기를 유지하다가 호모 에레투스가 등장하면서 급격히 커졌다. 이후 약 100만 년 동안 일정한 크기를 유지하다가 최초의 호모 사피엔스가 등장하면서 다시 급격히 커졌다. 이 그래프는 뇌의 절대적인 크기를 나타낸다. 뇌-신체 비율에 따라 표시한다 해도 결과는 동일하게 일정한 기간 지속되다가 뚜렷이 팽창하는 시기가 두 번 나타날 것이다. 급격히 팽창한 시기는 인류 진화사에서 중요한 단서를 제공한다.

사람과의 역사에는 주목할 만한 시기가 두 번 있었다. 한 번은 약 200만 년 전 호모 하빌리스와 호모 에렉투스가 등장한 시기이고, 다른 한 번은 50만 년 전 고대인인 호모 사피엔스가 등장한 시기다. 두 시기에 어떤 사건이 일어나서 뇌가 급격히 팽창한 것일까? 인류의 기원에 얽힌 풀리지 않는 수수께끼 중 하나다.

자주 거론되는 유명한 이론이 있다. 인류의 조상은 멀지 않은 과거에 유인원에서 떨어져 나와, 나무 위에서 광활한 대초원으로 이동했다는 사실을 근거로 한 이론이다. 인류는 대초원에서 무시무시한 새 경쟁자를 만나 새롭게 적응해야 했다. 직립보행의 결과 두 손이 자유로워져서 물건을 운반하고 도구를 만들기 시작했다. 도구 사용은 높은 지능을 요하는 작업이므로 손과 도구를 담당하는 뇌 영역이 큰 사람이 경쟁우위를 점하게 됐다. 200만 년 전 무렵에는 경쟁 압력이 폭발적으로 커져서 뇌 크기가 늘어났고 방어와 약탈이라는 새로운 사회적 활동이 나타났다.

이 이론에 의하면 인간의 뇌가 커진 이유는 도구 사용, 지적 도약, 사회적 상호작용처럼 우연히 가치를 인정받은 몇 가지 기능을 수용하기 위해서였다. 거부하기 힘든 그럴듯한 설명이기는 하지만 '필연의 오류'일 수도 있다. 이 이론에 따르면 뇌는 필요에 의해 모자이크 방식으로 늘어난다.

하지만 뇌가 모자이크 방식으로 커진다는 이론에 이의를 제기하는 학자도 많다. 앞에서 뇌 영역의 변화는 예측 가능성이 높다고 설명했다. 따라서 외부의 압력 때문에 모든 영역의 크기가 제각각 변한다는 주장은 받아들이기 어렵다. 특히 진화생물학자 바버라 핀레이Barbara Finlay와 리처드 달링턴Richard Darlington은 〈그림 11. 1〉과 〈11. 2〉와 같은 연구 결과를 발표했다. 뇌는 모자이크 방식으로 커지지도 않고 외부 압력에 차별적으로 적응하지도 않는다. 내부 규칙에 따라 일관적이고 통합적인 양식으로 커진다. 뇌가 커지면서 나타나는 행동상의 능력은 일종의 부작용이라고 볼 수 있다. 핀레이와 달링턴은 태아의 발달 단계부터 뇌가 일정한 크기를 넘지 말아야 한다는 원칙에 따르면서 피질의 방대한 연결망을 형성한다고 밝혔다. 뇌가 먼저 커지고 다음으로 행동에 필요한 뇌 영역이 개발되는 것이다.

모자이크 진화mosaic evolution와 통합 진화concerted evolution 이론에서 내세우는 주장은 판이하게 다르다. 모자이크 이론에서는 종에 따라 뇌의 영역이 큰 차이를 보인다고 예측한다. 인간이냐, 침팬지냐, 유인원이냐에 따라 뇌 영역의 상대적 크기가 다르다는 것이다. 환경의 압력에 반응하면서 차이가 나타났다는 설명이 모자이크 진화 이론의 핵심이다. 예를 들어, 계획 능력이나 말하기 능력을 담당하는 뇌 영역은 종에 따라 중요성이 달라지지만 감각처리 영역은 모든 종에서 비슷할 수 있다. 하지만 인간의 뇌는 통합 이론의 주장처럼 영장류의 뇌 크기 예측치를 크게 벗어나지 않는다. 다시 말해서, 인간 뇌의 각 영역의 비율은 영장류의 뇌 크기가 1350cc까지 커졌을 때 예상되는 비율과 같다는 뜻이다(〈그림 11. 2〉). 모든 뇌 영역의 비율은 통합 진화설을 강력히 뒷받침한다. 모자이크 이론에서 제안하듯이 뇌의 진화가 외부에서 가해지는 영향 때문이었다면, 그와 동시에 뇌 영역의 비율도 변함없이 유지했어야 한다. 하지만 그럴 가능성은 희박하다.

모자이크 이론은 두 가지 근거를 내세운다. 우선 전두엽과 같은 새로운 영역이 인간의 뇌에서 유난히 크다는 사실이다. 하지만 통합 이론에서 주장하듯 1350cc의 뇌에서 예측되는 전두엽의 크기보다 큰 것은 아니다. 특히 핀레이와 달링턴은 갓난아기의 뇌 발달 후기에 발달하는 영역이 뇌 성장 과정에서 가장 커지는 부위라는 사실을 입증했다. 이 현상을 흔히 '늦게 발달할수록 커지는 원리late equals large'라고 한다. 모자이크 이론에서 내세우는 두 번째 근거는 언어능력을 비롯한 좌뇌와 우뇌의 기능 분화와 관련이 있다. 인간의 뇌에서 언어를 관장하는 영역, 곧 브로카 영역Broca's area은 전두엽의 왼쪽에만 있고 오른쪽에는 없다. 모자이크 이론에서는 언어 영역의 변화가 인간에게만 나타나는 현상이라고 설명한다. 하지만 최근 연구에 의하면 통합 이론에서 예상하듯 침팬지의 뇌에도 작은 비율이지만 이와 유사한 분화 현상이 나타난다. 다시 말해서, 뇌가 커지면서 뇌 영역의 비율은 그대로 유지된다는 뜻이다.

인간의 뇌에는 언어 영역을 비롯하여 다른 영장류의 뇌와 구별되는 몇 가지 기능이 있다. 자세한 내용은 13장에서 다루겠다. 인류는 500만 년 전에 다른 영장류에서 떨어져 나왔다. 그 동안 무작위로 자잘한 유전자 변이가 일어났을 것이고, 발달과 섭생 양식도 영향을 미쳤을 것이다. 가장 큰 영향을 받는 구조물은 뇌처럼 발달 중에 가장 느리게 성숙하는 구조물이다. 예를 들어, 어느 자동차 회사에서 해외지사를 냈다. 30년 후에 본사와 지사에서 생산하는 자동차를 살펴보자. 두 회사가 같은 기업철학에 따라 운영돼왔다 해도 생산된 자동차의 구체적인 모습은 크게 다를 것이다. 한 회사는 내부 장식에 중점을 두고 개발해온 반면에 다른 회사는 크롬 휠캡에 중점을 두었을 수 있다. 하지만 모든 자동차 설계에는 꼭 지켜야 할 제약이 있다. 운전석이 있어야 하고, 연비가 적절해야 하며, 적절한 시간 안에 가속과 제동이 가능해야 한다. 즉, 자동차 사이의 유사성은 크게 변하지 않을 것이다.

마찬가지로 영장류의 뇌도 유전과 발달이라는 기본적인 제약을 받는다. 임신 초기에 뇌 영역의 크기에서 상대적 차이가 나타나고, 이 차이는 출생 전과 후의 뇌 성장 속도와 기간에 따라 더욱 벌어진다. 바로 핀레이와 달링턴의 이론이다. 선택압을 일으키는 요소가 존재하고, 부분적으로 모자이크 방식의 진화가 일어난다. 하지만 전체 진화의 과정에서 뇌 영역의 비율을 지정하는 유전자의 강력한 영향에 비하면 진화의 선택압은 큰 위력을 발휘하지 못한다.

큰 아기

인간의 뇌는 다른 영장류와 질적으로 동일하다. 가장 큰 차이는 인간의 뇌가 거대하다는 점이다. 우리는 뇌 영역의 비율은 변하지 않고 크기만 커진다고 주장했다. 또 진화에서 인간이 최선의 결과라는 '필연의 오류'를 경계해야 한다고도 했다. 다시 말해서, 높은 지능을 요하는 외부의 압력에 의해 뇌가 커졌고, 낮은 지능을 요하는 외부의 압력에 의해 네안데르탈인과 보스콥인 수준의 뇌 크기에서 다시 줄어든 것은 아니라는 뜻이다. 인간의 진화에는 어떤 이유에선지 뇌가 급격히 팽창하는 시기가 두 차례 있었다. 바로 200만 년 전과 50만 년 전이었다. 대체 무슨 일이 있었을까?

화석만으로는 생물학적 과정까지 알아낼 수 없으므로 살아 있는 유인원에게서 뇌가 갑자기 커진 이유를 찾아보자. 영장류의 뇌가 갑자기 커진 예가 두 차례 있었다. 원원류(지금의 여우원숭이)에서 원숭이로 진화한 때와 유인원에서 다시 인간으로 진화한 때이다. 두 경우 모두에서 신생아의 몸집이 상당히 커졌다. 그러면 뇌가 갑자기 커진 시기의 신생아 몸집을 살펴보자. 즉, 오스트랄로피테쿠스 속에서 호모 속으로 넘어가던 시기와 호모 하빌리스에서 호모 사피엔스로 넘어가던 시기를 살펴보자.

인간은 태어날 때부터 몸집이 상당히 크다. 갓난아기의 몸집은 침팬지 새끼의 두 배에 달하고 고릴라 새끼보다 60퍼센트나 크다. 그러나 몸집이 큰 만큼 그에 따르는 희생도 크다. 우선 산모가 아기를 낳다가 죽는 일이 적지 않다. 산모뿐 아니라 신생아 사망률도 다른 동물에 비해 훨씬 높다. 이는 태초부터 시작된 일이었다(창세기에서 하느님은 이브에게 "너는 아기를 낳을 때 몹시 고생하리라. 고생하지 않고는 아기를 낳지 못하리라"라고 한다).

아기의 몸집이 큰 것이 큰 뇌와 무슨 관련이 있을까? 이 둘은 서로를 강력히 예측한다. 신생아의 체격을 알면 아기가 자라서 어른이 될 때의 뇌 크기를 알아낼 수 있다. 몸집이 큰 아기를 낳다보니 뇌도 커진 것은 아닐까? 인간이 최선의 결과라는 '필연의 오류'에 의해 정반대 주장도 나온다. 이를테면 큰 아기를 낳도록 진화한 이유는 큰 뇌를 갖기 위해서라는 것이다. 지능 발달을 요하는 외부의 압력에 의해 임신 중에 자궁이 커지도록 유전자 변이가 일어났을지도 모른다. 하지만 이 책에서는 '필연의 오류'를 거부한다. 요추와 골반은 운동 적응에 강력한 영향을 받는다. 말하자면, 걷는 자세를 규정하는 유전자에 변이가 먼저 일어났고, 큰 뇌는 부수적으로 나타난 현상일 수 있다.

이 가설에 따르면 호모 하빌리스와 호모 에렉투스가 나타나면서 처음 신생아의 몸집이 커졌고, 호모 사피엔스가 출현하면서 다시 한 번 커졌다. 침팬지와 고릴라의 걸음걸이인 주먹사지보행은 허리의 유연성이 떨어져서 나타나는 자세다. 따라서 유인원의 경우 척추의 추골 수가 줄어들고, 그에 따라 허리 부위의 척수도 줄어들었다. 인류의 조상의 경우 직립보행을 시작하면서 이동하는 동안 몸을 지탱해주는 허리 부위의 척추가 세로 열로 바뀌었고, 다음으로 척추가 구부러지면서 양어깨의 균형을 잡아주어 몸이 앞으로 기울어지지 않게 되었다. 모두 연결해보면 허리통증을 일으키기 쉬운 자세이긴 하지만 똑바로 서서 걷고 달릴 수 있는 체형을 이루게 된다. 사람과 침팬지는 한눈에도 쉽게 구별할 수 있다. 침팬지의 허리는 전체 몸통 길이의 20퍼센트만 차지하지만 사람의 허리는 그 두 배로 몸통 길이의 40퍼센트를 차지한다. 사람은 진화의 결과로 걷기 시작하면서 허리가 더욱 길어졌다. 허리가 길어진 덕분에 임신 중에 자궁이 늘어날 공간이 생긴다. 뇌가 급격히 팽창한 첫 번째 시기는 호모 하빌리스와 호모 에렉투스가 오스트랄로피테쿠스에서 떨어져 나온 때였다. 직립보행을 시작하면서 태아를 작게 만들던 제약이 사라진 것이다.

뇌가 급격히 팽창한 두 번째 시기인 50만 년 전에는 걷기 자세에 뚜렷한 변화가 없었다. 그 당시 인류의 조상들은 이미 완전하게 걷고 있었다. 하지만 출산에 변화가 일어난 흔적은 뚜렷하다. 여자의 골반대가 남자와 확연히 달라졌다. 임신 중 똑바로 서서 걷는 어려움에 적응한 결과였을 것이다. 남자와 여자의 체형이 달라진 이유에 관한 논쟁이 뜨겁지만, 둘의 체형이 다르다는 사실에는 변함이 없다. 여자는 골반이 커져서 큰 아기를 출산할 수 있다. 그리고 앞서 설명했듯이 아기의 몸집이 커지면 뇌도 커진다.

뇌가 커진 이유는 아기의 몸집이 커졌기 때문이다. 그리고 아기의 몸집이 커진 첫 번째 이유는 걷는 자세에 변화가 나타났기 때문이고, 두 번째 이유는 여자의 골반이 커졌기 때문이다. 높은 지능을 요하는 선택압 때문에 큰 뇌로 진화했다는 주장에 정면으로 맞서는 가설이다. 도구를 사용하기 위해서 뇌가 커진 것이 아니다. 반대로 직립보행의 결과 뇌가 커졌고, 뇌가 커져서 도구의 구조와 용법을 이해할 수 있게 된 것이다.

하지만 이 가설이 널리 받아들여질 가능성은 거의 없다. 수백만 년에 걸친 인류의 진화사가 단지 우연한 사건에 의해 결정됐다는 주장이기 때문이다. 유인원은 나름의 독특한 걸음걸이를 선택했고, 그 결과 아기의 몸집이 제한되기 때문에 결과적으로 뇌가 커질 가능성이 차단됐다. 그러나 초기의 호모 종은 유인원과 다르게 걷기 시작했고, 그 결과 태아의 몸집에 대한 제약이 사라졌다. 그리하여 지구상 어떤 동물보다 뇌가 커지고 지능이 높아진 것이다. 종 우월주의자들은 인간을 창조의 정점에 올려놓으려는 경향이 있다. 종 우월주의적 태도를 버리기만 하면 두 발 보행, 아기의 몸집, 도구 사용, 남녀의 차이처럼 중구난방인 것처럼 보이는 진화의 증거를 설득력 있게 통합할 수 있다.

지능에 관하여

걷는 자세와 출산에 적응하는 생체역학적 과정에서 신생아의 몸집이 두 차례 급격히 커졌다. 신생아의 몸집과 뇌의 크기를 연결하는 영장류의 표준 비율에 정확히 부합하는 수준으로 인간의 뇌가 커진 것이다. 인간 고유의 정신 작업을 수행하기 위해 뇌 영역이 선택적으로 늘어났을 가능성은 거의 없다. 지능이 인간 진화의 원동력이라는 관점에는 과장된 면이 있다.

인류 역사에서 지능이 발휘한 중요한 역할을 깎아내릴 생각은 없다. 실제로 뇌가 커지고 지능이 높아지면서 인간은 환경의 제약에서 벗어나기 시작했다. 호모 에렉투스는 높은 지능 덕분에 불을 발견하여 유럽의 추운 겨울도 따뜻하게 보내고, 사하라 남쪽 아프리카의 여름에 동굴 안을 밝히고, 인도네시아 밀림과 아시아 구릉지대에서 사냥할 수 있었다. 다만 각지의 기후에 적응한 생물학적 증거는 확인할 수 없다.

지능이 특수한 외부 압력에 반응해서 나타난 결과라면 제각각인 능력이 혼재할 것이다. 하지만 외부 압력과 상관없이 뇌가 팽창하면서 지능이 높아진 것이라면 얘기가 달라진다. 흔히 인간 고유의 능력으로 간주하는 특징은 유인원의 뇌에도 원시적인 형태로 잠재해 있다. 다만 유인원의 뇌에서는 개발되지 않았을 뿐이다. 침팬지의 전두엽에도 언어 영역의 전신으로 보이는 분화된 영역이 있다고 설명한 바 있다. 오른손잡이 침팬지는 좌뇌의 이 영역을 써서 의사소통을 위한 몸짓을 하고 신호를 보내는 듯하다. 인간은 뇌가 커지면서 이 영역이 늘어나고, 경험에 의한 수정을 거쳐 입과 목에 연결될 수 있게 되면서 말하기를 관장하는 피질이 형성된 것이다. 또 연합피질이 방대하게 늘어나면서 반복적인 회로가 방대한 새 피질을 사용하여 거대한 구조를 형성했다. 전혀 새로운 유형이 구축된 것이 아니라 같은 유형이 방대하게 늘어난 것이다. 이런 방식의 이점은 무엇일까?

우선 큰 뇌는 무질서하게 들어오는 정보를 저장하기 위한 넓은 저장 공간을 마련할 수 있다.

캐나다 심리학자 레오 스탠딩Leo Standing은 기억의 용량을 검증하는 연구를 실시했다. 심리학과 학생들을 모아서 5초 간격으로 사진 100장을 보여주었다. 1주일 후 학생들을 다시 불러 지난번과 같은 사진에 새로운 사진 100장을 섞어서 제시하고, 지난번에 본 사진이 나오면 단추를 누르라고 지시했다. 학생들은 1주일 전에 단 한 번 5초 동안만 보았는데도 90장 이상을 정확히 알아보았다. 스탠딩의 연구 과제는 "사진 몇 장을 보여주면 잊어버리기 시작하는가?"였다. 스탠딩은 다시 한 번 실험을 실시했다. 이번에는 사진 1000장을 제시했다. 이번에도 5초 동안 보여주고 며칠 후에 학생들을 다시 불렀다. 놀랍게도 학생들은 90퍼센트 이상을 정확히 알아보았다. 그래서 다음에는 수를 대폭 늘려보기로 했다. 2000장이나 5000장이 아니라 한 번에 1만 장을 제시한 것이다. 역시 사진 1장을 5초 동안 보여주었다. 이번에도 학생들은 90퍼센트 이상 정확히 알아보았다. 스탠딩은 실험을 포기하고 연구 결과를 바탕으로 논문을 발표했다. 논문 제목은 〈사진 1만 장의 학습Learning 10,000 pictures〉이었다. 사진 10만 장이나 100만 장을 제시할 때는 어떻게 될지 장담할 수는 없지만, 비슷한 결과가 나올 것으로 보인다. 기억의 잠재력은 놀랍고 방대하며 우리의 상상력을 뛰어넘는다.

100살까지 살면서 하루 12시간 동안 1분에 사진 한 장씩 기억한다면 총 2500만 장 이상을 기억하게 된다. 그 많은 사진을 모두 기억하는 것이 가능하다. 기억 용량이 커서 평생 줄기차게 들어오는 새로운 정보를 저장할 수 있다. 기억 용량은 남아돌 만큼 충분하다.

전두엽 연합 영역도 더하면 더했지 덜하지 않다. 뇌 영역을 서로 연결해주는 거대하고 두툼한 연결선의 다발이 형성되어 용량이 어마어마하게 늘어나기 때문이다. 뇌 영역을 연결하는 다발 덕분에 점점 길어지는 배열을 저장할 수 있게 된다. 말이나 원숭이의 뇌와 같은 보통 크기의 뇌에서 기억은 스냅 사진을 모아놓은 스크랩북과 같다. 인간의 뇌는 기억 용량이 엄청나게 늘어나서 사진이 연속적으로 보인다. 그 결과 '에피소드 기억'이 풍부하게 나타난다. 사건을 돌이켜서 영화처럼 재구성할 수 있는 것이다(다른 동물에게도 비슷한 현상이 나타나는지에 관한 연구가 왕성하게 진행되고 있다). 인간은 방대한 기억력 덕분에 긴 배열을 불러내어 재배열하고 추가할 수 있다. 지금 이 순간 일어나는 일처럼 생생하게 회상할 수도 있다. 또 감각적 이미지를 강렬하게 다시 활성화시켜 원하는 대로 환각을 일으킬 수도 있다.

인간 지능의 핵심은 바로 과거의 경험을 조작하여 다양한 결과를 내놓는 능력이다. 미리 계획을 세우는 일상적인 능력에서 복잡한 결과를 미리 예측하는 놀라운 능력에 이르기까지, 모두 같은 유형의 거대한 네트워크를 연결하는 의사소통 통로에 의존한다. 긴 에피소드에는 남다른 특징이 있다. 인간은 자기에게 유리한 관점에서, 보이지 않는 누군가가 보이지 않는 카메라로 찍는 것처럼 뇌 경로의 배열을 연결한다. 연속적인 기억의 이면에서 배회하는 보이지 않는 관찰자를 '나'라고 한다. 예를 들어, 우리는 보이지 않는 관찰자의 눈으로 장터, 파리의 거리, 기차역을 본다. 이런 능력 역시 큰 뇌를 가진 인간 특유의 기억 잠재력의 핵심일 수 있다. 우리보다 앞서 살았고, 우리보다 더 큰 뇌를 가진 누군가에게도 이런 능력이 있었을지 모른다.

12

거대한 뇌

이 책을 시작할 때 꺼냈던 이야기로 다시 돌아가 보자. 1913년 가을, 농부 둘이 배수로를 파다가 발견한 두개골 파편을 두고 실랑이를 벌였다. 남아프리카공화국 동쪽 해안에서 내륙으로 300km 들어간 곳에 위치한 보스콥이라는 작은 마을이었다. 두 사람은 오래된 유골을 알아볼 정도의 안목이 있었고 덕분에 큰 명성을 얻었다. 두 농부는 포트엘리자베스 박물관 관장으로 있던 프레더릭 피츠사이먼즈에게 유골을 가져다주었고, 그리하여 최초의 보스콥인 두개골이 세상에 알려지게 되었다.

남아프리카공화국 과학계는 좁은 바닥이었다. 두개골은 오래지 않아 남아프리카공화국에서 정식으로 고생물학을 연구하는 몇 안 되는 학자 중 하나인 호튼 S. H. Haughton 박사의 관심을 끌었다. 호튼 박사는 1915년 남아프리카 왕립학술원에서 "두개골 용량이 매우 크고, 브로카 공식으로 계산한 결과 1832cc 이상으로 나온다"는 연구 결과를 발표했다. 보스콥인의 뇌는 인간보다 25퍼센트 이상 큰 듯했다. 거대한 뇌를 가진 사람들이 멀지 않은 과거에 남아프리카의 먼지 날리는 평야를 어슬렁거렸다는 주장은 영국 학계에 큰 충격을 안겨주었다. 당시 가장 유명한 해부학자이자 두개골 재건 전문가이기도 한 두 학자가 호튼 박사의 주장에 힘을 실어주었다. 왕립인류학연구소 소장이던 아서 키스 경은 보스콥인은 "고대인과 현대인을 통틀어 유럽에 살던 그 누구보다 뇌가 크다"고 결론을 내렸다. 당시 영국에서 가장 뛰어난 신경해부학자인 그래프턴 엘리엇 스미스Grafton Elliot Smith의 분석이 나오자 호튼의 주장은 훨씬 설득력을 얻었다. 뇌 진화 분야의 선구자인 스미스는 두개골 내부를 석고로 뜬 모형을 보고 뇌 용량이 약 1900cc라고 추정했다.

한편 아프리카 학계에서는 계속해서 진전이 있었다. 스코틀랜드 과학자 로버트 브룸이 호튼의 연구를 다시 검토했다. 두개골 내부를 모형으로 만들어 다시 정확하게 측정한 후 "보스콥인의 두개골 용량을 다시 계산해보니 1980cc라는 놀라운 수치가 나왔다"고 발표했다. 실로 놀라운 수치가 아닐 수 없었다. 1980cc라는 수치로 보아 보스콥인과 인간의 차이가 인간과 호모 에렉투스의 차이보다 크다는 사실을 짐작할 수 있다. 11장에서 설명했듯이 지난 200만 년 동안 뇌가 급격히 커진 시기가 있었다. 하지만 보스콥인의 뇌는 호모 사피엔스가 출현한 뒤에도 뇌 크기가 급격히 커지는 현상이 중단되지 않았음을 보여주는 증거다.

미래의 인간

보스콥인의 유난히 큰 두개골은 단순한 이상 현상일까? 뇌수종과 같은 질병에 걸려 두개골이 커진 것일까? 브룸과 스미스는 모두 보스콥인의 두개골이 질병에 의한 변형된 것이 아니라고 확신했다. 그리고 두개골이 더 발견되면서 의심의 목소리가 잠잠해졌다. 피츠사이먼즈는 분주히 돌아다니면서 선사시대 것으로 보이는 바위 틈 은신처를 찾아냈다. 그곳을 5m 정도 파들어 가자 위에서 나온 두개골과 "직경과 모양이 전혀 다른" 유골이 나왔다. 그리고 보스콥인의 유골이 더 있을 것이라고 주장해온 남아프리카공화국 학자 레이먼드 다트Raymond Dart에게 유골 일부를 보냈다.

이번에는 보다 완벽한 형태의 두개골과 다른 부위 유골도 나왔다. 키가 166cm 정도 되는 날씬한 여자의 유골로 보였다. 호리호리한 유골 위에는 역시 거대한 머리가 얹혀 있었다. 다트는 유골의 뇌 용량을 1750cc로 추정했다. 다트는 새로 발견한 유골을 유려하게 표현했다. 그는 유골로 보아 가장 큰 뇌를 지녔던 사람 중 하나인 이탈리아 르네상스 시대의 화가 라파엘로보다 뇌가 크다고 소개했다. 다른 유골과 두개골도 비록 완벽한 형태는 아니지만 뇌가 컸을 것이라고 덧붙였다.

보스콥인의 두개골 자체도 특이하지만 나중에 추가로 발견된 유골을 모아보니 더 독특한 특징이 드러났다. 보스콥인은 얼굴이 작고 어린아이 같았다. 체질인류학에서는 성체가 된 뒤에도 어린 시절의 모습을 간직하는 현상을 유형진화pedomorphosis라고 한다. 유형진화 현상은 때로 진화 과정에서의 급격한 변화를 설명해준다. 예를 들어, 일부 양서류 동물은 물속에서 태어나고 성체가 되어 육지생활을 시작한 뒤에도 어류처럼 아가미를 가지고 있다. 인간이 다른 영장류에 비해 유형진화의 경향이 강하다는 주장도 있다. 인간의 얼굴은 어린 유인원의 얼굴과 닮았다. 보스콥인의 외모도 같은 맥락에서 설명할 수 있다. 예를 들어, 현대 유럽인의 얼굴은 두개골 전체의 3분의 1을 차지한다. 보스콥인의 얼굴은 두개골의 5분의 1을 차지하여 어린아이의 얼굴 비율에 가깝다. 유골을 하나하나 조사해보면 코와 뺨과 턱이 모두 어린아이처럼 생긴 걸 알 수 있다.

현대인의 눈에는 큰 두개골과 어린아이 같은 얼굴이 결합된 모습이 기이해보일 것이다. 하지만 전혀 낯설지는 않을 것이다. 과학소설 표지에도 자주 등장하고 영화 속 '외계인 유괴자'로 심심치 않게 나오는 얼굴이다. 자연과학자

로렌 아이슬리Loren Eiseley는 유명한 저서 《광대한 여행The Immense Journey》에서 시적이면서도 냉철한 문장으로 보스콥인 화석을 묘사하면서 이 점을 정확하게 지적했다.

지금까지 감히 거론하지 못한 이야기가 하나 있다. 누구도 믿지 못할 것이다. 하지만 벌써 일어난 일이다. 이야기는 수만 년 전으로 거슬러 올라간다. 뇌가 크고 치아가 작은 미래의 인간이 아주 먼 옛날 …… 아프리카에 살았다. 그의 뇌는 우리의 뇌보다 컸다. 순진해 보이는 작은 얼굴이 꼭 어린아이 같았다. 보스콥 혹은 '보스코포이드Boskopoid'이라고 불리는 남아프리카 화석의 두개골을 투영해서 비율을 계산해보면, 두개골과 얼굴의 비율이 5대1의 비율이 나타난다. 유럽인은 약 3대1이다. 이 비율은 얼굴 크기가 얼마나 '현대화'되고 뇌의 성장에 종속되어 있는지를 보여준다.

그리고 이 책에는 이런 구절도 나온다.

나는 유골을 오래도록 들여다보다가 두개골의 얼굴에서 아로새겨 있는 개성을 발견했다. 두개골 중 하나는 대도시의 박물관 장식장에 놓여 있다 그것은 남아프리카계의 원주민 그룹 중 하나로 '남아프리카, 스트랜드로퍼Strandloper'라는 표찰만 붙어 있다. 누군가의 얼굴을 이만큼 오래 들여다본 적이 없다. 무심코 발길에 이끌려 이곳에 자주 찾게 된다. 어린 시절 환상적인 이야기에 현실감을 더해줄 수 있는 얼굴이다. 그 얼굴에는 웰즈의 《타임머신》에 등장하는 사람들의 모습이 담겨 있다. 먼 미래에 죽어가는 지구의 황량한 도시를 배회하는 가련한 표정의 어린아이 같은 사람들 말이다. 하지만 두개골은 미래에서 타임머신을 타고 날아와 오늘 우리 앞에 나타난 것이 아니다. 까마득한 옛날에 죽은 자의 유골이다. 이 두개골은 현대인의 풍자화처럼 보인다. 원시성 때문이 아니라 놀랍게도 자신의 시대를 넘어서 현대성을 표출하기 때문이다. 이들의 존재는 사실 신비에 싸인 예언이자 경고다. 우리가 막연하게 미래의 인간을 상상하던 순간에, 그들은 이미 지구상에 태어나서 살다가 사라졌기 때문이다.

보스콥인은 고생물학과 인류학 분야의 저명한 학자들의 책이나 강의에 자주 거론됐다. 하지만 현재 네안데르탈인과 호모 에렉투스는 널리 알려진 반면, 보스콥인은 사람들의 기억에서 거의 사라지고 말았다. 인류의 조상 중에는 분명 우리보다 뇌도 작고 유인원처럼 생긴 열등한 존재도 있었을 것이다. 이들을 열등하다고 우습게 여기면서 인류의 조상으로 받아들일 수도 있다. 그러나 이 책에서 우리는 인류의 조상 중에는 보스콥인처럼 유인원과 닮지 않았고 여러 가지 면에서 우리보다 우월했으면서도 끝내 알려지지 못한 사람들도 있었다는 사실을 지적했다.

보스콥인의 존재가 우리의 기억에서 사라진 데는 발견 시점이 중요한 역할을 했다. 보스콥인이 발견될 무렵에 영국에서는 다른 두개골이 발견됐다. 영국 학계에서는 이 두개골을 떠들썩하게 선전했다. 보스콥인의 명성을 가로막은 필트다운인이라는 이름의 이 두개골은 훗날 날조된 것으로 드러났다.

잊혀진 거대한 뇌

앞서 지적했듯이 다윈을 비롯한 당시 학자들은 인류 진화를 정반대의 시각에서 바라보았다. 뇌가 먼저 진화하고 직립보행은 나중에 나타난 현상이라고 믿은 것이다. 무엇보다도 도구를 만들어 쓸 줄 아는 지적 능력이 없다면, 직립보행으로 손이 자유로워진들 무슨 소용이 있었겠냐는 얘기다.

이들의 주장은 학계에서 막강한 힘을 발휘했다. 그리고 그들의 이론에 따라 가정한 호미니드의 화석 모형을 내놓았다. 다윈은 유인원에서 인간으로 진화하는 동안 유인원의 몸에 유인원 치고는 큰 머리가 얹힌 단계가 있었을 것이라고 예측했다. 다윈의 화석 모형이 나온 지 50여 년이 지난 1912년, 영국 다윈의 집에서 80km밖에 떨어지지 않은 곳에서 다윈의 모형과 유사한 화석이 발견됐다.

화석은 영국 남동부 필트다운 지역의 자갈 채취장에서 일하던 인부들에게 발견됐다. 변호사이자 필트다운 지역 유지이자 아마추어 고고학자인 찰스 도슨Charles Dawson이 화석에 관심을 보였다. 머리는 사람처럼 생기고 턱은 유인원처럼 들어간 화석이었다. 다윈의 예상처럼 뇌가 몸보다 먼저 진화한 흔적이 역력한 화석이었다.

처음에는 "유럽에서 발견된 인류의 모든 유물 중에 가장 큰 의미를 갖는 중요한 자료"라는 찬사를 얻었다. 그러나 제국과학협회에서 기차로 금방 닿을 수 있는 곳에서 발굴됐고, 또 너무나 완벽한 모양이어서 오히려 가짜가 아니냐는 의혹을 불러일으켰다. 그리고 진실이 드러났다. 필트다운인은 교묘하게 날조된 가짜였다. '화석'은 유난히 두꺼운 사람 두개골과 오랑우탄 턱뼈를 붙여서 만든 것이었다. 양쪽 다 깨져서 중간에 접합 부위는 사라지고 없고, 오래된 유골처럼 보이기 위해 약품 처리한 흔적도 역력했다. 게다가 오랑우탄 턱뼈에 치아를 박아 넣어 (사람 두개골의) 위턱과 교합을 맞춰 놓기까지 했다. 화석이 나왔다는 구덩이에는 원시 코끼리 화석과 원시시대 손도끼와 같은 뗀석기를 채워 넣어 실제 발굴 현장처럼 위장했다.

도슨은 화석을 대영박물관의 저명한 고생물학자인 아서 스미스 우드워드Arthur Smith Woodward라는 친구에게 보여주며 추가 지원을 얻어냈다. 그 후 유골과 치아가 하나씩 발굴됐다. 아서 키스 경의 전언에 따르면, 1912년 늦여름에 런던 과학계에 대단한 발굴에 관한 루머가 돌았고, 그해 말 지질학회에서 열린 공식 발표에는 사람들이 입추의 여지없이 몰려들었다고 한다.

1912년 12월 18일 런던에서 열린 지질학회에는 필트다운인 발굴에 관한 첫 발표를 들으려는 사람들로 발 딛을 틈이 없었다. 인류 역사의 초창기, 미지의 시대가 세상의 빛을 보는 순간이었다. 자연히 많은 사람이 관심을 보였고, 많은 학자가 연구실이나 실험실에서 나와 뜨겁게 달아오른 지질학회 회의장으로 몰려들었다. …… 그곳에 모인 사람들이 보기에 스미스 우드워드 박사가 복원한 두개골은 사람과 유인원이 기이하게 결합된 모습이었다. 다윈을 추종하던 사람들이 애타게 찾아온 진화의 잃어버린 고리가 드디어 나타난 것처럼 보였다.

얼마 지나지 않아 영국 고생물학계의 유명한 학자들이 모두 필트다운인에 관심을 보이기 시작했다. 유골을 정밀하게 검사하고 두개골 복원의 오류를 바로 잡는 과정에서 필트다운인 사건은 점점 부풀려졌다. 유명한 학자들이 두개골과 턱뼈가 한 사람의 것이라고 인정해주었다.

그러나 영국 바깥에서는 의심의 눈초리를 보내는 사람들이 급속히 늘어났다. 체코 출신 미국인으로 유능한 고생물학자인 알레스 흐들리카Ales Hrdlicka는 미국 국립박물관에서 새로 설립된 스미소니언연구소 소속 연구원으로서 필트다운인에 회의적인 입장을 밝혔다. 흐들리카는 1913년 논문에서 필트다운인의 두개골과 턱뼈가 같은 유기체에서 나왔을 리가 없고, 같은 종의 유골이 아니라고 주장했다. 흐들리카는 전부터 호모 속이 처음 발생한 지점에 관해 학자들과 논쟁을 벌여왔던 인물이었다. 그런데 갑자기 영국이 고대인의 고향이라는 주장이 나오자 남달리 불쾌하게 여겼을 수 있다. 미국의 다른 학자들도 곧 필트다운인이 날조된 것이라고 여겼다. 미국 학계에서만 영국의 주장에 반박한 것은 아니었다. 선사시대의 도구에 관한 세계적인 권위자인 프랑스 고고학자 마슬랭 불Marcellin Boule은 필트다운인에 강력히 반대하는 의견을 내놓았고, 독일의 일부 학자도 합세했다. 찬성하는 세력과 반대하는 세력의 면면을 살펴보면, 영국이 세계 여러 나라와 대립했고 영국 내부의 압력과 학자로서의 야망 때문에 화석의 진실을 밝히는 판단력이 흐려졌다는 사실을 외면하기 어렵다. 필트다운 사건을 당시 과학계의 낙후한 풍토 때문에 발생한 웃지 못할 사건으로 치부할 수도 있지만, 그렇게 하기에는 석연치 않은 구석이 있다. 찬성하는 영국과 반대하는 다른 나라를 분리해서 살펴보면, 이 사건에 다른 무엇이 개입된 것처럼 보인다. 즉, 개인과 국가의 자존심이 걸린 사회학적 요인이 연관되어 있던 것이다. 단순하게 생각하면 학계에서 보기 드문 사기행각에 불과하지만, 사회학적 요인 때문에 학자들의 시각이 왜곡되어 더욱 불행한 결과를 낳은 사건이기도 하다.

보스콥인의 역사를 완성하려면 필트다운인을 날조한 희대의 사기꾼을 다루지 않을 수 없다. 사실 이 사건에 연루된 사람은 한둘이 아니다. 명백한 주범 찰스 도슨에게는 영국왕립학술원에 들어가겠다는 뚜렷한 동기가 있었다. 다만 방법에 문제가 있었다. 도슨은 진짜 화석을 접할 기회가 많았기 때문에 유골을 화석처럼 보이도록 화학 처리하는 방법도 알았던 듯하다. 그 뿐이 아니었다. 그는 유골을 잘라 치아를 끼워 넣어 오랑우탄의 턱뼈를 사람 두개골과 맞물리게 했다(바로 이 부분이 유럽과 미국의 학계의 의심을 샀다). 그런데 수사기관에서 보기에도 일개 지방 변호사가 꾸민 일이라고는 도저히 믿기지 않았다. 그래서 수사당국은 도슨이 과학자와 손잡고 일하는 하수인에 불과하다고 결론을 내렸다. 그 후 《필트다운인The Piltdown Men》이라는 책이 나오면서 큰 파장이 일었다. 이 책은 그래프턴 엘리엇 스미스를 주범으로 지목했다. 스미스는 유능한 과학자로서 가짜 화석을 만드는 방법을 알았고, 무엇보다도 오스트레일리아 출신이라 영국 학계에서 당한 서러움이 컸을 거라는 이유에서였다. 이 책에서는 그 밖에도 흥미로운 점을 지적한다. 범인의 목적은 학술원의 어중이떠중이 학자들이 날조된 필트다운인을 곧이곧대로 믿었다가 똑똑한 경쟁자들에게 반박당하는 것이었다. 즉, 범인은 학술원 학자들이 큰 영광을 누릴 꿈에 부풀어 덥석 미끼를 물기를 침착하게 기다렸다는 것이다. 한편 어느 수사관은 면밀히 증거를 살펴본 후, 범인은 바로 영국 고생물학계의 거물인 아서 키스 경이라고 판단했다. 키스 경을 의심하는 근거는 정황증거였다. 키스는 필트다운 화석이 발표되기도 전에 화석에 관해 잘 알고 비밀리에 도슨과 접촉했다. 그렇게 보면 의심스럽기는 하다. 한편 이 사건에는 아서 코난 도일도 연루돼 있었다. 셜록 홈즈를 탄생시킨 유명한 작가인 도일은 필트다운에서 몇 킬로미터 떨어진 곳에 살았다. 그는 직접 유골을 갖다놓았다는 의심을 살만큼 발굴 현장에 자주 드나들었다. 도일은 적절한 영매만 있으면 죽은 사람과도 이야기를 나눌 수 있다는 믿음을 광적으로 신봉한 인물이었다. 그런데 필트다운 사건 공모자 중 몇 사람이 한 영매를 사기꾼이라고 폭로하고, 심령술을 추종하는 무리를 조롱한 적이 있었다. 도일은 그 사건에 몹시 분개했다. 그리고 만약 필트다운인 화석이 가짜로 밝혀지면 그때도 그들이 같은 논리로 진화를 부정할지 궁금하게 여겼다. 여기서 한 가지 의문이 든다. 도일이 명쾌한 추리력으로 표적을 찾아내고도 결국에는 방아쇠를 당기지 않은 이유는 무엇일까? 도일 못지않게 눈에 띄는 용의자는 바로 예수회 신학자이자 고생물학자인 테야르 드 샤르댕Pierre Teilhard de Chardin이다(그 유명한 프랑스인 신학자 말이다!). 샤르댕은 화려한 경력을 자랑하는 인물이었다. 그는 필트다운 발굴을 주도했을 뿐 아니라 몇 년 뒤에는 20세기 고고학의 위대한 발굴 중 하나인 베이징원인Peking Man 발굴에도 참가했다. 샤르댕은 여러 발굴에 참여하고 선사시대를 연구하면서, 존재의 여러 단계를 상정하고 의식이 시공을 초월하는 현상에 관한 이론을 정립했다. 학계는

1953년 필트다운 사기극의 전모를 파헤치는 과정에서 샤르뎅이 질문에 대해 애매하게 얼버무린다는 이유로 용의선상에 올려놓았다. 호모 하빌리스를 발굴한 루이스 리키Louis Leaky와 유명한 진화론자 스티븐 제이 굴드는 모두 샤르뎅을 범인으로 지목했다. 최근에 발견된 자료에 의하면 필트다운 사건이 일어난 동안 샤르뎅의 행적에 관한 의혹이 더욱 짙어진다. 런던 킹스칼리지의 고생물학 교수인 브라이언 가드너Brian Gardiner는 필트다운 사기극을 파헤치는 데 많은 시간과 노력을 쏟아 부은 인물이다. 가드너는 조사 과정에서 지질학회가 열리기 불과 며칠 전에 샤르뎅이 쓴 편지를 찾아냈다. 샤르뎅은 편지에 학계의 깐깐한 선배 학자 마슬랭 불이 "쉽게 속아 넘어가지 않고" 필트다운 화석을 의심할지 모른다고 적었다. 샤르뎅이 뭔가 눈치를 챈 것 같았다. 가드너는 또 샤르뎅이 1920년에 발표한 〈필트다운인에 관하여Le cas d'homme Piltdown〉라는 소논문에 주목했다. 이 논문에서 샤르뎅은 화석의 턱뼈는 침팬지의 턱뼈를 화학 처리한 것이라고 진단했다. 그렇다면 샤르뎅은 왜 필트다운인이 가짜라는 걸 알고도 계속 발굴에 참여했을까? 물론 그가 범인이 아니라면 말이다. 그리고 마침내 한 유명한 인류학자가 다음 사실을 밝혔다. 샤르뎅이 범인을 알고 있고 범인은 발굴에 참가한 사람이 아니라고 루이스 리키에게 털어놓았고, 리키에게 이를 전해들은 것을 그가 보고한 것이다.

그러나 브라이언 가드너는 끈질긴 연구 끝에 화려한 용의자들을 제치고 훨씬 낭만적이지 못한 사기꾼을 범인으로 지목한다. 범인은 마틴 힌턴Martin Hinton이라는 대영박물관 자원봉사자라는 것이다. 힌턴은 낮에는 법률회사 직원으로 일하고, 퇴근 후에 박물관에서 설치류 화석을 분류했다. 1970년대에 힌턴의 낡은 보관함이 발견됐고, 안에 있던 자료 일부가 가드너에게 보내졌다. 그 중에는 필트다운인의 두개골이나 턱뼈와 같은 방식으로 화학 처리하고 물리적으로 변형한 뼛조각이 들어 있었다. 그리고 힌턴이 설치류 화석을 모아 방대한 카탈로그를 제작하는 작업에 몰두했다는 사실이 드러났다. 힌턴은 대영박물관의 고생물학 담당자이자 도슨에게 필트다운 화석을 넘겨받은 아서 스미스 우드워드에게 접근했다. 힌턴은 도슨을 통해 설치류 화석을 정리하는 대가로 주급을 달라고 요구했다. 하지만 우드워드에게 보기 좋게 거절당하자 앙심을 품었던 듯하다. 힌턴은 도슨이 필트다운인 화석을 손에 넣었고 상관인 스미스 우드워드에게 넘길 거라고 생각했다. 힌턴은 화석에 화학 처리한 유골을 끼워 넣으면서 도슨을 하수인으로 이용한 듯하다. 이로써 필트다운인 사건은 다락방에서 발견된 보관함과 복수심에 불타는 힌턴이라는 인물의 이야기로 끝이 날 수도 있다. 하지만 추리소설 애독자라면 이 이야기에는 수단과 접근 방법과 비슷한 동기를 가진 용의자가 너무 많다고 생각할 것이다. 애거서 크리스티 소설의 명탐정 에르퀼 포와로는 《오리엔트 특급 살인》에서 비슷한 사건을 만난다. 오리엔트 특급열차가 파리에서 이스탄불로 향하다가 눈보라를 만나서 길이 막힌 와중에, 열차 안에서 무시무시한 살인사건이 일어났다. 마침 열차에 타고 있던 포와로는 과거 수많은 살인사건에 적용했던 탁월한 논리나 살인범의 프로파일과 일치하는 용의자가 지나치게 많은 걸 깨달았다. 결국 포와로의 "작은 회색 뇌세포"는 놀라운 진실을 밝혀냈다. 용의자로 지목된 사람들 모두가 사건에 조금씩 가담한 것이다. 모두가 공모한 살인이었다. 범인들은 서로 공통점은 없지만 과거에 알고 지낸 사람들이었다. 필트다운 사건도 마찬가지였다. 대영박물관에서 무급으로 일하던 힌턴은 도슨의 집에서 샤르뎅을 만났다. 소설가로 널리 이름을 날리던 아서 코난 도일은 《잃어버린 세계》라는 베스트셀러 작품에서 나중에 필트다운인이라는 이름이 붙는 화석을 등장시켰다. 오직 샤르뎅만이 터무니없는 날조인지 알고 있으면서도 영국 당국에 넘어가 만천하에 공개될 때까지 일을 키운 장본인이었다. 그렇다면 필트다운 사건에도 수많은 용의자가 연루된 거대한 음모가 도사리고 있었던 걸까? 결정적 순간에 포와로는 무엇을 했는가?

영국 당국 입장에서는 화려한 필트다운인 화석에 비하면 다른 화석은 모두 하찮아 보였다. 그래서 1924년에 다트가 발견한 오스트랄로피테쿠스도 수십 년 동안 진가를 인정받지 못한 것이다. 다트는 발굴한 지 몇 주 만에 논문을 제출했다(당시 학계 분위기에 비하면 상당히 빠르게 작성된 논문이었다). 다트의 논문은 여기저기서 부정적인 평가를 받았다. 키스, 스미스 우드워드, 그리고 영국 당국은 오스트랄로피테쿠스는 뇌가 작은 직립 유인원으로 도슨의 필트다운인에 의해 공인된 형태(뇌가 더 발달하고 얼굴 생김새는 유인원과 유사한)에 맞지 않는다고 주장했다. 인신공격적인 비판이 쏟아졌고, 다트의 라틴어 능력을 문제 삼는 학자도 나왔다. 같은 이유에서 아프리카에서 출토된 인류 최초의 화석인 보스콥인 화석도 주목받지 못했을 것이다. 보스콥인은 발굴 시기가 나빴다. 필트다운인이 화려하게 등장한 지 불과 1년도 안 되는 시기에 발견된 것이다.

보스콥인이 역사에서 사라진 데는 다른 사연도 얽혀 있다. 1장에서 설명했듯이 로버트 브룸은 앞날을 예고하듯 〈네이처〉에 "보스콥인의 뇌는 크지만 얼굴 생김새는 유인원과 닮지 않았다. 그리하여 일각에서는 보스콥인이 인류의 오랜 조상일 리 없으며 그다지 흥미로운 발견이 아니라고 주장한다"라고 소개했다.

진화 연구의 역사는 매력적이고 거부하기 힘든 믿음에 사로잡혀왔다. 말하자면, 거대한 진화의 수레바퀴는 점차 복잡한 방향으로 굴러가서 이전보다 발달한 동물이 출현한다는 믿음이다. 다윈 이전의 진화론은 이런 믿음에서 발전했다. 사실 다윈(과 월리스)의 위대한 공헌은 '진보'라는 개념을 버리고 우연한 변이에 의해 다음 단계가 선택된다는 개념을 내놓았다는 점이다. 하지만 진보의 개념을 완전히 떨쳐내기란 결코 쉬운 일이 아니다. 현재 우리의 모습이 인간을 비롯한 모든 동물이 도달할 수 있는 궁극의 종착점이자 최선이라는 생각을 어떻게 쉽게 떨쳐낼 수 있겠는가?

보스콥인은 진화론의 일반적인 흐름을 거스르는 증거다. 그리 멀지 않은 과거에 뇌가 크고 따라서 지능도 높았을 인류가 아프리카 남부 넓은 지역을 차지하고 살았지만, 결국에는 뇌가 작고 지능이 높지 않은 호모 사피엔스, 즉 우리 인간에게 밀려나고 만 것이다.

거 대 한 뇌 속 으 로

보스콥인의 뇌는 크기가 1650cc에서 1900cc였을 거라는 보고가 있다. 평균을 내보면 약 1750cc가 된다. 현재 인간 뇌의 평균 크기인 1350cc보다 30퍼센트나 큰 셈이다.

큰 뇌는 기능적으로 어떤 의미를 지닐까? 뇌가 거대한 인류는 우리와 어떻게 다를까?

인간의 뇌는 호모 에렉투스보다 25퍼센트 정도 더 크다. 인간과 호모 에렉투스의 기능적 차이는 인간과 보스콥인의 차이와 비슷할 것이다.

하지만 두 뇌의 차이를 파악해서 각각의 정신을 추측할 방도는 없다(그 중 하나가 오래전에 멸종됐으니 불가능한 일이다). 이 책에서 우리는 인간의 뇌와 유인원을 비롯한 다른 동물의 뇌가 어떤 구조로 되어 있는지를 설명하는 데 상당 부분을 할애했다. 뇌에 관한 충분한 이해를 바탕으로 인간과 보스콥인의 차이를 추측하기 위해서였다. 다시 뇌의 기본 원칙을 살펴보자.

앞서 설명했듯이 뇌가 커질 때 뇌 영역의 비율이 변화하는 양상은 예측 가능하다. 유인원에서 인간으로 진화하는 동안 뇌는 네 배 정도 커지지만, 주로 피질을 중심으로 늘어나고 원시 구조물은 그대로 유지됐다. 피질 중에서도 특히 연합 영역이 가장 많이 늘어나고 감각과 운동을 관장하는 영역은 크

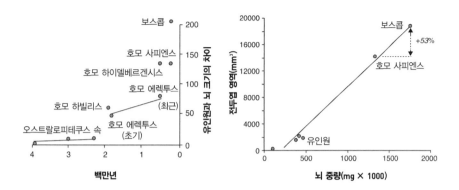

그림 12.1

보스콥인과 다른 사람과의 뇌 크기의 상대적 차이 비교. (왼쪽) 이 그래프는 인류의 뇌가 몸집이 같은 유인원의 뇌보다 얼마나 큰지 보여준다. 오스트랄로피테쿠스는 침팬지와 몸집이 비슷하고 뇌는 10퍼센트 정도밖에 크지 않다. 약 200만 년 전에 갑자기 유인원의 뇌보다 50퍼센트 정도 커진 인류가 있었다. 바로 몸집이 작은 호모 하빌리스와 인간과 비슷한 체격의 호모 에렉투스였다(180쪽 〈그림 11. 3〉 참조). 호모 사피엔스가 출현하면서 다시 한 번 뇌가 급격히 커졌다. 같은 체격의 유인원보다 150퍼센트나 커졌다. 보스콥인의 뇌는 같은 체격의 유인원보다 200퍼센트 이상 커졌다. (오른쪽) 전두엽(영역 10)의 크기는 유인원과 현대인의 뇌 중량의 차이를 만들어낸 중요한 부분이다. 이 그래프에서 보스콥인의 뇌 무게를 추정할 수 있다. 뇌가 인간의 1350cc에서 보스콥인의 1750cc로 늘어나면 전두엽은 53퍼센트나 커질 것으로 추정된다.

게 변하지 않았다.

　인간에서 보스콥인으로 넘어가면서 연합 영역은 불균형하게 늘어날 것이다. 연합 영역의 핵심 구조물 중 하나로, 흔히 전전두엽이라고 부르는 전두엽 맨 앞부분에 관해서는 해부학적 연구가 충분히 이루어졌다.

　〈그림 12. 1〉는 11장에서 제시한 그래프에 마지막 자료를 추가한 것이다. 왼쪽 그래프에는 인류 조상의 화석에서 뇌가 급격히 팽창한 시기가 다시 나타난다. 〈그림 11. 3〉의 자료와 동일하지만 두 가지 면에서 차이가 있다. 우선 인류의 뇌와 유인원의 뇌의 상대적인 차이를 표시했다. 그리고 이번에는 보스콥인이 추가됐다.

　처음 세 개의 점은 오스트랄로피테쿠스를 표시한 것이다. 200만 년 전 쯤 호모 하빌리스와 호모 에렉투스가 나타나면서 뇌가 갑자기 커졌다. 그리고 50만 년 전에 호모 에렉투스에서 호모 사피엔스로 넘어가면서 다시 한 번 뇌가 갑자기 커졌다. 여기에 한 번 더 갑자기 증가한 지점이 나타난다. 인간과 보스콥인 사이에 갑자기 증가한 것이다. 그래프에서 알 수 있듯이 이번에는 인간과 호모 에렉투스의 차이보다 증가량이 더 크다.

오른쪽 그래프는 전전두엽만 따로 측정한 결과다. 유인원과 인간의 전두엽은 뇌 전체의 크기를 기준으로 예측되는 크기와 일치한다. 같은 방식으로 보스콥인의 전두엽 크기에 해당하는 점을 찍었다. 보스콥인의 뇌 크기는 인

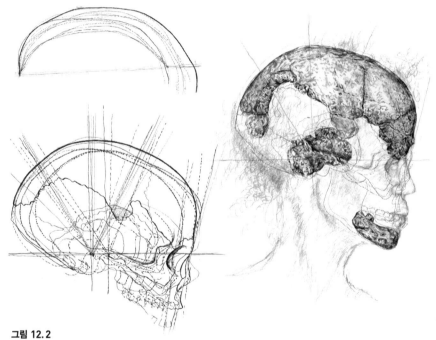

그림 12.2
보스콥인의 상상도. 왼쪽 위 그림은 두개골 윗부분이다. 흐릿한 선은 네안데르탈인, 크로마뇽인, 현대인의 두개골 위치를 나타낸다. 보스콥인의 두개골은 짙은 선으로 표시했다. 왼쪽 아래에는 두개골을 좀 더 자세히 그린 것으로, 이번에도 보스콥인을 짙은 선으로 표시했다. 오른쪽 그림은 보스콥인의 두상을 추정해서 복원한 모습이다. 짙게 칠한 부분이 실제로 발견된 두개골 파편이다.

간보다 30퍼센트 정도 크다. 인간은 1350cc이고 보스콥인은 1750cc다. 따라서 전전두엽의 크기는 자그마치 53퍼센트나 늘어난다.

뇌 영역의 비율에 관한 규칙을 기준으로 계산해보면 보스콥인의 뇌는 전체 크기뿐 아니라 전전두엽도 매우 클 것이다. 전전두엽은 고차원적인 인지 기능과 밀접하게 연결된다. 뇌에 들어오는 복잡한 사건을 이해하는 영역으로, 정신적인 자료를 적절히 배열하고, 앞날을 계획할 때 중요한 역할을 담당한다. 간단히 말하자면, 전전두엽은 유연하고 진취적인 사고의 핵심이라할 수 있다.

유인원에서 인간으로 진화하면서 전전두엽이 늘어났다. 이는 인간과 유인원의 행동이 차이를 보이는 주된 원인일 것이다.

앞서 살펴보았듯이 전두엽 연합 영역에서 생성한 표상에는 계층이 있다. 처음 생성된 표상이 결합되어 고차적인 표상이 만들어진다. '학교'라는 표상은 선생님, 학생, 교실 등의 표상을 결합한 것이다. 또 학력, 성적, 입학과 같은 다른 구성요소도 포함된다. 상위 단계일수록 자연히 더 많은 정보를 고차원적 표상으로 압축한다.

연합 영역이 늘어날수록 표상의 수준도 늘어나고 더욱 풍부한 고차원적 표상이 만들어진다. 고차원적 감각기억과 운동기억도 마찬가지다. 운동기억에서는 고차원적인 운동 프로그램에서 구체적인 명령을 연속으로 내릴 수 있고, 보다 풍부한 에피소드가 생성될 수 있다.

인간의 전전두엽 영역은 시각 자료를 연결하여 에피소드 기억을 생성하는 반면, 보스콥인은 에피소드 기억 위에 소리나 냄새 따위의 정보를 추가했을 수 있다. 우리가 파리를 걸었던 기억에는 노점상과 술집과 아름다운 작은 교회 같은 시각 이미지가 들어 있다. 반면에 보스콥인의 기억에는 술집에서 흘러나오는 음악소리, 오가는 사람들의 말소리, 교회 문 너머 특이한 모양의 창문까지 들어 있을 것이다(물론 보스콥인이 파리 시가지를 거닐었을 리는 없지만).

연합 영역이 늘어나면 피질 앞부분과 뒷부분을 연결해주는 거대한 축색다발도 두꺼워진다. 연합 영역은 단순히 입력 정보를 처리하는 곳이 아니다. 특히 인간의 큰 뇌의 연합 영역은 입력 정보를 바탕으로 에피소드를 구성하기까지 한다. 보스콥인은 여기서 한 걸음 더 나아갔을 것이다. 유인원에서 인간으로 진화하는 사이 뇌가 커지면서 언어능력이 생기는 것과 같은 질적 변화가 일어났듯이, 인간에서 보스콥인으로 넘어갈 때 역시 뇌가 급격히 커지면서 새로운 정신기능이 추가됐을 수 있다. 인간의 머릿속에서는 동시에 여러 가지 생각을 일어나지만 한 번에 한 가지 생각만 끌어낼 수 있다. 그러면 보스콥인의 뇌는 하나의 기억을 떠올리는 동시에 자연스럽게 다른 기억을 처리할 수 있었을까? 화면분할 효과처럼 집중력을 배분할 수 있었을까?

우리는 실제로 존재하는 외부세계와 마음속에 표상한 세계 사이에 적절한 균형을 잡는다. 이 균형을 유지하는 일은 일상의 중요한 과제 중 하나다. 사실 우리는 거의 주의를 기울이지 않고 무시당했다는 상상만으로 분개할 때가 있다. 가끔씩 상상한 세계만 믿고 행동하다가 주변 사람들을 펄쩍 뛰게 만들기도 한다. "왜 나한테 화를 내?" "너한테 화난 거 아니야. 너 혼자 그렇게 생각하는 거지." 이런 상황이 벌어지기도 한다. 우리의 큰 뇌에는 현실 세계를 바탕으로 가능하지만 존재하지 않는 세계를 추론해내는 능력이 있다. 보스콥인의 뇌는 우리보다 더 크고 내적 표상도 풍부했을 것이므로 세계를 정확히 예측하고 해석하여 내적 표상을 외부세계와 일치시키는 능력도 뛰어났을 것이다. 반면에 지나치게 자기성찰에 몰두했을지도 모른다. 뛰어난 통찰력 덕분에 몽상가가 되었을 테고, 우리로서는 상상도 하지 못할 고매한 정신세계를 갖추었을 것이다.

거대한 뇌와 지능

보스콥인은 몽상가 중에서도 아주 명석한 몽상가였을 것이다. 보스콥인의 지능을 추정해보면 인간 지능에 한계가 있다는 생각에 의문을 품게 된다. '지능'이라는 용어 자체가 명확하지 않을 뿐 아니라, 지능의 역사도 혼란스럽기 그지없다. 지능이라는 개념은 인간의 능력을 측정하는 1차원적 측정치가 존재하고, 여러 가지 측정치가 서로 상관되어 있다는 가정에서 나온 것이다(더불어 이런 추론도 가능하다. 지능이 피부색을 비롯한 '인종적' 특징 같은 겉으로 드러난 특질과 상관되어 있다고 추론할 수도 있다. 하지만 이 문제에 관해서는 서로 상관이 없다고 앞에서 설명했다).

앞서 설명했듯이 개인의 다양한 능력은 서로 상관없이 독립적으로 나타난다. 스탠포드 비네 검사, 레이븐 누진항렬 검사, 웩슬러 검사와 같은 표준화된 지능검사는 낮은 수준이지만 서로 상관을 보인다. 일각에서는 '일반지능general intelligence'이라는 기본 요인이 존재하기 때문에 상관을 보이는 것이라고 주장한다. 하지만 널리 실시하는 검사가 아닌 다른 검사로 측정되는 능력도 많고, 검사마다 점수의 상관이 거의 없고 '일반지능' 요인과도 거의 상관을 보이지 않는다. 간혹 상관을 보인다 하더라도 지극히 미미한 수준이다. 예를 들어, IQ 검사 점수와 직무수행능력 사이의 상관계수가 0.4라면 직무수행능력에서 변량의 15퍼센트(0.42)만 IQ 검사 점수를 설명하고 나머지 85퍼센트는 상관이 없다. IQ 점수는 신입사원의 직무수행능력을 예측하는 데 도움이 되지 않는다는 뜻이다('지능지수'에 관한 연구는 책으로 출판된 것만 수백 권이고 학술논문도 수천 편에 이를 정도다. 여기서 IQ에 관해서 모두 거론하기는 어렵지만 이견의 여지가 없는 분명한 사실 몇 가지만 살펴보자. 1) IQ는 간단한 검사를 통해 개인에게 부여하는 하나의 점수다. 2) IQ 점수는 '평균적인' 피검자가 100점을 받도록 표준화된 검사다. 3) IQ 점수는 통계상 표준정규분포에 따라 분포한다. 즉, 평균 100을 중심으로 대부분의 점수가 모여 있고 평균보다 훨씬 높거나 낮은 점수를 받은 개인은 훨씬 적게 분포한다는 뜻이다. 4) 일부 모집단에서는 IQ 점수가 직업이나 수입을 비롯한 행동 변인이나 사회적 변인과 상관을 보이기도 한다. 5) IQ 점수가 높은 사람이 특정 과제를 수행하지 못할 때도 많고, IQ 점수가 낮은 사람이 특정 과제를 유능하게 수행할 때도 많다. 6) 다른 검사에서는 음악, 창의력, 기억력, 계산능력 등 다양한 능력에 관해 점수를 산출한다).

음악적 재능이 뛰어난 사람도 있고, 운동 능력이 뛰어난 사람도 있고, 컴퓨터 프로그램을 개발하는 능력이 뛰어난 사람도 있으며, 사회성이 뛰어난 사람도 있다. 그러나 한 사람이 이러한 능력을 동시에 갖추지 못하는 경향이 있다. 하버드대학교의 하워드 가드너Howard Gardner를 비롯한 여러 학자들은 오래전부터 이 사실을 인정하고, 꾸준한 연구를 통해 개인의 능력과 재능을 측정할 수 있는 척도가 있다고 주장해왔다. 그들은 여러 개의 척도를 이용해서 다양한 능력을 재려 했다. 모든 '지능'을 아우르는 단일 척도라는 개념과는 상반된 주장이다. 앞서 살펴보았듯이 인간의 다양한 능력은 뇌 경로의 배열에 따라 다르게 나타날 수 있다. 개인이나 전체 모집단의 능력이 다양한 이유는 애초에 뇌 경로의 배열이 달라서이기도 하고, 발달하는 동안 환경에 영향을 받아 뇌 경로가 바뀌었기 때문이기도 하며, 복잡한 피질에서 경로가 설정되는 과정에 우연히 차이가 나타났기 때문이기도 하다.

뇌 크기가 IQ 점수를 설명하는 정도가 10~20퍼센트에 불과하다고 해도, 뇌가 30퍼센트나 큰 집단의 평균 IQ 점수가 어느 정도일지는 예상할 수 있다. 뇌 크기의 평균이 1750cc인 모집단의 IQ 평균은 149일 것이다. 우리로 치자면 천재로 분류되는 점수다. 인간처럼 보스콥인에게도 정상적인 변량이 있었다면 그들 중 15~20퍼센트는 IQ 180이 넘었을 것이다. 머리가 크고 얼굴은 어린아이처럼 생긴 보스콥인 35명이 한 교실에 앉아 있다고 하자. 그 중에는 지금까지 인류 역사에 기록된 가장 높은 IQ를 보유한 보스콥인 대여섯 명 정도 섞여 있을 것이다. 더 많을 수도 있다. 뇌 전체 크기가 아니라 전전두엽의 크기가 IQ 점수를 더 잘 예측한다고 제안하는 연구도 있으니 말이다.

두려운 가정일지 모른다. 따라서 IQ 검사가 측정하는 인지 변인이 무엇인지 정확히 알 수 없다는 사실을 다시 한 번 강조한다. IQ 검사로는 총체적 지적 능력을 측정하지 못할 수 있다. 살아 있는 사람의 뇌도 용량이 중요한 의미를 지닌다고 추론하려면 먼저 다각도의 연구가 이루어져야 한다. 살아 있는 사람의 뇌는 음식이나 호르몬 수준을 비롯한 여러 가지 변인에 민감하게 반응하기 때문이다. 그러나 보스콥인의 정확한 IQ 점수는 알아내지 못할 수 있어도 보스콥인이 '똑똑함'에 관한 몇 가지 능력에 있어서는 현대인을 훨씬 능가한다고 결론을 내릴 수 있을 것이다.

13

인간에 가까운 그들

과 학 에   관 하 여

철학자 윌러드 콰인Willard V. Quine은 과학은 증명되는 것이 아니라 설명되는 것
이라고 말했다. 우리는 현상을 관찰할 수 있고, 관찰 결과와 밀접하게 연결
될수록 확실한 사실처럼 보인다. 태양은 매일 아침 떠오를까? 항상 그렇긴
하지만 당장 내일 아침에도 해가 뜰지는 증명할 수 없다. 어느 과학자든 마
찬가지다. 어떤 '사실'에 관해 가설을 세울 수는 있지만, 아무리 단순하고 명
백하게 보이는 사실이라도 과학적으로 증명하기는 불가능하다. 해가 뜨는 문
제처럼 극명한 사례를 위한 근거는 차고 넘칠 정도로 많다. 단순 통계학은 물
론, 기초 물리학과 천문학과 기계학에서 얻을 수 있는 근거가 무수히 많다.
게다가 이런 근거에 반박해봤자 반드시 실패하게 된다. 하지만 극단적인 경
우 말고 다른 사례는 다소 까다로워진다. 가령 개가 늑대에서 진화했다거나
발륨이라는 약이 GABA 수용기에 작용하여 수면을 유도한다는 사실을 생각
해보자. 둘 다 매일 아침 해가 뜬다는 사실만큼 널리 알려진 사실이다. 다만
이 경우에도 근거만 있을 뿐이지 '증거'는 없다. 좀 더 어려운 예를 들어보자.

조류가 공룡에서 진화했다거나 클로자핀이라는 약이 도파민과 세로토닌 수용기에 이중 작용하여 정신분열증을 치료한다는 사실을 증명해보자. 역시 설득력 있는 근거는 충분하지만 실제 실험으로 증명하기는 더 어려워진다.

콰인의 지적처럼 과학은 마술적인 방법으로 '사실을 증명하는' 것이 아니라 실험으로 관찰한 결과를 신중하게 축적하여 답에 도달할 뿐이다. 역설적으로 과학적 방법이란 실험으로 사실을 증명하는 것이 아니라 다른 대안을 하나씩 배제하는 것이다. 관찰된 결과가 많으면 많을수록 모든 관찰 결과에 들어맞지 않는 설명을 부정할 수 있다. 결국에는 사실일지 모를 집합만 남게 된다. 셜록 홈스는 이렇게 말했다. "불가능한 것을 배제하고 남는 것이 바로 진실입니다. 그것이 아무리 믿어지지 않는 사실이라고 해도 말이지요." 콰인이 제시한 것처럼 관찰 결과를 그물망처럼 촘촘하게 수집하면 가능한 사실의 폭이 점점 좁아져서 결국에는 거의 모든 후보가 나가떨어지고 진실만 남게 된다.

어떤 근거를 이루는 모든 부분이 콰인의 그물망에 꼭 들어맞으면 그 근거를 사실이라고 볼 수 있다. 반면에 그물망을 통과하지 못하는 근거는 폐기처분된다. 하지만 근거와 사실 사이에는 가설과 추측과 예측이라는 넓은 공간이 자리 잡고 있으므로 끊임없는 실험을 통해 꼭 들어맞는 관찰 결과를 찾아내야 한다. 과학은 이미 알고 있는 세계와 미지의 세계 사이에 놓인 경계선에서 지식을 탐구한다. 예전에는 전기와 근육의 관계를 몰랐다. 지금은 근육에서 어떻게 화학물질과 전기로 신호를 보내는지 잘 알려져 있다. 과거에는 뇌세포가 서로 어떻게 연결되고, 어떻게 신호를 보내고, 어떻게 신호가 구성되는지 몰랐다. 지금은 많은 지식을 쌓았지만 아직 알아내야 할 것이 더 많다.

모두가 알고 있고 근거가 충분한 사실이라 해도 나중에 예외 현상으로 드러날 수도 있다. 아이작 뉴턴을 비롯한 여러 학자들은 질량, 가속도, 중력을 철저히 연구하고 충분한 관찰해서 우주에서 행성이 움직이는 복잡한 현상을 정확히 이해할 수 있었다. 그리하여 뉴턴의 법칙은 200년 넘게 물리학의 '사실'로 받아들여졌다. 하지만 1800년대 말에 이르면서 페러데이에서 볼츠만, 플랑크, 아인슈타인에 이르는 기라성 같은 과학자들이 그간 명쾌하게 설명되지 않는 부분, 곧 콰인의 그물망에 꼭 들어맞지 않는 관찰 결과에 주목하기 시작했다. 결국 뉴턴의 물리학에 수정을 가하여 상대성이론에서 양자역학에 이르는 전혀 새로운 분야가 시작됐다. 뉴턴의 법칙은 지금까지도 우리가 경험하는 모든 현상에 적용되지만, 일상의 경험을 벗어난 넓은 세계의 광범위한 현상을 설명하려 할 때는 엄청난 예외 현상에 부딪혔다.

수백 년에 걸쳐 이룩한 과학적 업적 덕분에 물리학을 과학의 모범으로 삼을 수 있다. 물리학자 어니스트 러더퍼드는 "진정한 과학은 물리학밖에 없다. 나머지는 우표수집과 다를 바 없다"는 유명한 말을 남겼다. 이 말은 그 자체로 모순이다. 다른 과학이 관찰 결과가 모여서 이루어지듯 물리학도 마찬가지이기 때문이다. 어느 분야든 실험과 관찰 결과가 모여서 촘촘한 그물망 같은 이론이 나오는 것이다. 물리학은 물론, 화학과 생물학, 심지어 심리학, 경제학, 사회학이 모두 같은 원리에 기반을 둔다. 학문마다 정도의 차이만 있을 뿐이지 본질적으로 다르지 않다. 과학소설가 아이작 아시모프는 미래학자 해리 셀던이라는 인물을 만들어냈다. 해리 셀던은 심리학적 방법으로 역사를 분석하는 '역사심리학'을 연구하는 학자로서, 물리학과 화학만큼 정확하게 인간사를 예측할 수 있다. 러더퍼드가 오류를 범한 바로 그 지점을 아시모프는 정확하게 지적했던 것이다. 사실 언젠가는 역사심리학과 같은 분야가 나올지도 모른다. 다시 말해서, 언젠가는 모든 과학의 원천인 관찰 결과를 수집하는 기초적인 '우표수집' 단계를 벗어나 예언적인 이론을 도출할 수 있을지도 모른다.

어느 한 시점에 어떤 사실이 얼마나 설득력 있는지는 관찰 결과로 이루어진 촘촘한 그물망으로 평가할 수 있다. 가설을 지지할 때는 가설에 부합하는 다양한 관찰 자료를 제시한다. 또 가설에 반박할 때는 가설에 들어맞지 않는 관찰 자료를 제시한다.

어떤 이론이 관찰 자료나 설명과 멀어질수록 그 이론은 신빙성을 잃는다. 뇌에 관한 이론은 대부분 생화학이나 원자물리학의 수준으로 내려갈 수 있다. 뇌에서 마음의 현상이 일어나는 기제에 관한 수많은 가설은 바로 두 학문의 기초적인 지식에서 나오는 것이다. 마음의 현상이란 뇌가 정보를 저장하고, 관찰 자료를 연관시키고, 기억을 불러내는 기제를 말한다. 뇌에 관한 이론은 물리학에서 심리학으로 발전한다. 콰인 박사를 만족시킬 정도로 일관성 있는 이론도 있지만, 아직 연구가 더 이루어져야 할 이론도 있다. 어느 쪽이든 기존 관찰 자료와 긴밀히 연결된 이론일수록 강력한 지지를 받고 계속 발전할 수 있다.

우리는 두 가지 가설에 도달했다. 인간이 지금의 능력을 갖게 된 이유는 뇌가 커져서라는 가설과 다른 뇌와 달라서라는 가설이다. 달리 말하면 이렇다. 인간의 뇌가 커지면서 대부분의 기능이 그대로 유지됐을까? 다시 말해서, 거대하다는 사실만 제외하고는 전형적인 유인원과 비슷하게 작동할까? 아니면 전혀 새로운 영역, 새로운 구조, 새로운 회로가 발달하여 인간 고유의 능력이 생겼을까? 두 가설은 서로 배타적이지 않다. 순전히 뇌가 커져서 생기는 능력도 있고, 새로운 뇌 회로가 형성되어 생기는 능력도 있기 때문이다.

두 가지 가설로 인해 사람들 간의 개인차를 설명해주는 뇌의 차이를 찾아내는 연구가 지속적으로 이루어지고 있다. 학자들은 인간의 뇌를 진지하게 탐구하고 다른 유인원의 뇌와 비교하면서, 특히 언어를 듣거나 말할 때 활성화되는 영역처럼 가장 큰 차이를 보이는 영역에 주목한다.

인간 뇌의 차별성

앞서 설명했듯이 시상-피질 영역을 이루는 구조물은 서로 구별하기 힘들 정도로 비슷하고, 다른 유인원의 구조물과도 뚜렷이 구별되지 않는다. 차이를 찾아내기 매우 어렵고, 설사 차이가 존재한다 해도 유사성에 가려서 그다지 눈에 띄지 않는다.

하지만 그에 반해, 인간은 확연히 달라 보인다. 인간과 다른 동물의 인지능력은 현격한 차이를 보일 수 있다. 아직 밝혀지지는 않았지만 뇌 영역 사이에도 미묘한 차이가 존재할 수 있다. 인간의 시상-피질 영역에서 차이를 발견하려는 연구가 조심스럽게 이루어지고 있다. 학자들은 유인원에서 인간으로 진화하는 사이 가장 많이 늘어난 전측피질 영역anterior cortical region과 언어 영역으로 추정되는 영역에 특히 관심을 갖는다. 이 영역들이 인간 고유의 언어능력을 설명해줄 수 있을지도 모르기 때문이다.

학자들이 특히 주목하는 주제는 다음과 같다.

1. 인간의 뇌에서 유사성이 크면서도 서로 상이한 뇌세포나 회로. 특히 언어를 비롯한 고차원적 인지기능을 담당하는 위치에 분포한 세포나 회로.
2. 다른 동물에는 없고 인간 뇌에만 나타나는 세포, 회로, 회로 구조.
3. 유인원의 뇌에도 존재하지만 특히 인간의 뇌에서 발달한 회로.
4. 뇌 관련 유전자 중에서 인간에게만 나타나거나 유인원보다 인간에게 많이 나타나는 유전자. 특히 최근에 주목받기 시작한 유전자.
5. 내부 구조의 차이를 제시하는 전반적인 뇌 형태의 변화.

기본 줄기는 간명하다. 인간의 차이를 설명해줄만한 뇌 구조의 비밀을 밝히는 것이다. 뇌에서 인간 고유의 능력을 설명해주는 조직을 찾고, 언어와 이성을 이끌어내는 기관을 찾는다. 한마디로 인간을 인간이게 하는 원천을 찾자는 것이다.

이 과정에서 인간과 다른 동물의 차이가 밝혀졌다. 그 차이들은 미묘하지만 상당히 설득력이 있다. 지금까지 밝혀진 주된 차이는 대략 위에서 제시한 다섯 가지 항목으로 나뉜다.

세포 유형

5장과 6장에서 설명했듯이 대부분의 피질 영역은 상당히 비슷해 보인다. 같은 유형의 뉴런이 같은 두께로 피질 전체에 걸쳐 상이한 영역에 배열돼 있다. 하지만 약간 다른 세포 유형도 몇 가지 나타난다. 특히 뇌의 핵심 영역에 분포한 심층(세션층) 뉴런은 바닥이 길게 돌출한 피라미드 모양처럼 기이하게 변형됐다.

19세기에 처음 발견한 학자의 이름을 따서 이런 모양의 뉴런을 폰 에코노모Von Economo 뉴런이라고 한다. 폰 에코노모 뉴런은 큰 뇌 포유류에만 나타난다. 인간뿐 아니라 고릴라, 침팬지, 보노보의 뇌에도 나타나지만, 오랑우탄, 개코원숭이, 원숭이와 같은 다른 유인원의 뇌에는 보이지 않는다(특이하게도 뇌가 큰 고래류의 포유류에게도 이 뉴런이 니다닌다. 덕분에 이 세포의 기원과 특성을 유추할 수 있다). 더욱이 가늘고 긴 폰 에코노모 뉴런은 인간 뇌에서도 특정 영역에만 나타난다. 구체적으로 말해서 전두대상피질anterior cingulate cortex과 전두섬피질frontal insular cortex에만 나타난다. 뇌 스캔으로 보면 이 두 영역은 사회적 상호작용이 일어날 때, 특히 믿음, 공감, 당황, 죄책감 같은 감정이 느껴질 때 활성화된다. 폰 에코노모 뉴런이 사회적 인지와 행동과 관련이 있을 수 있다는 뜻이다.

영역별 회로

폰 에코노모 뉴런과 같은 예외 현상은 대부분의 뉴런 배열이 다른 동물이나 다른 뇌 영역에서도 상당히 일정하게 유지된다는 규칙을 입증한다. 뉴런이 이어지는 회로도 마찬가지다. 5장과 6장에서 설명한 회로의 규칙이 인간과 다른 포유류의 뇌에서 거의 같은 방식으로 끊임없이 반복된다. 하지만 보통의 뉴런과 구별되는 몇 가지 뉴런 유형이 눈에 띄는 것처럼 회로의 규칙에서 약간 벗어난 회로도 있다. 아주 작은 차이라서 특별히 눈에 띄진 않지만 주변의 모든 뉴런의 성격을 규정한다. 이처럼 약간 변형된 회로가 나타나는 뇌 영역이 몇 군데 있다. 이런 회로가 나타나는 영역에서는 원통 모양의 주위에 뇌 물질이 더 붙어서 일반 회로보다 넓어지기 때문에 다른 영역보다 뉴런을 더 밀착시켜서 원통 안에 집어넣는다. 이처럼 일반 회로보다 40퍼센트 정도 넓은 '두 배 회로'는 뇌의 왼쪽 영역, 그 중에서도 말하거나 언어를 사용할 때만 활성화되는 영역에만 분포한다. 구체적으로 말해서 뇌 앞부분의 브로카 영역과 뇌 뒤쪽의 베르니케 영역(특히 측두평면planum temporale 영역의 중심부)에 나타난다.

연구 결과 회로의 원통이 넓어진 이유가 밝혀졌다. 넓은 원통을 감싸는 물질은 새로운 뉴런이 아니라 뉴런과 뉴런을 연결시키는 끈이다. 다른 부위보다 축색이 많이 뻗어나가서 다른 영역과 연결시키는 것이다. 이 영역에서는 다른 영역보다 연결이 많이 형성되는 듯하다.

연결성

세포 유형에서 시작해서 회로와 연결성에 이르기까지 모든 차이는 같은 방식으로 나타난다. 바로 변이에서 유전자에 이르기까지 유일하게 작동하는 방식이다. 인간의 유전자는 선택적으로 시냅스 구성을 일으키는 특정 단백질을 훨씬 많이 발현시키는 듯하다. '트롬보스폰딘thrombospondin'이라는 이름의 이 단백질은 뉴런과 뉴런 사이에 상주하는 신경교세포glial cell의 일종인 성상교세포astrocytes에서 작용한다. 교세포는 다른 세포와 소통하지 않고, 뉴런처럼 전기 신호를 보내지도 않으며, 뉴런의 성장과 영양을 지원한다. 인간은 침팬지나 짧은꼬리원숭이보다 몇 배나 많은 트롬보스폰딘을 생성한다. 트롬보스폰딘은 뇌의 하위 구조에는 없고 피질에만 분포한다. 따라서 피질에서 뉴런의 연결이 많이 나타난다. 그 중에서도 독특한 모양의 '두 배 회로'는 브로카 영역과 베르니케 영역이라는 언어 영역에 많이 나타나고, 그밖에 여러 영역에서 나타나기도 한다.

이 사실로 미루어보다 뇌가 진화하면서 피질 연결이 특수하게 분화됐다고 가정할 수 있다. 인간의 피질뉴런은 유인원보다 수상돌기가 길고 시냅스 연결도 훨씬 무성하다. 따라서 진화에서 보다 정교한 회로를 요하는 선택압에 의해 트롬보스폰딘 유전자를 제어하는 변이가 일어났을 수 있다. 하지만 뇌 크기는 뉴런의 수와 수상돌기의 길이라는 두 가지 요인에 의해 결정된다. 호모 사피엔스의 뇌는 침팬지의 뇌보다 세 배나 크지만, 뉴런의 수는 세 배에 크게 못 미친다. 일반적으로 뇌가 클수록 뉴런의 수상돌기도 길어지고 뉴런 하나의 시냅스 연결도 늘어난다. 그래서 뉴런은 아니지만 뉴런을 지탱해주는 교세포가 많이 필요해져서 트롬보스폰딘 유전자가 활성화될 수 있다. 따라서 인간과 침팬지의 차이는 뇌 크기로 예상되는 차이를 크게 벗어나지 않는다.

이는 뇌 발달이 '분산' 방식으로 이루어진다는 개념에서 나온 주장이다. 즉, 유전자는 기초적인 발달의 틀만 제시하고, 그 다음에는 뇌의 각 영역이 나름의 발달 규칙에 따라 상호작용하면서 발달한다는 뜻이다. 발달 기간이 길수록 징교한 뇌가 만들어진다. 단시간에 발달 과정이 끝나는 작은 뇌에서 찾아볼 수 없는 특징이 장기간에 걸쳐 발달하는 뇌에서는 훨씬 많이 나타난다. 그 결과 질적으로 다른 특징처럼 보일 수 있는 것이다.

최신 유전자

세포 유형, 회로 구성, 연결성의 변이는 모두 유전자에서 시작된다. 진화 과정에서 단백질이 아미노산 배열에 생기는 변화를 측정하는 '분자시계'를 활용하여 특정 유전자가 현재의 형태로 발달한 시기를 추정할 수 있다. 놀랍게도 인간 게놈에서 가장 최근에 발달한 유전자까지 찾아낼 수 있다.

- FOXP2는 쥐에서 인간에 이르기까지 수많은 포유류에 존재하는 유전자이지만, 인간의 FOXP2 유전자가 생성된 시기는 20만 년도 안 되는 것으로 추정된다. FOXP2 유전자에 변이가 일어난 사람이 언어 구사에 결함을 보이는 것으로 보아 이 유전자는 말하기와 언어능력에 중요한 역할을 하는 듯하다.
- 마이크로세팔린microcephalin은 5만 년 전에 나타난 유전자로 뇌 전체 크기를 조절하는 듯하다. 몇만 년 전까지도 현재와 같은 형태의 마이크로세팔린 유전자를 보유한 사람은 극히 드물거나 전혀 없었지만, 지금은 전체 인구의 70퍼센트 정도가 이 유전자를 보유하고 있다.
- ASPM은 뇌가 줄어드는 소두증에 나타나는 유전자다. 이 유전자가 나타난 시기는 1만 년 전이라는 증거가 있다. 기나긴 진화의 역사에서 보면 눈 깜짝할 순간에 불과하다.

뇌의 모양

앞서 설명했듯이 뇌의 연결 경로는 뇌의 크기 못지않게 중요할 수 있다. 유전자에 의해 뇌가 커진 것이라면 어떤 모양으로 커졌을까? 두개골 화석 안쪽의 흔적을 살펴보면 안에 들어 있던 뇌의 모양이 드러나며, 피질 영역이 차별적으로 늘어났다는 단서를 얻을 수 있다. 일각에서는 다른 영역보다 전뇌 일부 영역이 집중적으로 늘어났다고 주장한다. 특히 복잡한 추론과 의사결정 중에 활성화되는 것으로 알려진 '영역 10'이라는 전두엽 영역이 다른 영역보다 훨씬 커졌을 것이라고 주장한다. 우리는 다른 학자들과 함께 영역 10의 크기는 1350cc 크기의 뇌에서 예상되는 크기와 비슷하다는 증거를 충분히 제시했다(7장과 12장, 혹은 13장 관련 부록 참조). 거듭 강조하지만 인간의 뇌 영역 비율은 침팬지의 뇌와 다르지만, 둘의 차이는 인간의 큰 뇌에서 예상되는 정도를 벗어나지 않는다.

전혀 달라 보이는 변이이지만 모두 연결될 수 있다.

축색이 새로 뻗어 나올 때는 연결할 대상 뉴런을 찾는다. 가령 T라는 대상 영역이 A와 B라는 영역에서 입력 연결을 받는다고 하자. A와 B 두 영역의 성장 비율이 다르다면 어떻게 될까? 영장류의 뇌에서는 A와 B 영역이 대략 비슷하던 것이, 큰 뇌에서는 B 영역이 불균형하게 커졌다고 보자. 그러면 B 영역에서 나온 축색이 T 영역으로 들어가는 입력 정보를 압도하게 된다. 즉, A 영역에서 나오는 입력 정보를 양으로 압도하는 것이다. 작은 뇌에서는 A 영역의 입력 정보가 T 영역을 독점하던 것이, 큰 뇌에서는 B 영역이 커져 많은 축색이 새로 뻗어 나오면서 자연히 T 영역을 '침범'할 수도 있다.

따라서 뇌 경로가 길어지거나 짧아지거나 새로운 쪽으로 방향을 전환할 수 있다. 순전히 뇌의 크기에 따라 불균형하게 발달하기 때문이다. 9장에서는 큰 뇌에서 다양한 지각과 생각의 유형을 담당하는 조립라인을 정의하는 경로를 설명했다. 큰 뇌에서는 뇌 영역 일부가 유난히 커지는 것처럼 뇌 경로가 커지기도 한다.

뇌 경로 중 일부는 다른 경로보다 길고, 일부는 다른 경로와 상당 부분 교차한다. 인간의 뇌는 촉각이나 미각이나 후각보다 시각과 청각을 처리하는 데 훨씬 많은 에너지를 쓴다. 그리고 시각과 청각을 처리하는 뇌 경로에는 몇 가지 장면과 소리를 집중적으로 처리하는 조립라인이 들어 있다. 우리는 색깔보다는 모양에 더 많은 관심을 기울이고, 목소리와 날카로운 비명 소리를 구별해서 듣는다. 인간 뇌에서 가장 바쁘게 처리하는 '지점'은 경로 종착점과 경로 교차점이라는 두 해부학적 형태로 발생한다. 신호는 시각 경로와 청각 경로처럼 긴 경로를 따라 처리되면서 종착점을 향해 달려간다. 종착점은 뇌의 광범위한 처리 과정이 절정을 이루는 지점으로, 여기에서 가장 심층적이고 가장 복잡한 개념이 형성된다. 마찬가지로 한 경로의 신호가 다른 경로의 신호와 교차할 때, 가령 단어의 형태와 소리가 상호작용할 때 감각의 경계를 넘나드는 새로운 내적 표상이 생성되고, 여러 가지 표상이 결합되어 단순한 장면이나 소리를 넘어서는 고차원적이고 추상적 개념이 형성된다.

앞에서 인간 뇌에서 단어의 소리를 처리하는 영역과 모양을 처리하는 영역을 연결해주는 거대한 뇌 경로인 상세로다발을 예로 들었다. 마찬가지로 전두엽의 영역 10이 지나치게 팽창한다면 입력되는 경로가 늘어나서일 수 있다. 증거가 암시하듯 실제로 영역 10은 연결 경로에서 중요한 종착점이나 교차점에 위치한다. 그리고 브로카 영역과 측두평면처럼 언어능력을 담당하는 것으로 보이는 영역은 '특수한 위치' 덕분에 '특수한 기능'을 담당할 수 있다. 실제로 두 영역은 길게 늘어난 시각 경로와 청각 경로의 종착점과 교차점에 위치한다.

다시 한 번 밝히지만 유전자가 뇌 기능을 '제어'하는 과정은 간접적이다. 유전자 변이는 기억상실을 동반하는 알츠하이머나 사고장애를 일으키는 정신분열증 등 여러 가지 인지장애와 관련지어 설명돼왔다. 그러면서도 유전자가 학습이나 생각을 적절히 배열하는 작업을 직접 '제어'한다고 보지는 않는다. 다만 유전자 변이는 (알츠하이머의 경우처럼) 피질 전체에서 중요한 세포 기능을 조절하는 단백질을 암호화할 뿐이다. 따라서 특히 알츠하이머 발병 초기에 선택적으로 인지 결함이 나타나는 이유가 무엇이냐는 의문이 제기된다. 이 의문에 두 가지로 답할 수 있다. 첫째, 복잡한 뇌 작용이 단순한 뇌 작용보다 더 실패하기 쉽다. 그리고 인지는 분명 복잡한 뇌 작용이다. 둘째, 인지 결함은 쉽게 눈에 띄는 반면에 기본적인 뇌 작용의 결함은 잘 드러나지 않을 수 있다. 예를 들어, 정신분열증 환자에게는 빠르게 반복되는 소리가 들리지만 주위 사람은 거의 알아차리지 못한다. 그러므로 특정 유전자 변이와 특정 인지기능의 관계를 살펴볼 때는 각별히 주의해야 한다.

양적 변화와 질적 변화

뇌과학과 인지과학에서 가장 활발한 (때로는 신랄한) 논쟁은 바로 새로운 능력이 나타나는 위치가 어디이고, 여러 가지 능력 중에서도 특히 언어능력을 관장하는 위치가 어디인지에 관한 것이다. 간단히 말해서, 언어는 활용도가 높은데도 왜 인간만 언어를 구시하고 다른 동불은 구사하지 못하느냐는 것이다.

1950년대에 언어학자 노엄 촘스키Noam Chomsky는 이 문제를 꼼꼼하게 연구하여 언어능력의 밑바탕에는 특수한 능력이 있을 것이라는 흥미로운 가설을 내놓았다. 이를테면, 인간 뇌에는 있고 다른 뇌에는 없는 새로운 언어 '모듈'이 있다는 것이다.

언어학에서는 언어능력의 밑바탕에 특수한 능력이 있다고 믿는다. 앞에서 인간 뇌에만 존재하는 해부학적 구조를 찾는 연구를 살펴보았다. 수많은 연구에 의하면 인간과 동물의 뇌 일부 영역에서는 아주 미묘한 차이가 나타나지만, 그밖에 다른 영역에서는 전혀 차이가 보이지 않는다. 지금도 뇌에서 어떤 변화가 일어났기에 인간과 동물 사이에 언어능력이라는 엄청난 차이가 발생했는지 밝히려는 연구가 진행되고 있다. 그러나 뇌의 가장 큰 변화는 세포 유형이나 연결 양상의 변화가 아니라 바로 뇌 크기의 변화다. 게다가 앞서 살펴보았듯이 인간과 동물의 모든 차이는 뇌가 불균형하게 커져서 나타났을 뿐이지, 특수하거나 나름의 설명력을 지닌 새로운 구조가 출현했기 때문이 아니다.

앞에서 어떻게 똑같은 내적 구조(문법과 같은 범주의 배열)가 지각과 인식의 스펙트럼에서 다양한 부분을 담당하는 '특수한' 기능을 관장하는지 살펴보았다. 얼굴과 집을 따로 맡아서 인식하는 개별 영역은 거의 같은 설계로 구성되고, 인식의 첫 단계에 주로 입력되는 정보도 다르다. 이 영역의 특징은 학습 과정에서 생긴다. 학습이란 특정 입력 정보에 노출되고, 입력 정보가 여러 영역의 연결 경로를 통해 선택적으로 전달되는 과정을 말한다. 뇌 영역은 처음에는 대개 비슷하지만 특정 작업을 담당하면서 차별적으로 '사용'된다. 뇌가 늘어나면서 새로운 영역이 불균형하게 커지고, 큰 뇌에서 새로운 영역을 새로운 작업에 사용하기 때문에 언어능력과 같은 획기적인 능력이 나타났다고 설명할 수도 있다.

단순한 접근법이긴 하지만 양적인 변화가 질적인 변화를 일으키는 예는 많다. 1장에서 설명했듯이 물의 온도가 80°C에서 1°C 높아지면 81°C의 물이 되지만 99°C에서 1°C 높아지면 끓어서 수증기로 변한다. 우라늄은 임계질량 미만으로 보관하면 안전하지만 임계질량을 넘으면 폭발한다. 물리학이든 화학이든 생물학이든 심지어 사회학에서도 이런 예는 무궁무진하다. 크기의 변화로 인해 종류까지 바뀌는 것이다. 초기 호미니드에서 인간으로 변천한 예도 결코 단순하지 않다. 인간의 뇌는 같은 몸집으로 환산한 침팬지나 원숭이의 뇌보다 1퍼센트나 30퍼센트나 100퍼센트 정도 큰 것이 아니라, 무려 400퍼센트가 크다. 이들이 인간으로 진화하는 중간에는 뇌 크기도 중간 정도인 호미니드가 있었다. 호미니드가 지구를 정복하는 동안 언어 잠재력을 갖춘 뇌가 출현했을 것이다. 임계수준을 넘어 인간으로 탈바꿈한 폭발적인 순간이 있었는지는 알 수 없다.

반대로 양적으로 임계수준을 넘는 것만으로는 충분하지 않다는 주장도 있다. 양적인 팽창으로 질적인 변화가 일어났다는 학설에 반박하는 주장이다. 예를 들어 카이사르는 '루비콘' 강을 건넜기 때문에 결정적인 차이가 일어나 로마로 향하게 된 것이다. 마찬가지로 뇌에서 갑자기 새로운 설계가 나타났고, 새로운 회로와 구조에서 새로운 능력이 출현했기 때문에 호미니드에서 인간으로 탈바꿈할 수 있었다는 것이다. 이 주장이 설득력을 얻으려면 변화의 기제를 명확히 제시해야 한다. 그렇지 않으면 부작용 없이 암세포만 없애준다는 '마법의 탄환'처럼 수수께끼 같은 방법으로 효과를 낼 수 있다고 억지를 부리는 것과 같다. 설사 새로운 회로가 존재한다 해도 수수께끼 같기는 마찬가지이고, 회로가 작동하는 원리도 알 수 없을 것이다. 어느 쪽이든 명쾌히 설명되지 않았기 때문에, 증명할 수 있는 기제가 필요하다. 현재로서는 '임계수준' 가설과 '새로운 설계' 가설을 반증하거나 증명하거나 배제하기 어려우므로, 증명할 수 있는 기제가 발견될 때까지는 지금처럼 유지될 것이다.

뇌 발달에서 인지 발달까지

뇌의 진화 기록에는 끊어진 공백이 나타난다. 이 부분에 대한 명확한 설명이 필요하다. 인류의 뇌는 적어도 10만 년 전에 지금의 뇌 크기(혹은 우리보다 큰 보스콥인의 뇌 크기)에 이르렀다. 하지만 약 2만 년 전까지도 인간 고유의 행동 양식이 나타난 흔적은 없다. 이는 '새로운 설계' 가설보다 '임계수준' 가설에 더 큰 위협이 되는 사실이다. 임계수준 가설로 보면 훨씬 오래전에 인간 고유의 행동 양식이 나타난 흔적이 발견돼야 한다. 하지만 새로운 회로 가설에서는 최근의 미세한 변화에 의해 인간 고유의 뇌 회로가 나타났다고 설명하기 때문에, 화석에는 아무런 흔적이 남아 있지 않아도 된다.

태어날 때부터 혼자 동떨어져서 아무도 만나지 않고 말도 하지 않은 사람은 말하거나 읽을 수 없다. 불을 피우거나 집을 지을 줄도 모른다. 쉴 곳과 온기를 찾으면서도 집안에서 살고 옷을 입어야 한다는 생각조차 못할 것이다. 하물며 집이나 옷을 직접 만들 생각은 꿈도 못 꿀 것이다. 남들과 똑같은 뇌와 유전자를 타고 났지만 뇌와 유전자가 제 기능을 발휘하지 못할 것이다.

큰 뇌를 타고 난 인간이라도 혼자 떨어져 살며 무리를 이루지 못하면 다른 유인원과 다를 게 없다. 어느 누구든 뇌가 커서 나타나는 차이는 그다지 크지 않다. 뇌의 가장 중요한 용도는 수세대에 걸쳐 쌓여온 정보를 원활하게 전달하는 데 있다. '인간다움'이란 어릴 때부터 언어를 배우고, 옷을 입는 자잘한 일상에서부터 살 곳을 짓고, 탈 것을 만들고, 음식과 따뜻한 온기를 찾아다니고, 이런 방법을 후손에게 물려주는 데 이르기까지 갖가지 문화적 특성을 학습하는 데서 결정된다.

'인간 본성'은 어느 정도 문화적으로 결정된다. 인간은 태어날 때부터 집과 옷과 전화와 책을 아는 것이 아니다. 인간의 능력은 어느 날 갑자기 하늘에서 떨어진 것이 아니라 수백만 년에 거쳐 서서히 축적된 것이다. 문화를 체득하여 자손에게 전달하기는 쉽지만, 어떤 문화를 처음으로 창조하기까지 얼마나 걸릴지는 아무도 모른다. 바퀴를 발명하거나 불을 피우는 일 같은 '유레카'의 순간, 곧 순간적인 깨달음이 떠오르는 때도 있었을 것이다. 우연히 발견했지만, 그 순간 후손에게 전달할 만큼 유용하다는 사실을 알아보는 것이다.

인류가 발명품을 기반으로 문명을 건설하기까지 수만 년이 걸렸다면, 인간이 능력을 가지고 있으면서도 수만 년이 지난 다음에야 문자를 기록하고, 건축물을 짓고, 원시적인 수준을 뛰어넘는 도구를 발명하게 되었다 해도 놀랍지 않다. 보스콥인의 경우 아기의 머리가 커서 산모가 출산하다가 사망할 위험이 컸다면, 지능을 제대로 발휘할 수 있는 수준의 사회를 형성하지 못했을 수 있다.

인지에서 언어까지

뇌 영역이 처음에는 일반적인 기능을 갖추었다가 복잡한 자극을 처리하면서 점차 특수한 기능을 갖추게 되었다면, 모든 뇌 영역이 똑같은 구조에서 시작해서 회로 연결이나 경험에 의한 반복 학습을 통해 분화된 것이라고 말할 수 있을 것이다.

이와 관련된 사례가 설득력 있게 입증돼왔다. 피질에서 '방추형fusiform' 영역이라는 특정 영역은 다른 이미지보다 얼굴을 볼 때 선택적으로 반응한다. 성인의 뇌는 아동의 뇌보다 방추형 영역이 넓다. 아동 후기에서 성인기로 넘어가는 동안 이 영역이 세 배나 늘어난다. 연구에 의하면 아동의 뇌에서는 얼굴에 반응하는 영역이 일부만 존재하고 나중에 성인이 되면서 크기가 커진다. 아동의 뇌는 일부 핵심 영역만 얼굴에 선택적으로 반응하고 나머지는 선택적으로 반응하지 않는다. 대신 나머지 영역은 얼굴뿐 아니라 집이나 숟가락과 같은 다양한 시각 대상에도 반응한다. 성인의 뇌에서는 방추형 피질의 핵심 영역과 주변 영역을 포함한 넓은 영역이 얼굴에만 선택적으로 반응한다. 방추형 영역도 처음에는 여러 이미지에 반응했지만 점차 얼굴만 선택적으로 인식하는 특수한 영역으로 발달한 것이다. 이 영역에서는 일상에서 자주 보는 얼굴을 인식하고 이 영역으로 들어오는 연결 경로를 통해서 특수한 작업을 수행한다.

하지만 다른 면에서는 방추형 피질도 다른 피질과 다르지 않아 보인다. 언어 영역에 관한 연구처럼 방추형 피질에서 특수한 기능을 설명해주는 차이를 찾아내려는 연구가 진행되긴 하지만, 애초에 차이가 없을 가능성도 있다. 다시 말해서, 일반적인 피질이 특정 연결 경로에 위치한다는 이유로 특수한 기능을 전담하게 되었을 수 있다.

보다 포괄적인 질문을 하나 던져보자. 같은 유형의 장치를 늘리는 것만으로 언어능력과 같은 특수한 능력을 이끌어낼 수 있다면, 그것은 대체 어떤 장치일까? 보통은 수를 늘린다고 해서 처리할 수 있는 작업의 성격이 바뀌지는 않는 법인데, 대뇌피질은 양이 늘어나면서 새로운 기능이 발생하는 듯하다.

그런 의미에서 문법은 매우 독특한 구조다. 앞서 설명했듯이 문법은 '바꿔 쓰기 규칙'의 모음이다. 즉, 범주의 자리에 범주 구성원을 번갈아 넣어가며 범주의 배열을 바꿔 쓰는 것이다. 언어에 능력을 부여하고 한계를 규정하는 것이 바로 문법이다. 문법을 사용하여 유한한 단어 집합에서 문장과 같은 무한한 단어의 배열을 조합할 수 있다. 새로운 단어를 결합하면 새로운 문장을 만들 수 있다. 그러다보면 문법적으로는 온전하지만 무의미한 문장도 나올 수 있다. 촘스키 학파의 용어를 빌리자면 언어의 문법은 '생성적generative'이다. 다시 말해서, 무한히 문장을 만들어낼 수 있다. 생성적 속성은 다른 동물의 의사소통체계와 구별되는 언어 고유의 특징이다.

자주 거론되는 질문이 하나 있다. "인간 뇌에서 어떻게 생성적인 문법이 생기는가?" 뇌의 다른 부분들이 연결된 '하위'의 지각과 운동을 처리하는 영역에서 어떻게 언어 구조가 생기는지 명확히 알 수 없다.

이 책에서 제시하는 가설로 보면 이 질문의 방향이 바뀐다. 8장에서 설명했듯이 지각에서 시작해서 뇌에서 일어나는 대부분의 처리 과정에는 문법이 관련돼 있다. 따라서 인간 뇌가 어떻게 지각 문법에서 언어 문법으로 확장하느냐는 질문이 제기된다.

뇌에서는 특수한 '최전선' 회로가 각자 시각이나 청각 정보를 담당하지만, 나머지 영역에서는 이 정보를 피질 전체의 연합 영역에서 임의접근 방식으로 변환한다. 앞서 8장에서 연합 영역에서 감각 정보를 받아들이면서 문법을 구성한다고 설명했다. 여기서 문법이란 언어 문법이 아니라 시각, 청각과 같은 지각 대상의 문법 구조(계층적 범주의 배열)를 말한다. 이런 문법 구조를 더 많이 조직하고, 긴 뇌 경로를 따라 계층별로 처리하여 각 처리 지점에서 수정하면서 뇌의 정보 처리가 이루어지는 것이다.

따라서 뇌의 문법 구조는 입력 정보를 처리하고 새로운 출력 정보를 생성하는 데 쓰인다. 문법 구조는 계층마다 구성된 표상 구조의 규칙을 엄격히 준수한다. 다시 말해서, 8장에서 설명한 계층적 '범주의 배열'에는 언어 문법과 같은 생성적 속성이 있다. 이 속성은 입력 처리나 통계 처리만으로 이루어진 다른 기제에는 없다. 계층적 범주의 배열에 따라 문자열을 무한히 생성할 수 있고, 이렇게 생성된 문자열은 뇌의 문법에 부합한다.

뇌의 문법은 '문법의 원형이 되는 요소'(언어 구조의 내적 표상)를 생성하고, 마침내 모든 요소가 모여서 완전한 문법을 형성한다. 따라서 하나하나 만들어내는 것이 아니라 여러 요소가 통계적으로 조합되어 언어 문법과 유사한 규칙성이 나타나는 것이다. 문법의 원형 요소는 문법적 배열을 인식하고 생성하는 작업을 모두 충족시키는 규칙을 찾는다. 현재 실험을 통해 전형적인 언어 문법과 계층적 범주의 배열에서 생성된 문법의 원형 요소 사이의 공식적 관계를 밝히려 하고 있다.

학습 곡선

그밖에 학자들이 주목하는 언어의 특징이 있다. 어린아이가 아무런 어려움 없이 언어를 습득하는 현상이다. 일반적으로 성인이 외국어를 배울 때 겪어야 하는 까다로운 학습 과정에 비하면, 어린아이가 모국어를 습득하는 과정은 매우 쉬워 보인다.

모국어를 습득할 때는 정식교육이나 교재도 필요 없고, 누군가 가르쳐줄 필요도 없으며, 뭔가를 배우고 있다는 걸 자각하지 않아도 된다. 갓난아기는 주변에서 들리는 언어가 무엇이든지 처음에는 소리를 듣다가, 다음으로 단어와 구문을 습득하고, 나중에는 구조화된 언어를 습득한다. 어떻게 이런 학습이 일어나는지에 관한 논쟁이 뜨겁다.

다른 동물에게도 의사소통체계가 있다. 침팬지나 돌고래에게 단어와 단어의 관계를 가르칠 수도 있다. 이는 12개월에서 18개월 정도의 아기가 할 수 있는 의사소통 수준이다. 하지만 침팬지와 돌고래에게 언어를 가르치기란 쉬운 일이 아니다. 침팬지에게 언어를 가르치려면 고된 훈련 과정을 거쳐야 하지만, 어린아이는 언어를 손쉽게 흡수한다. 인간 이외의 동물에게 의사소통의 첫 단계를 습득시키면 다음 단계도 가르칠 수 있다고 믿던 때가 있다. 하지만 수십 년 동안 연구해본 결과, 침팬지든 원숭이든 돌고래든 아무리 훈련시켜도 인간이 두세 살이면 쉽게 습득하는 언어 구조를 끝내 학습하지 못했다.

언어학에서는 일찍부터 이런 차이를 확인했다. 그리고 인간의 언어와 동물의 의사소통체계를 가르는 차이로 보아, 인간의 뇌에 새로운 구조가 존재하는 것이 분명하다고 주장했다. 손과 꼬리가 다른 만큼 인간의 언어 구조는 침팬지의 의사소통 구조와 거리가 멀다. 앞에서 진화하면서 새로운 신체 구조가 나타나는 과정을 살펴보았다. 뇌에도 새로운 구조가 나타나지 말라는 법은 없지 않은가?

뇌에서 새로운 구조를 찾는 과정에서 특수한 세포에서 특수한 유전자까지 언어능력의 근간을 이루는 몇 가지 놀라운 가능성이 드러났다. 인간 뇌의 영역 사이의 유사성이 차이점보다 훨씬 크지만, 인간은 타고난 경향성으로 인해 정식 교육을 받지 않아도 모국어에 노출되는 것만으로 복잡한 언어 구조를 완벽하게 습득할 수 있다. 큰 뇌를 지닌 유기체에게 발음이라는 범주 배열(말하기)에 대한 내적 편향으로 인해 말소리의 조합이라는 범주 배열(단어)에 대한 편향이 나타난다고 보면, 지금껏 수없이 연구됐지만 아직도 정체가 파악되지 않은 타고난 언어능력의 특징을 부분적으로나마 이해할 수 있을 것이다.

달리 말하면, 인간의 뇌 경로는 사람의 말소리 배열을 전담하는 조립라인을 늘리는 방향으로 진화했다. 인간의 뇌에는 이미 긴 조립라인이 생성돼 있어서 정서(만족감, 경고, 두려움, 기쁨)를 알리는 소리를 선택적으로 처리하고, 소리와 연관된 정보(포식자, 먹이, 여러 가지 음식, 접근하거나 일정한 거리를 유지하는 방법)에 특별히 반응하게 되었다. 그리고 조립라인이 길어지면서 말소리의 범주가 입력되는 하위 처리 지점을 생성할 수 있었고, 여기에서 추가로 문법이 결합되는 것이다.

우리는 새로운 가설을 제기한다. 8장에서 설명했듯이 시상-피질 회로는 본래 배열과 범주를 생성하고 문법을 구성하는 곳이다. 다른 구조물에도 이 과정을 적용하려면 입력 정보를 받아서 처리하는 조립라인이 있어야 하고, 조립라인 안에는 입력 정보로 인해 계속 늘어나는 구조를 수용하기 위한 공간이 충분해야 한다. 뇌의 청각 경로가 발달하고 길어지면서 음성을 단어로,

단어를 구문으로, 구문을 문장으로 만드는 것이다.

대상과 동작을 표현하는 소리 단위인 단어를 처리하는 구조를 만들 때도 조립라인 하위 영역까지 넓게 처리된다. 뇌가 중간 크기인 동물의 뇌 경로는 단순한 의사소통이 가능한 길이다. 복잡한 단어의 배열을 구성하려면 뇌 연결 경로가 엄청나게 길어야 한다. 단어와 단어의 개념을 형성할 뿐만 아니라 그 이상으로 나아갈 정도의 길이가 필요하다. 단어는 문법적으로 구조화된 소리의 배열이고, 긴 구절과 문장은 문법적으로 구조화된 단어의 배열이다.

우리는 뇌의 문법을 컴퓨터처럼 분석하는 시상-피질 회로의 작용을 시작으로, 뇌 경로의 존재에 대한 가설에서 뇌가 커지면서 경로가 차별적으로 발달한다는 가설에 이르기까지 다양한 가설을 제시했다. 그리고 이를 바탕으로 언어의 기원에 관한 나름의 가설을 제기했다.

말하기에서 쓰기까지

앞서 살펴보았듯이, 읽기능력이 뛰어난 사람의 뇌는 특정 영역이 길고 단단한 조립라인에 연결되고, 읽기능력이 부족한 사람의 뇌는 조립라인의 연결이 느슨하거나 분산돼 있었다. 따라서 훨씬 긴 조립라인도 존재하고, 이런 조립라인은 진화에 의한 것이 아니라 문화적으로 연결된 듯하다. 읽기능력은 타고났거나 아무 노력 없이 저절로 얻어지는 능력이 아니다(말을 배울 때와 다르다). 읽기는 까다로운 학습 과정을 거쳐야 얻어지는 능력이기 때문에 저학년일수록 읽기교육을 중시하는 것이다.

9장에서 살펴보았듯이 읽기능력은 뇌 경로가 약간씩 다른 사람들을 구별하는 기준이 되기도 하다. 읽기능력이 뛰어난 사람은 읽기능력이 부족한 사람과 뇌 경로가 다르다. 읽기는 획득하기 어려운 능력이기 때문에 개인차가 가장 뚜렷하게 나타나는 뇌의 한 측면이다. 타고난 능력은 누구나 습득할 수 있지만, 그렇지 않은 능력은 특별히 그 능력을 처리하도록 진화한 영역을 사용하는 것이 아니기 때문에 끝내 획득하지 못하는 사람도 생긴다.

읽기에는 몇 가지 능력이 필요하다. 1) 말을 이해하는 능력. 2) (단어뿐 아니라 철자까지) 말소리 하나하나를 문자에 연결시키는 능력. 3) 문자의 배열이나 조합(그림문자)이 단어와 연결되는 것으로 인식하는 능력. 따라서 말을 언어로 받아들이는 조립라인이 있어야 하고, 출력 정보가 소리와 시각 정보(문자)를 연결하는 조립라인으로 전달돼야 하고, 문자로 단어를 구성할 수 있을 만큼 긴 조립라인이 새로 생성돼야 한다.

읽기능력은 진화의 가장 마지막 단계를 입증하는 증거가 될 수도 있다. 문자가 처음 발명된 1만 년에서 2만 년 전 사람들에게 글을 쓰는 일은 가장 어려운 과제였을 것이다. 갑작스럽게 '솎아내기' 과정이 나타났을 수 있다. 다시 말해서, 타고나지 않은 새로운 기능을 학습할 수 있는 사람은 배우자를 만나서 자식에게 유전자를 전달할 수 있지만, 새로운 기술을 학습하지 못한 사람들은 유전자 풀에서 서서히 밀려났을 것이다. 새로 늘어난 시각 경로는 이미 길어진 청각 경로의 끝에 '접목'돼 있다. 인간 뇌에서 비교적 최근에 선택적으로 변형된 부분일 것이다. 진화의 시기를 고려해보면 이런 변형 덕분에 다른 호미니드와 자원을 두고 경쟁을 벌일 때 유리했을 수 있다.

마지막으로 흔히 간과하는 요인이 있다. 바로 인간 모집단의 크기 문제다. 인간 진화의 중요한 시점에 인구가 매우 적다는 사실에 주목해야 한다. 최근 추산에 의하면 3만 년 전 유럽의 인구는 5000명 정도에 불과했다. 드넓은 대륙에 살던 인구가 그렇게 적은 걸 보면, 사회적 네트워크가 좁고 집단 간의 교류가 적었을 것이다. 말하자면 복잡한 인지 활동을 창출할 만한 공동체 교류가 없었을 것이다. 따라서 대뇌피질에서 서로 멀리 떨어진 연합 영역을 뇌 경로로 연결해서 활용해야 한다는 압박이 없었을 것이다. 그러다 인구가 늘어나기 시작하면서 사회 인지를 촉발할 정도로 사회적 교류가 활발해졌기 때문에 인간의 큰 뇌에 잠재된 기능 중 일부가 처음으로 발현될 수 있었을 것이다.

그럼 이제 보스콥인이 출현할 수 있었던 여러 정황을 종합해볼 수 있다.

방금 설명했듯이 보스콥인의 뇌 경로에 약간의 변이가 일어났을 것이다. 시각을 전담하는 경로가 길어지긴 했지만 인간만큼 제대로 연결되진 않았을 것이다. 다시 말해서, 말하기를 위한 긴 청각 경로가 긴 시각 경로와 연결되어 쓰기가 가능한 수준에 이르지는 못했을 것이다. 사실 같은 인간끼리도 뇌 경로의 차이로 인해서 읽기능력처럼 타고나지 않은 능력의 차이를 보이기도 한다. 보스콥인은 현생인류의 고립된 개인 사례에 가까웠을 것이다.

어쩌면 보스콥인이 뛰어난 언어능력을 바탕으로 문자를 사용할 수 있는 도구까지 갖추었지만, 역사가 길지 않아서 문자를 발명하고 사용할 정도의 문명을 이룩하지 못했을지도 모른다. 인간도 언어를 사용하기 시작하고 수만 년이 흐른 뒤에야 문자를 발명했다. 총이 없던 원시시대에는 문자보다는 다른 능력이 더 쓸모 있었고, 오직 생존을 위해서 강인하고 교활하고 비겁해져야 했을 것이다.

태아의 머리가 크면 출산할 때 심각한 문제를 야기한다. 인간은 아기를 낳다가 사망하는 비율이 매우 높다. 체격이 호리호리하고 머리가 큰 보스콥인의 출산 시 사망률은 우리보다 훨씬 심각했을 것이다. 이는 보스콥인의 인구가 늘어나지 않은 중요한 원인이었을 것이다. 보스콥인들은 작은 집단으로 번성했을지 몰라도, 문화가 폭넓게 팽창하거나 언어가 발달할 만큼 오랫동안 탄탄한 기반을 다지지 못했을 것이다.

인간의 이성이 폭력을 제어하는 지금도, 평화를 사랑하는 훌륭한 지도자가 아니라 악당의 지배를 받는 예가 적지 않다. 보스콥인은 호미니드 중에서 가장 똑똑하고 언어를 사용할 줄 알고 또 우리 인간과 어울려 살았다면 지혜로운 현자로 존경받았을지 모른다. 하지만 원시시대에는 지극히 취약한 존재였을 것이다. 지금이라면 지도자로 추앙받았을지 몰라도 문명이 탄생하기 이전인 1만 년 전 야만의 세계에서는 살아남기 힘들었을 것이다.

14

인간보다 우월한 그들

뇌와 슈퍼뇌

뇌 경로의 구조가 달라서 기능도 다르고 사고방식도 달라진다면, 그리고 보스콥인의 뇌 경로가 우리보다 더 길어지고 잘 통합돼 있었다면, 긴 조립라인으로 인해 어떤 새로운 기능이 출현할 수 있었을까?

긴 경로: '철저하게 생각하기'

9장과 13장에서 뇌 경로와 조립라인이 길어지면서 기억의 체계도 넓고 깊어진다고 설명했다. 충분한 점검과 가망 없는 방향을 폐기하면서, 어떤 계획을 실행에 옮기기 전에 결과를 미리 예측할 수 있다. 이는 일반적으로 우리로 하여금 더 철저하게 생각할 수 있게 만든다. 보스콥인의 뇌도 대뇌피질의 연결고리가 길고 조립라인이 길었다면 더 길고 복잡한 분류 사슬이 생성됐을 것이다. 어떤 방법을 선택하기 전에 미리 앞을 내다보고, 인간보다 더 철저하게 결과를 예측하며, 가능한 결과와 비용과 이득을 파악했을 것이다.

경로 가지치기: '연속적 의미의 자아'

길고 곧게 뻗은 조립라인 나름의 장점이 있는 만큼, 넓고 '무성한' 뇌 경로에도 나름의 장점이 있다. 이런 뇌 경로는 길지는 않지만 가지가 무성하다. 어느 한 시작점에서 여러 개의 경로가 뻗어나가면 과잉일반화의 오류가 줄어들고, 사건을 과도하게 범주에 묶지 않고 명확하게 저장할 수 있다. 따라서 오래된 기억도 훨씬 오랫동안 고스란히 남아 있게 된다. 이를 통해 우리 자신에 대한 개념이 형성된다. 그런데 과잉일반화로 인해 기억이 흐릿해지면 어린 시절의 자기에 대한 개념이 서서히 사라진다. 50세가 되면 더 이상 대학 시절의 자기와 정서적으로 연결되지 않는다. 한때는 기억 속에 존재했지만 더 이상 남지 않게 된다. 반면에 보스콥인의 뇌 경로가 넓은 부위까지 무성하게 뻗어 있다면 과거의 경험을 1차 기록으로 보존하고, 이 기록을 바탕으로 어린 시절의 자기를 회상하고 재구성할 수 있었을 것이다. 포크너는 "과거는 사라지지 않는다. 사실 과거라고 할 수도 없다"라는 말을 남겼다. 보스콥인은 일찍부터 이 말을 직접 체현한 존재였을지도 모른다.

뇌 경로의 교차: '이것과 약간 닮았군'

얼굴을 구별하는 조립라인, 목소리를 구별하는 조립라인, 표정을 분석하는 조립라인처럼 개별적인 조립라인이 여러 번 교차하다 보면 서로 비교하고 유추하는 능력이 향상된다. 흔히 새로운 개념을 설명할 때 기존 개념에 빗대어 설명한다. 비유를 통해서 낯선 사물의 특징을 쉽게 전달할 수 있다(예를 들어, 컴퓨터 프로그램을 개발하는 일은 자전거 조립과 유사하다). 옆으로 뻗어나간 경로가 많고 다른 조립라인과 자주 교차하는 조립라인일수록 기억의 체계도 넓고 풍성해진다. 이런 조립라인은 새로운 사건을 비유적으로 연결하여 이전 기억과 조금이라도 비슷한 부분이 있는지 찾아낸다. 보스콥인의 뇌 경로가 더 넓은 영역에서 자주 교차했다면, 대화 중에 다소 거슬릴지 모를 미사여구가 튀어나오고, 통찰력과 번뜩이는 지혜가 엿보일 것이다.

경로 끝의 지점들: '파이드루스의 칼'

기억을 연결시키려면 비유할 후보를 찾고 더 나아가 여러 후보 사이의 차이를 찾아야 한다. 조립라인이 길수록 기억에서 일치하고 불일치하는 모든 요소를 더 쉽게 찾아낼 수 있다. 피질의 처리 지점마다 범주가 형성될 수도 있고 분리될 수도 있다. 보스콥인의 조립라인이 길거나 자주 교차했다면, 짧은 조립라인에서는 쉽게 간과하는 미세한 차이를 찾아낼 수 있었을 것이다. 정치가로는 적합하지 않아도 법관으로는 훌륭한 자질을 갖춘 셈이다.

어찌됐든 그들은 죽고 우리는 살아남았다. 왜일까? 우리보다 뇌도 크고 사고력도 뛰어난 그들이 번성하지 못한 이유는 무엇일까? 우리로서는 이 질문에 답할 수 없다. 어쩌면 그들은 그것을 원하지 않았을지도 모른다. 어떤 계획의 결과가 자명할수록('철저하게 사고할수록'), 개인적 판단력의 편차가 줄어들 것이다. 뇌 경로의 수에 비해서 명확하고 지적인 경로는 훨씬 적다. 자유의지라는 환상은 인간이 불완전한(때로는 빈약한) 정보를 바탕으로 선택하게 만들기 때문에 모든 가능성을 제대로 판단하지 못해서 생긴 것이라는 말도 있다. 보스콥인은 세상이 정확히 어느 방향으로 향하는지 볼 수 있었기 때문에, 스스로 함정에 빠졌을지도 모른다. 어쩌면 훌륭한 뇌의 포로가 됐을지도 모른다.

뇌가 큰 사람들이 지구상에서 사라진 수수께끼를 속 시원하게 풀어주는 설명이 하나 더 있다. 기원전 1만 년에는 철저히 생각할 줄 아는 능력은 생존에 도움이 되는 가치가 아니었을 것이다. 문명의 미덕은 한 사람의 뇌에서 일어나는 기억과 작동의 원리를 뇌 이외의 곳, 즉 외부에 저장할 수 있게 된 데 있다. 인간의 뇌는 머릿속에 저장된 혹은 문화에 보존된 여러 가지 기억의 저장장치를 작동시키는 일종의 중앙처리장치다. 보스콥인은 문명이라는 외장 하드드라이브를 구축하지 못했기 때문에 거대한 피질에 담겨 있을 잠재력을 제대로 활용하지 못했다. 수천 년이나 앞서 살다간 탓이다.

새로운 경로, 새로운 인간

마음을 가로지르는 경로는 뇌의 해부학적 연결 경로에 의해 결정된다. 신호는 특정한 경로로만 흐를 수 있고, 기존 경로를 따라 목적지에 도달해야 한다. 앞서 설명했듯이 뇌 경로의 배열에 따라 개인의 취향과 재능이 결정된다. 다양한 경로 배열을 보유한 성공적인 유기체의 선례에 따라 경로 생성에 영향을 미치는 유전자가 선택될 것이다.

도서관에 비유해보자. 어떤 서가로 가는 통로는 다른 통로보다 자주 이용된다. 예를 들어, 도서관 이용자의 이동 경로를 추적해보면 서쪽 끝에 위치한 대중소설 서가로 연결된 통로에는 동쪽 끝에 위치한 정치학 서가로 연결된 통로보다 이용자가 자주 드나든다.

하지만 이 경로는 상황에 따라 바뀔 수 있다. 현실도피 풍조가 만연한 시대에는 소설을 많이 찾지만, 선거가 있는 해에는 정치학 서적을 많이 찾을 것이다.

특정 상황에 적합한 뇌 경로가 있다. '최적의' 경로였다가도 상황이 바뀌면 새로운 작업에 적합하지 않을 수 있다. 따라서 경로의 설계만 가지고는 최적인지 아닌지 알 수 없고, 어떤 결과가 나오느냐에 따라 최적인지 아닌지 알 수 있다. 하나의 설계는 특정 작업에만 최적이 된다. 따라서 목표나 기준이 주어지지 않는다면 최적이라는 말도 성립되지 않는다.

한 모집단에는 뇌 경로 배열이 조금씩 다른 다양한 개인과 하위집단이 포함되는 게 가장 유리할 것이다. 뇌 경로 배열이 다르면 다양한 작업을 처리하는 능력도 다를 수 있다. 따라서 모든 작업을 미리 정확하게 지정하지는 못해도, 다양한 뇌가 분포하면 같은 종류의 뇌만 모여 있는 집단보다 뛰어난 능력을 발휘할 수 있다.

뇌가 커지는 사이 유전자 변이가 일어나고 환경의 영향을 받으면서 뇌 경로 배열이 조금씩 바뀌었다. 그리고 지금으로부터 20만 년 전에서 1만 년 전 사이에 큰 뇌를 지닌 호미니드가 출현했다. 유전자에 미세한 변화만 일어나도 뇌 경로 배열이 쉽게 바뀌지만, 이런 변화가 인지능력과 선천적 경향성과 재능에 골고루 영향을 미치지는 않을 것이다.

뇌 경로 배열에 변화가 일어났다 해도 화석에 흔적을 남기지는 않았을 것이다. 그들의 행동에서도 취향과 선천적 경향성의 눈에 띄지 않을 정도의 변화로 나타났을 것이다. 그래도 뇌 경로 배열의 변화는 수많은 호미니드가 출현하는 사이 뇌 변화를 일으키는 주된 요인이었을 것이다.

인간으로 가는 마지막 길목

이달투인, 피시호크인, 스쿨인, 네안데르탈인, 보스콥인, 현대인처럼 뇌가 큰 인류가 출현하기까지 뇌 경로의 배열에 어떤 변화가 일어났을까?

앞에서 우리는 원시 포유류의 뇌가 발달하면서 뇌 경로가 후각회로에서 시작해서 청각회로로 이동했을 것이라고 설명했다. 원시 포유류는 몸집이 작은 야행성 동물이었기 때문에 후각과 같은 거리 감각이 필요했고 시각은 그다지 쓸모가 없었을 것이다. 이들의 습성에는 청각도 필요했다. 주위에서 나는 소리에 민감하게 반응하면서 소리를 인식하는 능력이 점차 향상됐을 것이다. 가장 원시적인 포유류의 뇌는 후각 영역으로 뒤덮여 있었을 것이라는 주장이 있다. 실제로 원시 포유류 중에 현재까지 남아 있는 바늘두더지, 마다가스카르고슴도치붙이, 고슴도치와 같은 동물의 뇌도 후각 영역이 발달했다. 후각 영역에서 이어지는 다음 단계인 시상-피질 영역의 청각계는 공룡이 멸종한 뒤 포유류가 세계로 퍼져나갈 수 있던 원동력이었을 것이다.

하지만 넓게 퍼져나간 결과 야행성에서 벗어나면서 갑자기 시각능력이 필요해졌다. 그리하여 시각계는 포유류의 진화에서 상대적으로 늦게 나타났지만 단시간에 가장 중요한 기관으로 자리 잡았다. 포식자든 희생자든 포유류는 모두 뇌가 커지면서 시각계가 발달한다. 원시 포유류는 머리 양쪽에 눈이 달려 있었지만, 뇌가 커지면서 두 눈이 머리 앞쪽으로 이동했다. 두 눈으로 들어온 시각 정보가 점차 복잡해지는 시각 영역에서 통합되어 한눈에 거리와 3차원의 깊이를 파악할 수 있게 되었다.

뇌가 커지는 동안 시각계도 끊임없이 변화한 듯하다. 그리하여 영장류가 처음 출현할 즈음에는 다른 동물보다 시각능력이 뛰어나고 시상-피질 회로의 시각 영역에 특수 구조물이 발달해 있었을 것이다.

그리고 시각 영역의 발달은 호모 속이 출현하면서 중단된 듯하다.

인간은 스스로도 시각능력이 뛰어나다고 믿는다. 사물을 시각적으로 생각하고, 시각적으로 비유하며, '지각하다'와 '보다'를 동의어로 이해한다. 하지만 사실 인간은 날 때부터 청각에 의존한다. 갓난아기는 태어나는 순간부터 소리를 듣고 소리에 귀를 기울이고 소리를 인식하고 모방하면서 성장한다. 인간의 학습은 대부분 언어로 전달된다. 여기서 언어란 청각언어, 곧 구어를 말한다. 물론 눈으로 보고 모방하고 시행착오를 거치면서 세계를 학습하기도 한다. 하지만 인간 고유의 특성 대부분은 말로 타인과 의사소통하면서 발달한다.

앞에서 우리는 인간 뇌의 각 영역이 연속적으로 발달됐을 것이라는 가설을 세웠다. 우선 파충류의 전신에서 후각기관이 발달했다가, 시상-피질에서 청각회로가 발생하고, 다음으로 시각 영역이 지배했다가, 다시 청각과 언어 사용 능력이 제일 중요한 기능으로 부각된다.

다른 호미니드에게는 이와는 다른 뇌 경로 배열이 나타났을 수 있다. 일례로 네안데르탈인의 두개골 모양은 인간과 다르다. 이마가 넓게 튀어나오지 않은 것으로 보아 전두대상피질이 발달하지 않은 듯하다. 대신 '후두부'가 커서 뇌 뒷부분이 약간 돌출했다. 뇌 경로 배열이 달라서 두개골 모양도 다른 듯하다. 뇌가 커지는 사이 각 영역이 비율에 맞게 커지는 통합 진화의 경향이 뚜렷하지만, 한편으로는 진화의 과정에서 우연히 나타난 변이가 생존에 도움이 되기도 한다. 네안데르탈인의 뇌에서 시각 경로가 넓은 영역에 걸쳐 여러 갈래로 뻗어 있었다면 시각적 차이를 정교하게 구분하고, 더 나아가 대상마다 다른 경로를 형성하여 특정 시각적 현상을 전담했을 것이다. 인간의 뇌에는 색과 움직임과 모양을 담당하는 영역과, 얼굴과 장소와 도구를 특수하게 처리하는 하위 영역이 있다. 마찬가지로 네안데르탈인의 뇌에도 손에 꼭 맞는 물체, 던질 수 있는 물체, 건물을 짓는 데 필요한 도구, 싸우는 데 필요한 무기처럼 지각 대상의 범주가 나뉘어 있고, 비스듬하게 다가오는 물체, 시각장의 주변으로 천천히 지나가는 물체처럼 운동을 중심으로 하는 범주가 있다. 네안데르탈인은 타고난 타자이거나 외야수, 혹은 천부적 재능을 지닌 화가이거나 영화 제작자였을 것이다.

보스콥인의 뇌 경로는 현생인류와 비슷했지만 계속해서 변이가 일어났을 것이다. 따라서 시대보다 수만 년이나 앞선 뛰어난 재능을 가지고 있었을 것이다. 시나 소설을 쓰거나 음악을 작곡하거나 야구를 할 줄 아는 보스콥인이 당시에는 이상하게 비춰졌을 테지만, 지금이라면 남다른 재능을 타고난 사람으로 인정받을 것이다.

유전자 조작으로 뇌 경로가 유난히 긴 사람이 나온다면 어떤 능력을 발휘할 수 있을까?

앞서 설명했듯이 새로운 뇌 영역이 자리 잡으면서 유인원의 단순한 상징 체계에서 인간의 복잡한 언어로 질적 발전이 일어날 수 있었다. 따라서 이런 질문이 제기된다. 자연스런 진화의 과정이든 인공적인 유전자 조작이든, 기존의 긴 뇌 경로가 늘어나거나 새로운 경로가 추가된다면 지금은 상상도 할 수 없는 새로운 기능이 나타나지 않을까? 나타난다면 어떤 기능일까?

큰 뇌에서 피질 내 경로의 변이는 사람마다 다르게 발생할 수 있다. 이는 크고 복잡한 뇌 구조를 연결하는 과정에서 임의로 나타난다. 뇌가 발달하는 사이 수십억 개의 뉴런이 성장하고 서로 경쟁하면서 목표를 향한다. 유전자 제어genetic control란 매우 복잡한 공정이다. 뉴런이 새로 생성되는 피질로 옮겨가는 시기를 결정하는 과정으로, 결과적으로 늘어나는 뉴런들 사이에 경쟁이 일어난다. 일시적인 호르몬 분비처럼 사소한 변화도 발달곡선에 영향을 미쳐 이후의 뇌 성숙에 직접적인 영향을 미칠 수 있다. 이처럼 유전자가 작용한 결과로 나타난 개인차는 진화나 유전자공학의 한계를 넘어서는 영역이다.

이처럼 유전자 제어의 정밀하지 못한 면은 비유를 통해 이해할 수 있다. 야구경기장에 많은 관중을 수용하는 예를 들어보자. 경기장을 설계한 건축가는 한 경기당 4만 명의 관중이 들어차리라고 예상하고 신중히 고려하여 출구의 위치를 배치했다. 하지만 K 구역 관중을 7번 출구로 내보내려 하지 않았다. 왜 그랬을까? 관중 수는 날마다 달라지고, 또 우연한 사건이 경기 결과에 영향을 미치기 때문이다(가령 야구팬 하나가 외야수의 경기력을 방해하기도 하고, 7회부터 관중이 슬슬 경기장을 빠져나가기도 한다). 경기장을 비우는 효율적인 방법은 관중끼리 대화해서 출구를 찾게 하는 것이다. 관람석에서 의사소통이 원활하게 이루어지면 위에서 일일이 설계할 필요가 없고 문제가 더 효율적으로 해결된다. 실제로 복잡한 체계를 연구하는 학문에서는 이런 상황에서 나올 수 있는 변이를 연구하고, 살아 있는 유기체에 적용된 예정된 설계의 한계를 연구해왔다.

발달 과정의 지엽적인 의사소통에서 개체가 성장하지 못할 것으로 간주한 결과 개체가 세상의 빛을 보지 못할 수도 있다. 이를테면, 몇 가지 유전자 제어로 인해 발달이 특정 방향으로 흐른다는 뜻이다. 따라서 특정 변이가 다른 변이보다 많이 나타날 수 있다. 앞서 지적했듯이 모든 변이가 무작위로 일어나는 것은 아니다. 귀가 셋이거나 입이 코 위에 붙었거나 촉수가 나는 것처럼 한 번도 발생한 적 없는 수백만 가지의 변이가 일어날 가능성은 없다. 변이는 범주로 묶인다. 따라서 다른 뇌를 구성할 때는 효력을 보이지 않는 조작도 있을 수 있고, 뇌의 발달과 유전적 제약에 의해 수많은 변이가 '채택되지' 않기도 한다.

유인원에서 인간으로 진화하는 동안 뇌가 커지면서 매우 유용하고 생성적 속성을 지닌 언어능력이 완전하게 발달했다면, 로봇과 같은 인공 뇌를 인간의 뇌와 같거나 더 크게 설계하면 같은 수준만큼 발달할 수 있을까?

과학소설에 자주 등장하는 이야기이긴 하지만 뇌 경로를 이해하고 뇌 경로가 현생인류 이전의 뇌에 언어능력을 부여하는 과정을 이해하면, 새로운 능력이 발현되는 미래의 모습을 그려볼 수도 있을 것이다.

변하기 쉬운 뇌

개는 온순하고 길들이기 쉽고 훈련시킬 수 있고 신의가 두터우며 인간의 오랜 친구이지만, 개가 늑대였던 시절에는 예측할 수 없고 영리하고 사납고 위험한 포식자였다. 늑대를 가축으로 길들이기까지 얼마나 걸렸는지를 두고 논쟁이 있어 왔다. 인간이 처음으로 늑대를 길들인 때는 언제였을까? 콜리와 푸들이 나오기까지 몇 세대에 걸쳐 선택교배selective breeding가 이루어졌을까?

인간과 늑대가 처음 만난 때로 돌아가 보자. 처음으로 친근하게 교류한 계기는 무엇이었을까? 늑대가 개라는 새로운 유전자 풀로 진화하기까지 어떤 단계를 거쳤을까? 최초의 늑대개는 어떤 모습이었을까? 개처럼 생겼을까? 처음부터 인간과 가까운 늑대와 덜 가까운 늑대가 존재했을까? 인간과 가까운 늑대에게서 나온 새끼도 인간과 가까웠을까? 아니면 새끼는 달랐을까? 개는 늑대보다 더 영리했을까? 덜 영리했을까?

이 질문의 답은 영원히 알아내지 못할 수도 있다. 하지만 최근까지도 이 질문에 관한 실험이 실시됐다. 구소련의 과학자 드미트리 벨랴예프Dmitry K. Belyaev는 1950년대 유전학과 동물의 품종개량에 관심을 가졌다. 구소련은 벨랴예프의 관심이 위험한 결과를 초래할 수 있다고 판단하여 연구를 방해했다. 벨랴예프는 시베리아 오지로 이주하여 터무니없어 보이는 야심찬 연구에 착수했다. 여우를 가축으로 길들이기로 작정한 것이다. 벨랴예프는 구소련 학술원의 시베리아 분과를 설립하고 여우 130마리(암컷 100마리, 수컷 30마리)를 모아 선택교배를 시작했다. 세대별로 가장 온순한 여우만 선택해서 교배했고, 따로 훈련하지는 않았다. 선택교배만이 유일한 조작이었다. 벨랴예프는 1959년부터 시작하여 1985년에 죽기 전까지 약 30세대에서 35세대에 걸쳐 4만 5000마리를 교배했다.

결과는 어땠을까? 새끼 여우가 생후 한 달이 될 때부터 검사를 실시했다. 실험자가 손으로 먹이를 주면서 쓰다듬으며 귀여워해주었다. 주춤하며 물러서거나 공격적으로 반응하면 3번 집단으로 보냈다. 쓰다듬어도 가만히 있긴 하지만 특별히 친근하게 다가오지 않으면 2번 집단에 넣었다. 그러면 1번 집단에 배정된 여우는 어땠을까? 1번 집단 여우는 유난히 친근한 반응을 보였다. 실험자의 주의를 끌려고 깽깽거리거나 실험자에게 다가와 코를 킁킁거리며 냄새를 맡고 혀로 핥는 등 개와 유사한 행동을 보였다. 꼬리를 흔들면서 사람의 손길을 갈망했다. 농장에서 달아났다가도 다시 돌아왔다. 달리 말하면, 개와 늑대가 다른 만큼 1번 집단 여우는 다른 여우와 달랐다.

벨리야예프는 30세대 만에 새로운 종을 만들어냈다.

새로운 종은 다른 여우와 어떻게 다를까? 우선 새끼를 훈련시키지 않았는데도 행동이 눈에 띄게 다르다. 뇌가 변형된 것이다. 유전자의 선택적 변이로 인해 나타난 차이다. 또 하나의 눈여겨 볼 부분은 신체 부위의 변화다. 보통 여우털은 회색이나 붉은색인데 반해 새로운 종은 털 색깔이 다르다. 여우와 달리 귀가 크고 축 늘어진다. 꼬리가 말리고, 몸과 얼굴에 흰색 반점이 있고, 다리가 약간 짧다.

새로운 종의 뇌에는 화학적 변화도 나타난다. 세로토닌과 같은 특정 신경전달물질 수준이 높다. 하지만 이들의 뇌 구조에 따른 행동의 차이나 뇌 경로의 차이에 관한 연구는 아직 이루어지지 않았다.

유전자 변이가 일어났다면 뇌 유전자에 변이가 일어났을까? 실험 과정에서 신체 유전자에 변이가 일어나 뇌 신경전달물질 수준에 2차적으로 영향을 미쳤을 가능성도 있다. 1번 집단 여우는 털 색깔, 귀 모양, 꼬리, 얼굴 반점과 같은 겉모습이 일반 여우와 다르다. 교배하면서 신체 여러 부위와 호르몬계의 발달을 제어하는 유전자 프로그램이 바뀌고, 그 결과 뇌의 성숙에 영향을 미쳤을 것이다. 앞으로도 새로운 여우의 뇌를 연구하지 못할 수 있다. 연구비가 줄어들어 연구자들이 장사를 시작했기 때문이다. 연구비를 모으려고 가축으로 길들인 여우를 팔기 시작한 것이다. 지금 이 순간에도 이들의 미래는 불투명하다.

벨랴예프의 실험은 교배를 통해 새롭고 뛰어난 뇌를 만들어내려는 오랜 연구의 역사를 단적으로 보여주는 예다. 1930년대에는 선택적 짝짓기 연구를 통해 미로 실험에서 높은 점수를 얻는 쥐가 만들어졌다. 그리고 뇌의 유전자 변형에 의한 결과라고 간주됐다. 하지만 정상 쥐를 몇 주 동안 복잡한 환경에 떨어뜨려놓기만 해도(DNA 코드를 변형하지 않는 실험) 비슷한 효과가 나타난다는 사실이 밝혀졌다. 영양, 호르몬, 혈액순환을 비롯한 수많은 변인이 뇌 유전자의 작용에 영향을 미치고, 모두 유전적 요인과 환경적 요인에 민감하게 반응한다. 앞서 설명했듯이 이 모든 연구에는 뇌 영역의 상대적 비율에 변화가 일어났다는 증거가 있어야 한다(11장 참조).

여우 실험에서는 교배를 통해 온순함을 끌어냈다. 하지만 교배를 통해 다른 어떤 특질을 끌어낼 수 있는지는 알 수 없다. 그리고 어떤 동물을 교배할 수 있는지도 알 수 없다.

인간을 넘어선 단계

지금이라도 당장 시작할 수 있다. 우선 독특한 유전자를 공유하는 사람들의 집단을 찾는다. 가령 아스퍼거 증후군 환자 중에서 고기능 집단을 선택할 수 있다. 이들의 뇌 경로는 거대한 컴퓨터 프로그램을 개발하는 비상한 능력을 보여주곤 한다(자폐증과 아스퍼거 증후군 연구에서 알아낸 사실이다). 이들은 결혼해서 아이를 낳을 것이다 인터넷이 연결된 외딴 선에서 사람들과 접촉하지 않고 계속 프로그램을 개발할 수도 있다.

여기서 새로운 종이 나올 수 있다. 남다른 특질을 공유하는 사람들이 자기들끼리 자식을 낳고 스스로 고립되는 것이다. 3장과 10장에서 설명했듯이 어떤 하위 집단이 '새로운 종'으로 분화하는 과정, 다시 말해서 별개의 종으로 떨어져 나와 이전 종과 교배할 수 없게 되는 과정에 관해서는 정확히 알 수 없다. 하지만 이 고립된 사람들이 여러 세대를 거치면서 별개의 종으로 분화할 수 있다. 즉, 인류에서 떨어져 나가 다른 진화의 과정에 따라 독자적으로 유전자 변이를 일으킬 수 있다.

물론 이런 일은 일어나지 않을 것이다. 하지만 다른 가능성은 있다.

인공적으로 유전자 변이를 조작하는 방법이다. (바람직하지는 않겠지만) '유전자 치료'와 같은 방법을 통해 인간의 유전자를 변형하는 것이 가능하다. 유전자 치료란 특정 질병에 걸리기 쉬운 유전자를 변형하는 치료법이다. 그러다 결국 유전자 변형으로 인해 다른 집단 사람들과는 자식을 낳지 못하고 자기들끼리만 자식을 낳을 수 있게 되지 말란 법도 없다. 유전자 조작으로 컴퓨터 프로그램을 개발하거나 음악을 작곡하거나 아주 많은 기억을 처리하는 뇌 경로 배열을 만들어낼 수도 있다.

유전자 조작을 적극 옹호하는 사람들도 있다. '엑스트로피언extropian'이나 '트랜스휴머니스트transhumanists' 같은 사람들이 그러한데, 이들은 전부터 인간의 수명을 연장하고 능력의 한계를 뛰어넘기 위한 변이를 장려해왔다.

유전자 조작은 '초인' 한 사람을 만드는 데 이용되는 것이 아니라, 다양한 뇌 경로를 연결해서 원하는 목적에 따라 다양한 개인을 만드는 데 이용될 것이다. 뇌 경로가 다양해지도록 뇌의 성장을 촉진할 수 있다면, 다시 말해서 지금 우리가 가지고 있지 않은 더 길고 새로운 뇌 경로나 경로의 조합을 만들어낼 수 있다면, 지금의 능력에 깊이와 복잡성을 더해서 전혀 예상치 못한 새로운 능력과 새로운 특수한 기능과 새로운 통찰을 얻을 수 있을 것이다.

아스퍼거 변이는 피질 발달에 영향을 주어 고급 컴퓨터 프로그래밍 기술을 훨씬 능가하는 능력을 끌어낼 수 있다. 일반적으로 이미 알려진 유전자 변이를 인간 모집단에 적용하려는 시도로 인해 부수적인 변이가 무한히 일어날 수도 있다. 하지만 현재 시냅스에서 기억을 암호화할 때 활용하는 개별 장치에도 유전자 변형이 적용된다. 아직 실험실 동물에만 적용되고 있지만 부작용 없이 선택적으로 작용하고 효과적이기까지 한 결과가 나왔다. 가령 어떤 동물의 뇌에서 학습에 매우 중요한 단백질 하나를 변형하면 일상생활은 정상적으로 유지하면서 아주 뛰어난 지능을 발휘하게 된다. 동물이든 인간이든 별다른 부작용 없이 빠르게 학습하도록 도와주는 유전자가 있다면, 과학적 연구를 통해 그 유전자를 찾아낼 수 있을 것이다. 미래에는 이런 세상이 우리 앞에 펼쳐질 것이다. 이는 일상을 잠시 잊고 지금 당장 고민해볼만하다. 비록 초보적인 형태이긴 하지만 지금도 연구가 이루어지고 있다. 다만 유전자 조작이 아니라 화학물질을 조작하는 방법이다. 시냅스에 관한 유전자 연구는 복잡한 시냅스 학습 구조를 밝혀낸 뇌과학의 엄청난 연구 성과를 바탕으로 한다. 또 DNA 연구자의 주요 관심사인 단백질 변형 약물을 찾아내는 약학적 연구 성과도 시냅스 연구의 중요한 기반이다. 정보를 수집하고 조합하고 부호화하는 뇌 기능을 선택적으로 향상시키는 약물이 이미 시중에 나와 있다. 그 효과는 수많은 쥐, 원숭이, 그리고 인간에게서 검증됐다.

보스콥인의 큰 뇌에 비유하면 두 방법의 차이를 확실히 알 수 있다. 새 약물은 피질뉴런 사이의 소통을 활발하게 만들고, 이는 여러 영역에 걸쳐 넓게 조직되고 다른 영역으로 이어진 경로를 찾을 수 있게 하여, 사고의 기초가 되는 조립라인을 쉽게 구축할 수 있도록 돕는다. 보스콥인은 뉴런이 많고 수상돌기가 길어서 뉴런 사이의 소통이 원활했을 것이다. 새 약물은 이처럼 뇌의 여러 경로를 통해 효과를 볼 수 있다. 그리고 뇌 성장 유전자를 활성화시켜, 나이가 들면서 뇌 전체의 크기는 그대로지만 뉴런이 손상되고 찢기는 과정을 늦추는 약물도 개발됐다. 보스콥인은 뇌가 크고 기억 용량도 컸다. 뇌의 성장 활동이 활발하기 때문에 중년이 한참 지난 뒤에도 원래의 기억 용량을 상당부분 그대로 유지할 수 있었을 것이다. 어쩌면 보스콥인과 같은 인류를 다시 만들어낼 수 있을지도 모른다. 새로운 보스콥인은 여러 측면에서 인간보다 똑똑할 것은 물론, 방금 설명했듯이 우리보다 훨씬 다양한 영역에서 극단적으로 뛰어난 능력을 보여줄 수도 있을 것이다.

　보스콥인 시대는 지금보다 평화로웠다. 그들을 멸종시킨 장본인은 바로 우리 인간이었을지도 모른다. 토착민보다 지능이 떨어지는 외부인이 토착민을 침략해서 멸종시킨 예가 없지는 않기 때문이다. 410년 서고트족의 알라리크가 로마의 문전에 들이닥친 일도 있고, 15세기에 유럽이 아메리카 대륙으로 몰려간 예도 있다. 적절한 방어 능력을 갖추지 못한 채 압도적인 숫자에 밀려서 우월한 재능이 빛을 발하지 못한 것이다. 하지만 비교적 공정한 경쟁의 장이 마련된 현대와 미래는 신-보스콥인을 반가운 손님으로 맞이할 수 있을 것이다. 물론 배타주의나 전체주의, 광신주의나 테러리즘을 신봉하는 사람들은 새로운 손님을 원하지 않을 것이다. 반면에 포용과 지성과 다양성을 환영하는 사람들은 손님을 환영할 것이다. 어쩌면 신-보스콥인은 오케스트라 지휘자나 야구 타자나 조류학자로서 우리보다 뛰어난 능력을 갖추었을지도 모른다. 이번에는 멸종하지 않고 살아남을지도 모르고, 그래서 우리에게 지식을 전해줄 수도 있다.

　어찌됐든 보스콥인은 사라졌다. 알면 알수록 그들이 더 그립다. 그들은 서서히 소멸했을 것이다. 태아의 두개골이 커서 출산할 때 애를 먹었고, 그 결과 작은 머리를 선호하는 집단 내 압력이 항상 존재했을 것이다. 사실 지금도 인류의 신생아 사망률이 높은 이유는 태아의 머리가 큰 탓이다. 진화적으로 작은 머리에 대한 압박이 있던 상황에서 머리가 작은 사람들이 유입되고, 이들과 교배가 가능해지면서 남아프리카 인구 중 보스콥인 유전자를 보유한 인구가 점차 줄어들었을 것이다.

　게다가 다들 알다시피 인류 역사의 대부분은 야만의 시대였다. 대량학살과 억압은 원시적이지만, 학교에서 호스피스에 이르기까지 현대적인 사회조직은 계몽적이다. 우리는 미래가 원시시대보다 계몽으로 향할 것이라고 믿고 싶어 한다. 학습과 고귀함이 문명의 상징이라면, 인간의 뇌는 이미 크긴 하지만 원시 상태로 돌아가려는 경향성을 뿌리치고 계속해서 커지려고 할 것이다. 앞서 제시했듯이 불가사의한 문명을 이루었던 보스콥인은 야만적인 우리 인류의 조상에 맞서 싸우지 못했다. 하지만 만약 현대에 다시 살아난다면 우리 시대의 지도자가 될 수 있을 것이다.

　보스콥인의 흔적과 유별난 성향이 세계의 구석진 곳에 아직 남아 있을지도 모른다. 체질인류학에서는 현존하는 부시먼족Bushman에게 보스콥인의 특징이 보인다면서, 멀지 않은 과거에 마지막 보스콥인이 먼지 날리는 트란스발(남아프리카공화국 북동부의 주) 언저리를 거닐었을지도 모른다는 가능성을 제기했다. 10장에서 지적했듯이 몇 가지 유전자는 한 모집단 주변에 머물거나 이종교배를 통해 주변 모집단으로 섞여 들어가기도 한다. 이런 유전자는 모집단 전체에 정착하지도 않고 유전자 풀에서 완전히 제거되지도 않은 채 모집단 언저리에 머문다.

　보스콥인이 처음 발견된 지점으로부터 16km 정도 떨어진 곳에서 추가 발굴 시도가 있었다. 발굴단장은 다름 아닌 지칠 줄 모르는 열정의 소유자, 피츠사이먼즈 박물관장이었다. 그는 그 전에 발견된 화석이 무엇인지 알고 두개골을 더 찾아내려고 혈안이 되어 있었다. 새 발굴 현장에서 뜻밖의 놀라운 구조물이 나왔다. 그것은 수만 년 전의 공동 거주지로 보였다. 돌덩이와 유골 파편이 쌓인 곳에 일반적인 인간의 유골이 약식으로 매장되어 있었다. 그런데 발굴 현장 한쪽 공터에는 공들여 쌓은 듯 보이는 무덤 하나가 있었다. 한 사람을 위한 무덤, 아마도 지도자나 현자의 무덤이었을 것이다. 무덤 주인의 유골은 해가 뜨는 쪽을 향해 누워 있었다. 차분하게 누운 모습은 어느 하나 특별한 구석이 없었지만…… 다만 두개골이 거대했다.

부록

큰 뇌는 중요한 주제다. 주석과 참고문헌만 열거해도 수백 쪽이 넘는다. 여기서는 가장 중요한 자료만 선별해서 소개하고자 한다. 새로운 두개골이 발굴된 후, 맨 먼저 발표되어 해당 분야에서 자주 거론되는 자료나 기존 학설과 다른 새로운 관점을 제시하는 자료만 소개한다.

1장

뇌는 주로 부피cc와 무게g로 측정한다. 물을 측정하는 단위와 동일하다. 뇌는 물과 밀도가 비슷하다. 다음 표는 충실한 연구가 이루어진 호미니드의 두개골이다. 모두 현대인의 평균인 1350cc보다 크다. 이 목록은 두개골의 추정 연도순(맨 오른쪽 열)으로 정렬한 것이다. 약 15만 년 전의 이달투도 두개골 크기가 이미 초인 수준이었다. 두개골은 현대에 가까워질수록 커져서 지난 1만 5000년 동안 남아프리카의 피시호크, 퇸플라스, 보스콥처럼 두개골이 거대해졌다. 모두 이마가 넓고 튀어나왔으며 턱과 얼굴이 상대적으로 작아서 인간과 매우 흡사하다.

이름	위치	크기(cc)	연대(천 년)
이달투	에티오피아	1450	150
오모 II	에티오피아	1435	130
싱가	수단, 싱가	1550	130
스쿨 V	이스라엘, 카멜산	1520	115
스쿨 IV, IX	이스라엘, 카멜산	1590	115
카프제 6	이스라엘, 나사렛	1565	95
카프제 9	이스라엘, 나사렛	1508	90
보더 케이브	남아프리카, 나탈	1510	75
크로마뇽 1	프랑스, 도르도뉴	1600+	30
브르노 1	체코, 브르노	1600	25
피시호크	남아프리카, 스킬더갓	1600	12
베이징	중국	1500	10
와자크인	인도네시아, 자바	1550	10
튄플라스	남아프리카, 프레토리아	1590	?
보스콥	남아프리카, 트란스발	1717+	?

(참고로, 네안데르탈 유형 중에서 유난히 큰 두개골 두 종류는 아래와 같다.)

샤니다르	이라크, 자그로스	1600	60
아무드	와디 아무드, 이스라엘	1740	45

● 인간과 호미니드의 두개골을 일목요연하게 정리한 책

Schwartz J, Tattersall I (2003). *The Human Fossil Record*, Vols 1~4. Wiley.

● 보스콥인에 관한 문헌

FitzSimons FW (1915), "Palaeolithic man in South Africa", *Nature*, 95: 615~616.

Broom R (1918), "The Evidence Afforded by the Boskop Skull of a New Species of Primitive Man (Homo Capensis)", *Anthropological Papers of the American Museum of Natural History*, 23: 65~79.

Galloway A (1937), "The Characteristics of the Skull of the Boskop Physical Type", *American Journal of Physical Anthropology*, 32: 31~47.

Pycraft W (1925), "On the Calvaria Found at Boskop, Transvaal, in 1913, and Its Relationship to Cromagnard and Negroid Skulls", *Journal of the Royal Anthropological Institute of Great Britain and Ireland*, 55: 179~198.

Tobias P (1985), "History of Physical Anthropology in Southern Africa", *Yearbook of Physical Anthropology*, 28: 1~52.

Haughton S (1917), "Preliminary note on the ancient human skull remains from the Transvaal", *Transactions of the Royal Society of South Africa*, 6: 1~14.

Dart R (1923), "Boskop remains from the south-east African coast", *Nature*, 112: 623~625.

Dart R (1940), "Recent discoveries bearing on human history in southern Africa", *Journal of the Royal Anthropological Institute of Great Britain and Ireland*, 70: 13~27.

인간 외에도 간단한 도구를 만들고 집을 짓는 동물이 꽤 있다. 특히 침팬지와 같은 유인원이나 까마귀와 같은 조류, 비버와 같은 포유류가 그렇다. 하지만 특별한 용도로 쓰이는 도구나 차별화된 주거공간, 혹은 그밖에 특이한 발명품을 만들어낸 동물은 없다. 침팬지를 비롯한 일부 동물이 문화적 정보를 다음 세대로 전달한다는 주장이 있다. 놀라운 능력이기는 하지만 언어로 정보를 전달하는 인간의 능력에는 크게 못 미친다.

고래과의 포유류는 뇌가 크기 때문에 다른 동물에 비해 상대적으로 지능이 높을 수 있다. 이 문제는 흥미로운 주제이므로 추후에 왕성한 연구가 이루어질 것이다.

2장

● 1956년 제1회 다트머스 회의를 기념하는 50주년 행사에 관한 자료

http://www.dartmouth.edu/~ai50/

계산과학의 목적은 현상을 철저히 파악해서 그대로 재현하는 데 있다. 이는 매카시 이론의 바탕이기도 하다. 유명한 물리학자 리처드 파인먼Richard Feynman도 같은 맥락에서 이론을 전개했다. 파인먼은 1988년 죽기 직전에 칠판에 이렇게 적어놓았다.

"창조할 수 없는 것은 이해할 수 없다."(Hawking, S (2001), The Universe in a Nutshell, Bantam, p.83. [스티븐 호킹, 김동광 옮김, 《호두껍질 속의 우주》, 까치글방, 2001.])

● 후각계를 중심으로 뇌 회로를 컴퓨터 분석한 연구에 관한 초기 문헌

Ambros-Ingerson J, Granger R, Lynch G (1990). "Simulation of paleocortex performs hierarchical clustering", *Science*, 247: 1344~1348.

Granger R, Staubli U, Powers H, Otto T, Ambros-Ingerson J, Lynch G (1991). "Behavioral tests of a prediction from a cortical network simulation", *Psychological Science*, 2: 116~118.

McCollum J, Larson J, Otto T, Schottler F, Granger R, Lynch G (1991), "Short-latency single-unit processing in olfactory cortex", *Journal of Cognitive Neuroscience*, 3: 293~299.

- 1921년 프라하에서 처음 무대에 오른 카렐 차페크의 희곡

  Capek K (1920), *RUR: Rossum's Universal Robots*(*Rossumovi Univerzalni Roboti*). [카렐 차페크, 김희숙 옮김, 《로섬의 만능로봇》, 길, 2002.]

- 뇌 구조에 기반을 둔 새로운 비노이만형 컴퓨터 설계를 설명하는 최신 문헌

  Furlong J, Felch A, Nageswaran J, Dutt N, Nicolau A, Veidenbaum A, Chandreshekar A, Granger R (2007), "Novel brain-derived algorithms scale linearly with number of processing elements", *Proceedings of the International Conference on Parallel Computing*, (parco.org) 2007.

  Moorkanikara J, Chandrashekar A, Felch A, Furlong J, Dutt N, Nicolau A, Veidenbaum A, Granger R (2007), "Accelerating brain circuit simulations of object recognition with a Sony PlayStation 3", *International Workshop on Innovative Architectures* (IWIA). 자세한 정보는 brainengineering.org에서 찾아볼 수 있다.

3장

- 숀 캐럴이 유전자의 진화와 발달에 관해 명확히 소개한 책

  Carroll S (2005), *Endless forms most beautiful: The new science of evo devo and the making of the animal kingdom*, NY: WW Norton. [션 B. 캐럴, 김영남 옮김, 《이보디보, 생명의 블랙박스를 열다》, 지호, 2007.]

- 뇌의 유전적 기초를 훌륭하게 소개한 책

  Marcus G (2004), *The birth of the mind: How a tiny number of genes creates the complexities of human thought*, NY: Basic Books. [개리 마커스, 김영남 옮김, 《마음이 태어나는 곳》, 해나무, 2005.]

- 닐스 엘드리지와 스티븐 제이 굴드가 단속평형설을 소개한 문헌

  Eldredge N, Gould S (1972), "Punctuated equilibria: an alternative to phyletic gradualism", *Models In Paleobiology* (Ed. by T. J. M. Schopf), Freeman Cooper.

- 스티븐 제이 굴드가 버제스 셰일에 관해 쓴 책

  Gould SJ (1990), *Wonderful life: The Burgess Shale and the nature of history*, NY: WW Norton. [스티븐 제이 굴드, 김동광 옮김, 《생명, 그 경이로움에 대하여》, 경문북스, 2004.]

인간(과 다른 동물)의 특징 중 몇 가지는 특정 과제를 잘 수행하도록 최적화된 듯하다(Changizi M (2003), The brain from 25,000 feet, Springer). 앞서 언급했듯이 최적화는 일반적인 현상이 아니다. 하나의 기제는 하나의 목적에만 최적화된다. 신체 부위는 다양한 과제를 수행한다(예를 들어, 손은 쥐기도 하고 기어오르기도 하고 때리기도 하고 손질하기도 하고 던지기도 한다. 성교와 방뇨를 동시에 수행하는 기관도 있다. 혈액과 림프액이 순환하는 통로는 다르다). 따라서 여러 작업을 수행하는 대신 어느 한 작업에서는 최적화 수준에 미치지 못하는 정도로 타협할 수 있다.

- 해마에서 성인이 될 때까지 뉴런이 성장하는 사실을 소개한 문헌

  Gage F (2002), "Neurogenesis in the adult brain" *Journal of Neuroscience*, 22: 612~613.

- 신피질 뉴런도 성장한다는 주장을 담은 문헌

  Gould E, Reeves A, Graziano S, Gross C (1999), "Neurogenesis in the Neocortex of Adult Primates", *Science*, 286: 548~552.

- 이 보고의 타당성에 의문을 제기한 논문

  Kornack D, Rakic P (2000), "Cell proliferation without neurogenesis in adult primate neocortex", *Science*, 294: 2127~2130.

- 성인 신피질에는 유년 초기 발달한 뉴런밖에 없다는 것을 밝힌 문헌

  Bhardwaj R, Curtis M, Spalding K, Buchholz B, Fink D, Bjork-Eriksson T, Nordborg C, Gage F, Druid H, Eriksson P, Frise J (2006), "Neocortical neurogenesis in humans is restricted to development", *Proceedings of the National Academy of Sciences*, 103: 12564~12568.

이 놀라운 실험은 자세히 소개할 필요가 있다. 뇌에서 뉴런이 새로 생성되는지 아닌지 어떻게 알겠는가? 기발한 실험 방법을 개발할 수 있다. 사람의 뇌에서 뉴런이 처음 생성될 때 영구 보존되는 방사능 꼬리표를 붙여놓고 성인기 내내 기다린 다음, 그 사람이 죽은 뒤에 신피질뉴런 수백만 개를 확인하여 꼬리표가 없는 뉴런을 찾아내는 것이다. 꼬리표가 없는 뉴런은 뇌보다 늦게 생성되어 유아기 이후에 생성됐다는 뜻이다. 라탄 바드웨이Ratan Bhardwaj를 비롯한 연구자들은 바로 이 실험을 실시했다. 핵폭탄에 의해 탄소 방사능 동위 원소, 탄소14가 생성된다. 이 대부분은 1940년대와 1950년대에 검증됐다. 대기 중이나 음식이나 사람의 탄소14 수준은 정확하게 측정할 수 있고, 해마다 눈에 띄게 바뀐다. 따라서 세포의 탄소14의 수준을 측정하여 세포의 '생일'을 정확하게 알아낼 수 있다. 스웨덴 스톡홀름에 위치한 카롤린스카연구소의 라탄 바드웨이 연구팀은 다른 연구소와 함께 연령을 아는 일곱 사람의 뇌에서 피질뉴런 수백만 개를 측정했다. 결론적으로 말해서 뉴런 중에서 피험자의 연령보다 어린 뉴런은 없었다. 유년기 이후에 신피질에서 새로 생

성된 뉴런은 없었다는 뜻이다.

● 인간 게놈의 변이에 관한 논문

Redon R, Ishikawa S, Fitch K, Feuk L, and 39 additional authors (2006), "Global variation in copy number in the human genome", *Nature*, 444: 444~454.

4장

● 신경과학의 기초지식에 관한 문헌

Kandel E, Schwartz J, Jessell T (2000), *Principles of neural science*, 4th ed., NY: McGraw-Hill.

Swanson L (2002), *Brain Architecture: Understanding the basic plan*, Oxford University Press.

Jerison H (1974), *Evolution of the Brain and Intelligence*, Academic Press.

Shelley M (1818), *Frankenstein, Or, the modern Prometheus*, London: Lackington Hughes. [메리 셸리, 임종기 옮김, 《프랑켄슈타인》, 문예출판사, 2008.]

● 신피질의 규칙성에 관한 문헌

Rockel AJ, Hiorns RW, Powell TP (1980), *The basic uniformity in structure of the neocortex*, Brain 103: 221~244.

Swanson L (2002), *Brain Architecture: Understanding the basic plan*. Oxford University Press.

5장

● 뇌의 진화에 관한 깊이 있고 읽기 쉬운 과학적 고찰이 담긴 문헌

Striedter G (2005), *Principles of Brain Evolution*, Sinauer Associates.

● 정밀도가 낮은 뇌 구조가 고도로 정밀한 기능을 수행하는 현상을 설명한 문헌

Granger R (2005), "Brain circuit implementation: High-precision computation from low-precision components", *Toward Replacement Parts for the Brain* (T. Berger, D. Glanzman, Eds.) MIT Press, pp. 277~294.

Granger R (2006), "Engines of the brain: The computational instruction set of human cognition", *AI Magazine* 27: 15~32.

● 시냅스 변화와 장기 시냅스 강화에 관한 문헌.

Baudry M, Davis J, Thompson R (1999), *Advances in synaptic plasticity*, MIT Press.

Bliss T, Collingridge G (1993), "A synaptic model of memory: Long-term potentiation in the hippocampus", *Nature*, 361: 31~39.

6장

● 선조체를 이식해서 투우장에서 황소를 조종하는 연구와 편도체를 이식해서 정서를 제어하는 연구에 관한 문헌

Delgado J (1969), *Physical control of the mind: Toward a pscyhocivilized society*, Harper & Row

Crichton M. (1972), *The Terminal Man*, A.Knopf. [마이클 클라이튼, 정성호 옮김, 《터미널 맨》, 서적포, 1992.]

● 간질환자 헨리가 뇌수술 후 기억 손상을 보인 사례를 보고한 최초의 논문

Scoville W, Milner B (1957), "Loss of recent memory after bilateral hippocarnpal lesions", *Journal of Neurology, Neurosurgery, and Psychiatry*, 20: 11~21.

- 윌리엄 제임스가 아동이 지각하는 외부세계를 "화려하고 소란스러운 혼란"이라고 표현한 문헌

  James W (1890), *The Principles of Psychology*, Boston: Henry Holt. (p. 462)

- 조류의 뇌를 구성하는 거의 모든 1차 구조의 명칭을 변경한 최근 문헌

  Reiner et al. (2004), "Revised nomenclature for avian telencephalon and some related brainstem nuclei", *The Journal of Comparative Neurology*, 473: 377~414.

- 뇌에 관한 발생학적 통합 연구

  Szentagothai J (1975), "The 'module-concept' in cerebral cortex architecture", *Brain Research*, 95:475~496.

  Valverde F (2002), "Structure of the cerebral cortex. Intrinsic organization and comparative analysis of the neocortex", *Revista de Neurologia*, 34: 758~780.

  Sherrington C (1906), *The integrative action of the nervous system*, NY: Scribner.

- 후각과 피질의 진화에 관한 문헌

  Lynch G (1986), *Synapses, circuits and the beginnings of memory*, MIT Press.

  Aboitiz F, Morales D, Montiela J (2003), "The evolutionary origin of the mammalian isocortex: Towards an integrated developmental and functional approach", *Behavioral and Brain Sciences*, 26: 535~586.

7장

인간 전뇌의 근간을 이루는 원시 포유류 뇌의 부산물, 진뇌가 인간의 행동에 미치는 영향, 주요 활성화 약물이 전뇌에 미치는 영향에 관해 다양한 연구가 이루어졌다.

영국의 유명한 신경학자 존 휴링스 잭슨John Hughlings Jackson은 19세기 말에 갑자기 이상한 움직임과 행동이 나타나는 간질 발작을 연구했다. 그리고 간질은 피질이 '억제'되고 피질의 통제를 받던 뇌 하위 영역이 분출하면서 나타나는 증상이라고 결론을 내렸다. 뇌가 팽창하고 피질이 불규칙적으로 늘어나면서 작은 뇌의 피질하부 영역에서 관장하던 기능을 점차 피질에서 관장하게 된 듯하다. 쥐의 운동피질은 손상돼도 운동 관련 문제를 찾아내기 어렵지만, 인간 뇌에서 같은 손상이 일어나면 그 부분이 마비된다. 마찬가지로 쥐는 시각피질이 없어도 계속 볼 수 있지만, 인간의 뇌에서 시각피질이 손상되면 앞을 보지 못한다. 결국 피질이 클수록 피질에 완전히 의존하는 듯하다.

- 잭슨의 연구에 관한 책

Jackson JH (1925), *Neurological fragments*, London: Oxford University Press.

Critchley M, Critchley E (1999), *John Hughlings Jackson*, Oxford University Press.

8장

- 선입견 때문에 눈앞의 그림에서 나타나는 변화를 지각하지 못하는 주의맹에 관한 문헌

Levin D, Simons D (1997), "Failure to detect changes to attended objects in motion pictures", *Psychonomic Bulletin and Review*, 4: 501~506.

- 뇌에서 일어나는 이미지 재창조에 관한 훌륭한 논문

Kosslyn S, Thompson W, Ganis G (2006). *The case for mental imagery*. Oxford University Press.

- 단순해 보이는 지각의 숨은 단계, 그리고 범주와 개인에 대한 지각을 다룬 문헌

Mervis C, Rosch, E. (1981), "Categorization of natural objects", *Annual Review of Psychology*, 32: 293~299.

Rodriguez A, Whitson J, Granger R. (2004), "Derivation and analysis of basic computational operations of thalamocortical circuits", *Journal of Cognitive Neuroscience*, 16: 856~877.

Liu J, Harris A, Kanwisher N (2002), "Stages of processing in face perception: an MEG study", *Nature Neuroscience*, 5: 910~916.

Grill-Spector K, Kanwisher N (2005). "Visual recognition: As soon as you know it is there, you know what it is", *Psychological Science*, 16: 152~160.

- 배열, 범주의 배열의 계층 구조, 뇌 문법에 관한 문헌

Granger R, Whitson J, Larson J, Lynch G (1994), "Non-Hebbian properties of long-term potentiation enable high-capacity encoding of temporal sequences", *Proceedings of the National Academy of Sciences*, 91: 10104~10108.

Granger R. (2006), "Engines of the brain : The computational instruction set of human cognition", *AI Magazine*, 27: 15~32.

Ramos F, Hauser M, Miller C, Morris D, Mehler J (2000), "Language discrimination by Truman newborns and by cotton- top tamarin monkeys", *Science*, 288: 349~351.

- 할머니 뉴런과 분산 표상에 관한 다양한 최근 연구

  Haxby J (2006), "Fine structure in representations of faces and objects", *Nature Neuroscience*, 9: 1084~1086.

  Grill-Spector K, Sayres R, Ress D (2006), "High-resolution imaging reveals highly selective nonface clusters in the fusiform face area", *Nature Neuroscience*, 9: 1177~1185.

  Reddy L, Kanwisher N (2006), "Coding of visual objects in the ventral stream", *Current Opinion in Neurobiology*, 16: 408~414.

- '마법의 방'의 출전

  Sherrington C (1906), *The integrative action of the nervous system*, NY: Scribner.

- 발달과정에서 특수한 영역에 나타나는 변화에 관한 문헌

  Golarail G, Ghaliremanil D, Whitfield-Gabrieli S, Reiss A, Eberhardt J, Gabrieli J, Grill-Spector K (2007), "Differential development of high-level visual cortex correlates with category-specific recognition memory", *Nature Neuroscience*, 10: 512~522.

9장

- 윌리엄스 증후군 환자의 언어능력에 관한 문헌

  Bellugi U, Wang P, Jernigan T (1994), "Williams syndrome: An unusual neuropsychological profile", S. Broman, J.Graf nan, eds., *Atypical cognitive deficits in developmental disorders*, NJ: Erlbaum.

  Karmiloff-Smith A (1998), "Development itself is the key to under－standing developmental disorders", *Trends in Cognitive Sciences*, 2: 389~398.

- 읽기능력의 차이에 따른 뇌 경로 연결의 차이에 관한 문헌

Klingberg T, Hedehus M, Temple E, Salz T, Gabrieli J, Moseley M, Poldrack R (2000), "Microstructure of telnporo-parietal white matter as a basis for reading ability: Evidence from diffusion tensor magnetic resonance imaging", *Neuron*, 25: 493~500.

Deutsch GK, Dougherty RF, Bammer R, Siok WT, Gabrieli JD, Wandell B (2005), "Children's reading performance is correlated with white matter structure measured by diffusion tensor imaging", *Cortex*, 41: 354~363.

Ben-Shachar M, Dougherty R, Wandell B. (2007), "White matter pathways in reading", *Current Opinion in Neurobiology*, 17: 1~13.

10장

유인원과 인류의 명칭을 정하는 기준은 아직 명확하지 않다. 현재는 사람과 Hominidae라는 말 대신 호모 속과 판 속(침팬지)을 모두 일컫는 사람족Hominini이라는 새로운 용어가 자주 쓰인다. 사람과는 사람족에 고릴라가 추가된 것이다. 사람과에는 오랑우탄 속의 원숭이가 포함되고, '호모 노이데Homonoidea'에는 긴팔원숭이 속까지 포함된다. '호미니언Hominian'이라는 하위 종족은 인간과 현재는 멸종되고 없는 인간의 가까운 친척만 의미한다. 사람과라는 용어는 이 책에서처럼 호미니언만 의미할 때가 많다.

호모 속의 일원으로 추정되는 화석이 여럿 출토되고 있다. '호모 플로레시엔시스Homo floresiensis'라는 이름의 '호빗' 화석이 한 예다. 이들과 인류의 관계는 아직 밝혀지지 않았다. 우리에게 익숙한 '크로마뇽인'은 현대 인류인 호모 사피엔스의 조상으로 자주 언급된다. 실제로 크로마뇽인은 현대 인류에

속한다. 1장에서 언급했듯이 크로마뇽인의 두개골은 약 3만 년 전 것이지만 두개골 용량이 대부분의 현대 인류보다 훨씬 크다.

- 네안데르탈인과 현대인의 두개골 차이에 관한 문헌

  Caramelli D, Lalueza-Fox C, Vernesi C, Lan M, Casoli A, Mallegni F, Chiarelli B, Dupanloup I, Bertranpetit J, Barbujani G, Bertorelle G (2003), "Evidence for a genetic discontinuity between Neandertals and 24,000-year-old anatomically modern Europeans", *Proceedings of the National Academy of Sciences*, 100: 6593~6597.

- 침팬지와 인류의 놀라울 정도로 가까운 계통적 관계에 관한 중요한 문헌

  Hobolth A, Christensen O, Mailund T, Schierup M (2007), "Genomic Relationships and Speciation Times of Human, Chimpanzee, and Gorilla Inferred from a Coalescent Hidden Markov Model", PLoSGenetics3(2):e717319744doi:10.1371/journal.pgen. 0030007

  Patterson N, Richter DJ, Gnerre S, Lander ES, Reich D (2006), "Genetic evidence for complex speciation of humans and chimpanzees", *Nature*, 441: 1103~1108.

  Enard W, Paabo S. (2004), "Comparative primate genomics", *Annual Reviews: Genomics and Human Genetics*, 5: 351~378.

- 인종 개념에 관한 유용한 문헌

  Brace CL (2005), *"Race" is a four-letter word: The genesis of the concept*, Oxford University Press.

  Schwartz J (2006), "Race and the odd history of human paleontology", *The Anatomical Record*, 289B: 225~240.

11장

- 에른스트 헤켈과 유진 뒤부아에 관한 흥미로운 책

  Shipman P (2002), *The man who found the missing link: Eugene Dubois and his lifelong quest to prove Darwin right*, Harvard University Press.

- 핀레이와 달링턴이 '늦게 발달할수록 커진다'는 가설을 자세히 소개한 논문

  Finlay B, Darlington R (1995), "Linked regularities in the development and evolution of mammalian brains", *Science*, 268: 1578~1584.

- 뇌 크기에 관한 문헌

  Stephan H, Bauchot R, Andy OJ (1970), "Data on size of the brain and of various brain parts in insectivores and primates", Noback C, Montagna W (Eds), *Advances in primatology*, V.1, Appleton, pp. 289~297.

  Stephan H (1972), "Evolution of primate brains: a comparative anatomical approach", R.Tuttle (Ed), *Functional and Evolutionary Biology of Primates*, Aldine-Atherton. pp. 155~174.

  Stephen H, Frahm H, Baron G (1981), "New and revised data on volumes of brain structures in insectivores and primates", *Folia Primatologica*, 35: 1~29.

  McHenry H (1992), "Body size and proportions in early hominids", *American Journal of Physical Anthropology*, 87: 407~431.

  McHenry H (1994), "Tempo and mode in human evolution", *Proceedings of the National Academy of Sciences*, 91: 6780~6786.

약 200만 년 전에 뇌가 갑자기 커지면서 도구에 관한 학습이 일어났다는

주장이 있다. 이 주장은 스탠리 큐브릭과 아서 C. 클라크의 〈2001 스페이스 오디세이2001: A Space Odyssey〉의 도입부에서 훌륭하게 그려진다. 뇌가 거진 호모 하빌리스는 도구가 무기도 될 수 있다는 사실을 깨달았다. 오스트랄로피테쿠스에게는 불운한 시대가 도래한 것이다.

- 직립보행과 출산의 관계를 설명한 흥미로운 문헌
  Trevathan, W. (1996), "The Evolution of Bipedalism and Assisted Birth", *Medical Anthropology Quarterly*, 10: 287~290.

- 태아의 몸집과 뇌 크기의 관계에 관한 문헌
  Lynch G, Hechtel S, Jacobs D (1983), "Neonate size and evolution of brain size in the anthropoid primates", *Journal of Human Evolution*, 12: 519~522.

- 고래의 큰 뇌와 산도의 크기의 관련에 관한 문헌
  Marino L, Uhen M, Pyenson N, Frohlich B (2003), "Reconstructing cetacean brain evolution using computed tomography", *The Anatomical Record*, 272B: 107~117.

- 기억 용량에 관한 스탠딩의 실험
  Standing L (1973), "Learning 10,000 pictures", *Quarterly Journal of Experimental Psychology*, 25: 207~222.

12장

뇌 크기의 예측치를 계산할 때는 사람과의 뇌-신체 방정식을 활용한다.

$y = 0.74x + 2.2$

- 하워드 가드너의 다중지능에 관한 저서

  Gardner H. (1993), *Frames of Mind: The theory of multiple intelligences*, Basic Books.

- 인류학자 로렌 아이슬리가 보스콥인 두개골을 언급한 저서

  Eiseley L (1958), *The Immense Journey*, London: V.Gollancz. [로렌 아이슬리, 김현구 옮김, 《광대한 여행》, 강, 2005.]

13장

5장 참고문헌에서 소개한 슈트리터와 11장에서 소개한 핀레이의 저서를 다시 참조한다.

- 뇌 유전자 마이크로세팔린과 ASPM에 관한 문헌.

  Dorus S, Vallerider EJ, Evans PD, Anderson JR, Gilbert SL, Mahowald M, Wyckoff GJ, Malcom CM, Lahti BT (2004), "Accelerated evolution of nervous system genes in the origin of Homo sapiens", *Cell*, 119: 1027.

  Evans P, Gilbert S, Mekel-Bobrov N, Vallender E, Anderson J, Vaez-Azizi L, Tishkoff S, Hudson R, Lahn B (2005), "Microcephalin, a gene regulating brain size, continues to evolve adaptively in humans", *Science*, 309: 1717~1720.

  Mekel-Bobrov N, Gilbert S, Evans PD, Vallender E, Anderson J, Hudson R, Tishkoff S, Lahn B. (2005), "Ongoing adaptive evolution of ASPM, a brain size determinant in Homo sapiens", *Science*, 309: 1720.

- 뇌 모양과 상대적 성장에 관한 문헌

Semendeferi K, Lu A, Schenker N, Damasio H (2002), "Humans and great apes share a large frontal cortex", *Nature Neuroscience*, 5: 272~276.

Holloway R (2002), "Brief communication: How much larger is the relative volume of area 10 of the prefrontal cortex in humans?", *American Journal of Physical Anthropology*, 118: 399~401.

● 뇌 영역별 해부학적 차이에 관한 문헌

Buxhoeveden D, Switala A, Litaker M, Roy E, Casanova M (2001), "Lateralization in human planum temporale is absent in nonhuman primates", *Brain Behavior and Evolution*, 57: 349~358.

Buxhoeveden D, Switala A, Roy E, Litaker M, Casanova M (2001), "Morphological differences between minicolumns in human and non human primate cortex", *American Journal of Physical Anthropology*, 115: 361~371.

Sherwood C, Broadfield D, Holloway R, Gannon P, Hof P (2003), "Variability of Broca's area homologue in African great apes: Implications for language evolution", *The Anatomical Record*, 271A: 276~285.

Preuss T, Qi H, Kaas J (1999), "Distinctive compartmental organization of human primary visual cortex", *Proceedings of the National Academy of Sciences*, 96: 11601~11606.

● FOXP2 유전자와 언어의 관계에 관한 잠재적 함의가 실린 문헌

Lai C, Fisher S, Hurst J, Levy E, Hodgson S, Fox M, Jeremiah S, Povey S, Jamison D, Green E, Vargha-Khadem F, Monaco A (2000), "The SPCH1 region on human 7q31: Genomic characterization of the critical interval and localization of translocations associated with speech and language disorder", *America n Journal of Human Genetics*, 67: 357~368.

Vargha-Khadem F, Gadian D, Copp A, Mishkin M (2005), "FOXP2 and the neu − roanatomy of speech and language", *Nature Reviews Neuroscience*, 6: 131~137.

● 폰 에코노모 혹은 '방추형' 뉴런에 관한 문헌

Nimchinsky E, Gilissen E, Allman J, Perl D, Erwin J, Hof P. (1999). "A neuronal morphologic type unique to humans and great apes", *Proceedings of the National Academy of Sciences*, 96: 5268~5273.

Allman J, Hakeem A, Watson K (2002), "Two Phylogenetic Specializations in the human brain", *The Neuroscientist*, 8: 335~346.

● 뇌 크기와 인류의 문화적 발전 사이의 격차에 관한 문헌

McBrearty S, Brooks A (2000), "The revolution that wasn't: a new interpretation of the origin of modern human behavior", *Journal of Human Evolution*, 39: 453~563.

Diamond J (1992), *The Third Chimpanzee: The evolution and future of the human animal*, HarperCollins.

Marks J (2003), *What it means to be 98% chimpanzee: Apes, people, and their genes*, University of California Press.

● 트롬보스폰딘에 관한 문헌

Ullian E, Sapperstein S, Christopherson K, Barres B (2001), "Control of synapse number by glia", *Science*, 291: 657~661.

Caceres M, Suwyn C, Maddox M, Thomas J, Preuss T (2007), "Increased cortical

expression of two synaptogenic thrombospondins in human brain evolution",
Cerebral Cortex, 17: 2312~2321.

- 뇌의 양과 질의 관계에 관한 문헌
Carneiro R (2000), "The transition from quantity to quality: A neglected causal mechanism in accounting for social evolution", *Proceedings of the National Academy of Sciences*, 97: 12926~12931.

환경 요인이 인간에게 불균형하게 영향을 미쳤을 수 있다는 주장이 자주 제기된다. 특히 약간 다른 환경에 처한 집단이 다른 경로로 발달하고, 다시 전체 인류의 진화에 영향을 미쳤을 수 있다. 우리는 인간이 진화의 선택압에 의해 미리 결정된 존재라고 믿고 싶어 하지만, 인류의 진화에서 예기치 못하게 끼어든 외부 사건을 간과해서는 안 된다. 인간 질병이나 작물 질병이나 기후 변화와 같은 사건에 의해 인간이나 동물 집단의 발달 과정이 영향을 받고, 다시 현재 인간의 모습에 영향을 미쳤을 가능성이 높다.

- 인간 진화에 환경 요인이 미친 영향에 관한 문헌
Gould SJ (1997), "Darwinian Fundamentalism", *The New York Review of Books*, 44(10).

Diamond J (1992), *The Third Chimpanzee : The evolution and future of the human animal*, Harper Collins.

Weaver T, Roseman C, Stringer C (2007), "Were neandertal and modern human cranial differences produced by natural selection or genetic drift?", *Journal of Human Evolution*, 53: 135~145.

Bocquet-Appel J, Demars P, Noiret L , Dobrowsky D (2005), "Estimates of upper palaeolithic meta-population size in Europe from archaeological data", *Journal of Archaeological Science*, 32: 1656~1668.

● 문법의 특성과 진화에 관한 문헌

Pinker S, Jackendoff R (2004), "The faculty of language: What's special about it?", *Cognition*, 95: 201~236.

Pinker S (1999), *Words and rules: The ingredients of language*, NY: HarperCollins.

Hauser M, Chomsky N, Fitch WT (2002), "The faculty of language : What is it, who has it, and how did it evolve?", *Science*, 298: 1569~1579.

Fitch WT, Hauser M (2004), "Computational Constraints on Syntactic Processing in a Nonhuman Primate", *Science*, 303: 377~380.

Perruchet P, Rey A (2005), "Does the master of center-embedded linguistic structures distinguish humans from nonhuman primates?", *Psychonomic Bulletin & Review*, 12 : 307~313.

Fisher S, Marcus G (2006), "The eloquent ape: genes, brains and the evolution of language", *Nature Reviews Genetics*, 7: 9~20.

● 영장류의 폭력성에 관한 흥미로운 논문

Wrangham R (2004), "Killer Species", *Daedalus*, 133: 25~35.

Sapolsky RM (2006), "A natural history of peace", *Foreign Affairs*, 85: 104~120.

14장

● 오늘날 일부 인간 집단에서 발견되는 후두부 돌출형 두개골에 관한 문헌.

Lieberman DE, Pearson OM, Mowbray KM (2000), "Basicranial influence on overall cranial shape", *Journal of Human Evolution*, 38: 291~315.

● 길들인 여우를 교배하는 실험에 관한 문헌

Trut L (1999), "Early Canid Domestication: The Farm-Fox Experiment", *American Scientist*, 87: 160~169.

'경두개 자기 자극기'Transcranial Magnetic Stimulator, TMS는 전기 탁구채처럼 전자기파를 이용하여 뇌의 특정 위치를 간단하고 선택적으로 자극하는 장치다. 운동피질 일부를 자극하면 자극 위치에 따라 팔이나 다리가 무의식중에 움찔할 수 있다. 다른 영역을 자극하면 일시적 혼란이 일어날 수 있다. TMS는 특정 작업을 담당하는 뇌 영역을 알아내는 실험에서 자주 쓰인다. 간혹 정신분열증과 우울증의 일부 사례에서 치료법으로 활용되기도 한다. 약물이나 전기충격 치료법보다 부작용이 훨씬 적은 대체 치료법으로 활용되는 것이다. 한편 TMS를 이용해서 뛰어난 그림 실력과 완벽한 음악적 재능과 훌륭한 기억력에 이르기까지 다양한 정신능력의 정체를 밝혀낼 수 있다는 보고도 있다. 9장에서 소개한 윌라와 레스와 킴의 비범한 재능을 밝힐 수 있다. 달리 말하면, 9장에서 설명했듯이 보통 사람의 능력과 비범한 사람의 능력 사이의 차이는 믿기지 않을 정도로 크지 않으므로 둘 사이의 간극을 없앨 수도 있다는 뜻이다.

● 서번트 증후군에 관한 문헌

Osborne L (2003), "Savant for a day", *New York Times Magazine*, June 22.

● 브루스 란의 인간 종 형성 가능성 연구에 관한 논란을 다룬 문헌

Regalado A (2006), "Scientist's study of brain genes sparks a backlash", *The Wall Street Journal*, Jun 16, 2006.

● 뇌의 정보 수집, 조합, 암호화 기능을 향상시키는 약물에 관한 연구

Porrino L, Daunais J, Rogers G, Hampson R, Deadwyler S (2005), "Facilitation of task performance and removal of the effects of sleep deprivation by an ampakine (CX717) in nonhuman primates", *PLoS Biology*, 3: e299.

Arai A, Kessler M (2007), "Pharmacology of ampakine modulators: from AMPA receptors to synapses and behavior", *Current Drug Targets*, 8: 583~602.

● 자폐증, 아스퍼거 증후군, 컴퓨터 프로그래밍이나 엔지니어링 전문가의 관계에 관한 문헌

Baron-Cohen S, Bolton P, Wheelwright S, Scahill V, Short L, Mead G, Smith A (1998), "Autism occurs more often in families of physicists, engineers, and mathematicians", *Autism*, 2: 296~301.

Aboitiz F (1992), "The evolutionary origin of the mammalian cerebral cortex", Biological Research, 25: 41~49.

Aboitiz F, Morales D, Montiela J (2003), "The evolutionary origin of the mammalian isocortex: Towards an integrated developmental and functional approach", Behavioral and Brain Sciences, 26: 535~586.

Aboitiz F (1993), "Further comments on the evolutionary origin of mammalian brain", Medical Hypotheses, 41: 409~418.

Ahmed B, Anderson JC, Martin KAC, Nelson JC (1997), "Map of the synapses onto layer 4 basket cells of the primary visual cortex of the cat", Journal of Comparative Neurology, 380: 230~242.

Aleksandrovsky B, Whitson J, Garzotto A, Lynch G, Granger R (1996), "An algorithm derived from thalamocortical circuitry stores and retrieves temporal sequences", Proceedings of the International Conference on Pattern Recognition 1996, IEEE Computer Society Press, 4: 550~554.

Alexander G, DeLong M (1985), "Microstimulation of the primate neostriatum. I. Physiological properties of striatal microexcitable zones", Journal of Neurophysiology, 53: 1401~1416.

Alexander G, DeLong M (1985), "Microstimulation of the primate neostriatum. II.

Somatotopic organization of striatal microexcitable zones and their relation to neuronal response properties", Journal of Neurophysiology, 53: 1417~1430.

Allman J, Hakeem A, Watson K (2002), "Two Phylogenetic Specializations in the human brain", The Neuroscientist, 8: 335~346.

Ambros-Ingerson J, Granger R, Lynch G (1990), "Simulation of paleocortex performs hierarchical clustering", Science, 247: 1344~1348.

Andre V, Cepeda C, Venegas A, Gomez Y, Levine M (2006), "Altered cortical glutamate receptor function in the R6/2 model of Huntington's Disease", Journal of Neurophysiology, 95: 2108~2119.

Anwander A, Tittgemeyer M, von Cramon D, Friederici A, Knosche T (2007), "Connectivity-based parcellation of Broca's are", Cerebral Cortex, 17: 816~825.

Bair W, Cavanaugh J, Smith M, Movshon J (2002), "The timing of response onset and offset in macaque visual neurons", Journal of Neuroscience, 22: 3189~3205.

Barbas H, Rempel-Clower N (1997), "Cortical structure predicts the pattern of corticocortical connections", Cerebral Cortex, 7: 635~646.

Baron-Cohen S, Bolton P, Wheelwright S, Scahill V, Short L, Mead G, Smith A (1998), "Autism occurs more often in families of physicists, engineers, and mathematicians", Autism, 2: 296~301.

Barto A (1995), "Adaptive critics and the basal ganglia", Models of information processing in the basal ganglia, (Ed. Houk J, Davis J, Beiser D) MIT press: 215~232.

Baudry M, Davis J, Thompson R (1999), Advances in synaptic plasticity, MIT Press.

Batardiere A, Barone P, Knoblauch K, Giroud P, Berland M, Dumas A, Kennedy H (2002), "Early specification of the hierarchical organization of visual cortical areas in the macaque monkey", Cerebral Cortex, 12: 453~465.

Bellugi U, Wang P, Jernigan T (1994), "Williams syndrome : An unusual neuropsychological profile", S. Broman, J. Grafman, eds., Atypical cognitive deficits in developmental disorders, NJ: Erlbaum.

Ben-Shachar M, Dougherty R, Wandell B (2007), "White matter pathways in reading", Current Opinion in Neurobiology, 17: 1~13.

Benvenuto J, Jin Y, Casale M, Lynch G, Granger R (2002), "Identification of diagnostic evoked response potential segments in Alzheimer's Disease", Experimental

Neurology, 176: 269~276.

Bhardwaj R, Curtis M, Spalding K, Buchholz B, Fink D, Bjork-Eriksson T, Nordborg C, Gage F, Druid H, Eriksson P, Frise J (2006), "Neocortical neurogenesis in humans is restricted to development", Proceedings of the National Academy of Sciences, 103: 12564~12568.

Bliss T, Collingridge G (1993), "A synaptic model of memory: long-term potentiation in the hippocampus", Nature, 361: 31~39.

Bocquet-Appel J, Dernars P, Noiret L, Dobrowsky D (2005), "Estimates of upper Palaeolithic meta-ppopulation size in Europe from archaeological data", Journal of Archaeological Science, 32: 1656~1668.

Bourassa J, Deschenes M (1995), "Corticothalamic projections from the primary visual cortex in rats: a single fiber study using biocytin as an anterograde tracer", Neuroscience, 66: 253~263.

Brace, CL (2005), "Race" is a four-letter word: The genesis of the concept, Oxford University Press.

Braitenberg V, Schuz A (1998), Cortex: statistics and geometry of neuronal connectivity, NY: Springer.

Broom R (1918), "The Evidence Afforded by the Boskop Skull of a New Species of Primitive Man (Homo Capensis)", Anthropological Papers of the American Museum of Natural History, 23: 65~79.

Brown L, Schneider J, Lidsky T (1997), "Sensory and cognitive functions of the basal ganglia", Current Opinion in Neurobiology, 7: 157~163.

Buonomano D, Merzenich M (1998), "Cortical plasticity: from synapses to maps", Annual Review of Neuroscience, 21: 149~186.

Burkhalter A (1989), "Intrinsic connections of rat primary visual cortex: laminar organization of axonal projections", Journal of Comparative Neurology, 279: 171~186.

Bush P, Sejnowski T (1996), "Inhibition synchronizes sparsely connected cortical neurons within and between columns in realistic network models", Journal of Computational Neuroscience, 3: 91~110.

Buxhoeveden D, Switala AE, Litaker M, Roy E, Casanova M (2001), "Lateralization in human planum temporale is absent in nonhuman primates", Brain Behavior and Evolution, 57: 349~358.

Buxhoeveden D, Switala A, Roy E, Litaker M, Casanova M (2001), "Morphological differences between minicolumns in human and non human primate cortex", American Journal of Physical Anthropology, 115: 361~371.

Caceres M, Suwyn C, Maddox M, Thomas J, Preuss T (2007), "Increased cortical expression of two synaptogenic thrombospondins in human brain evolution", Cerebral Cortex, 17: 2312~2321.

Canales J, Capper-Loup C, Hu D, Choe E, Upadhyay U, Graybiel A (2002), "Shifts in striatal responsivity evoked by chronic stimulation of dopamine and glutamate systems", Brain, 125: 2353~2363.

Cantalupo C, Hopkins W (2001), "Asymmetric Broca's area in great apes", Nature, 414: 505.

Capek K (1920), RUR: Rossum's Universal Robots (Rossumovi Univerzalni Roboti). [카렐 차페크, 김희숙 옮김, 《로봇》, 길, 2002.]

Caplan J, Madsen, J., Raghawachari, S., Kahana, M (2001), "Distinct patterns of brain oscillations underlie two basic parameters of human maze learning", Journal of Neurophysiology, 86: 368~380.

Carneiro R (2000), "The transition from quantity to quality: A neglected causal mechanism in accounting for social evolutio", Proceedings of the National Academy of Sciences, 97: 12926~12931.

Carroll S (2005), Endless forms most beautiful: The new science of evo devo and the making of the animal kingdom. NY: WW Norton. [션 B. 캐럴, 김영남 옮김, 《이보디보, 생명의 블랙박스를 열다》, 지호, 2007.]

Castro-Alamancos M, Connors B (1997), "Thalamocortical synapses", Progress in Neurobiology, 51: 581~606.

Castro-Alamancos M, Donoghue J, Connors B (1995), "Different forms of synaptic plasticity in somatosensory and motor areas of the neocortex", Progress in Neurobiology, 15: 5324~5333.

Changizi M (2003), The brain from 25,000 feet, Springer.

Charpier S, Deniau J (1997), "In vivo activity-dependent plasticity at the cortico-striatal connections: Evidence for physiological long-term potentiation", Proceedings of the National Academy of Sciences, 94: 7036~70340.

Chrobak J, Buzsaki G (1998), "Gamma oscillations in entorhinal cortex of the freely behaving rat", Journal of Neuroscience, 18: 388~398.

Chesselet M, Delfs J (1996), "Basal ganglia and movement disorders: update", Trends in Neuroscience, 19: 417~422.

Churchland P, Sejnowski T (1992), The computational brain. MIT Press.

Cohen A, Rossignol S, Grillner S (1988), Neural control of rhythmic movements in vertebrates, Wiley & Sons.

Conley M, Diamond IT (1990), "Organization of the Visual Sector of the Thalamic Reticular Nucleus in Galago", European Journal of Neuroscience, 2: 211~226.

Coultrip R, Granger R (1994), "LTP learning rules in sparse networks approximate Bayes classifiers via Parzen's method", Neural Networks, 7: 463~476.

Coultrip R, Granger R, Lynch G (1992), "A cortical model of winner-take-all competition via lateral inhibition", Neural Networks, 5: 47~54.

Cox C, Huguenard J, Prince D (1997), "Nucleus reticularis neurons mediate diverse inhibitory effects in thalamus", Proceedings of the National Academy of Sciences, 94: 8854~8859.

Creutzfeldt O, Nothdurft H (1978), "Representation of complex visual stimuli in the brain", Naturwissenschaften, 65: 307~318.

Crichton M (1972), The Terminal Man, A.Knopf. [마이클 클라이튼, 정성호 옮김, 《터미널 맨》, 서적포, 1992.]

Critchley M, Critchley E (1999), John Hughlings Jackson, Oxford University Press.

Dart R (1923), "Boskop remains from the south-east African coast", Nature, 112: 623~625.

Dart R (1940), "Recent discoveries bearing on human history in southern Africa", Journal of the Royal Anthropological Institute of Great Britain and Ireland, 70: 13~27.

Day M, Langston R, Morris R (2003), "Glutamate receptor mediated encoding and retrieval of paired-associate learning", Nature, 424: 205~209.

DeFelipe J, Jones E (1991), "Parvalbumin immunoreactivity reveals layer IV of monkey cerebral cortex as a mosaic of microzones of thalamic afferent terminations", Brain Research, 562: 39~47.

Delgado J (1969), Physical control of the mind: Toward a psychocivilized society, Harper & Row.

Dennett D (1996), Darwin's dangerous idea, Simon & Schuster.

Deschenes M, Veinante P, Zhang Z (1998), "The organization of corticothalamic projections: reciprocity versus parity", Brain Research Reviews, 28: 286~308.

Destexhe A, Contreras D, Steriade M (1999), "Cortically-induced coherence of a thalamic-generated oscillation", Neuroscience, 92: 427~443.

Deutsch GK, Dougherty RF, Bammer R, Siok WT, Gabrieli JD, Wandell B (2005), "Children's reading performance is correlated with white matter structure measured by diffusion tensor imaging", Cortex, 41: 354~363.

Diamond J (1992), The Third Chimpanzee: The evolution and future of the human animal, HarperCollins. [재래드 다이아몬드, 김정흠 옮김, 《제3의 침팬지》, 문학사상사, 1996.]

Diamond M, Armstrong James M, Ebner F (1992), "Somatic sensory responses in the rostral sector of the posterior group (POm) and in the ventral posterior medial nucleus (VPM) of the rat thalamus", Journal of Comparative Neurology, 318: 462~476.

Diamond M, Armstrong James M, Budway M, Ebner F (1992), "Somatic sensory responses in the rostral sector of the posterior group (POm) and the ventral posterior medial nucleus (VPM) of the rat thalamus: dependence on the barrel field cortex", Journal of Comparative Neurology, 319: 66~84.

Dorus S, Vallender EJ, Evans PD, Anderson JR, Gilbert SL, Mahowald M, WyckoffGJ, Malcom CM, Lai-in BT (2004), "Accelerated evolution of nervous system genes in the origin of Homo sapiens", Cell, 119: 1027.

Douglas R, Mahowald M, Martin K, Stratford K (1996), "The role of synapses in cortical computation", Journal of Neurocytology, 25: 893~911.

Drennan M (1931), "Pedomorphism in the pre-bushman skull", American Journal of Physical Anthropology, 16: 203~210.

Eiseley L (1958), The Immense Journey, London: V.Gollancz. [로렌 아이슬리, 김현구 옮김, 《광대한 여행》, 강, 2005.]

Eldredge N, Gould S (1972), "Punctuated equilibria: an alternative to phyletic gradualism", Models In Paleobiology, (Ed. by T. J. M. Schopf), Freeman Cooper.

Enard W, Paabo S (2004), "Comparative primate genomics", Annual Reviews of Genomics and Human Genetics, 5: 351~378.

Evans P, Gilbert S, Mekel-Bobrov N, Vallender E, Anderson J, Vaez-Azizi L, Tishkoff S, Hudson R, Lahn B (2005), "Microcephalin, a gene regulating brain size, continues to evolve adaptively in humans", Science, 309: 1717~1720.

Felch A, Granger R (2007), "The hypergeometric connectivity hypothesis: Divergent performance of brain circuits with different synaptic connectivity distributions", Brain Research, doi: 10.1016/j.brainres.2007.06.04

Ferrier D (1876), Functions of the brain. London: Smith, Elder.

Finlay B, Darlington R (1995), "Linked regularities in the development and evolution of mammalian brains", Science, 268: 1578~1584.

Finnerty G, Roberts L, Connors B (1999), "Sensory experience modifies the short-term dynamics of neocortical synapses", Nature, 400: 367~371.

Fisher S, Marcus G (2006), "The eloquent ape: genes, brains and the evolution of language", Nature Reviews Genetics, 7: 9~20.

Fitch T, Hauser M (2004), "Computational constraints on syntactic processing in a nonhuman primate", Science, 303: 377~380.

Fitzpatrick D, Lund JS, Schmechel DE, Towles AC (1987), "Distribution of Gabaergic Neurons and Axon Terminals in the Macaque Striate Cortex", Journal of Comparative Neurology, 264: 73~91.

FitzSimons FW (1915), "Palaeolithic man in South Africa", Nature, 95: 615~616.

Freedman D, Riesenhuber M, Poggio T, Miller E (2001), "Categorical representation of visual stimuli in the primate prefrontal cortex", Science, 291: 312~316.

Freedman D, Riesenhuber M, Poggio T, Miller E (2002), "Visual categorization and the primate prefrontal cortex: Neurophysiology and behavior", Journal of Neurophysiology, 88: 929~941.

Freund T, Martin K, Soltesz I, Somogyi P, Whitteridge D (1989), "Arborisation pattern and postsynaptic targets of physiologically identified thalamocortical afferents in striate cortex of the macaque monkey", Journal of Comparative Neurology, 289: 315~336.

Furlong J, Felch A, Nageswaran J, Dutt N, Nicolau A, Veidenbaum A, Chandreshekar A, Granger R (2007), "Novel brain-derived algorithms scale linearly with number of processing elements", Proceedings of the International Conference on Parallel Computing, (parco.org) 2007.

Gage F (2002), "Neurogenesis in the adult brain", Journal of Neuroscience, 22: 612~613.

Gardiner G, Currant A (1996), The Piltdown Hoax: Who done it?, Linnean Society of London.

Gardner H (1993), Frames of Mind: The theory of multiple intelligences, Basic Books.

Galloway A (1937), "The Characteristics of the Skull of the Boskop Physical Type", American Journal of Physical Anthropology, 32: 31~47.

Galuske RA, Schlote W, Bratzke H, Singer W (2000), "Interhemispheric asymmetries of the modular structure in human temporal cortex", Science, 289: 1946~1949.

Gazzaniga M (2000), "Regional differences in cortical organization", Science, 289: 1887~1888.

Gazzaniga M (2004), The cognitive neurosciences, MIT Press.

Gerfen, C (1992), "The neostriatal mosaic: multiple levels of compartmental organization in the basal ganglia", Annual Review of Neuroscience, 15: 285~320.

Gluck M, Granger R (1993), "Computational models of neural bases of learning and memory", Annual Review of Neuroscience, 16: 667~706.

Golarail G, Ghahremanil D, Whitfield-Gabrieli S, Reiss A, Eberhardt J, Gabrieli J, Grill-Spector K (2007), "Differential development of high-level visual cortex correlates with category-specific recognition memory", Nature Neuroscience, 10: 512~522.

Gould E, Reeves A, Graziano S, Gross C (1999), "Neurogenesis in the Neocortex of Adult Primates", Science, 286: 548~552.

Gould SJ (1990), Wonderful life: The Burgess Shale and the nature of history, NY: WW Norton. [스티븐 제이 굴드, 김동광 옮김, 《생명, 그 경이로움에 대하여》, 경문북스, 2004.]

Gould SJ (1997), "Darwinian Fundamentalism", The New York Review of Books, 44(10).

Granger R, Lynch G (1991), "Higher olfactory processes: perceptual learning and memory", Current Opinion in Neurobiology, 1: 209~214.

Granger R, Staubli U, Powers H, Otto T, Ambros-Ingerson J, Lynch G (1991), "Behavioral tests of a prediction from a cortical network simulation", Psychological Science, 2: 116~118.

Granger R, Whitson J, Larson J, Lynch G (1994), "Non-Hebbian properties of longterm potentiation enable high-capacity encoding of temporal sequences", Proceedings of the National Academy of Sciences, 91: 10104~10108.

Granger R, Wiebe S, Taketani M, Ambros-Ingerson J, Lynch G (1997), "Distinct memory circuits comprising the hippocampal region", Hippocampus, 6: 567~578.

Granger R (2005), "Brain circuit implementation: High-precision computation from low-precision components", Toward Replacement Parts for the Brain, (T.Berger, D.Glanzman, Eds) MIT Press., 277~294.

Granger R (2006), "Engines of the brain: The computational instruction set of human cognition", Al Magazine, 27: 15~32.

Granger R (2006), "The evolution of computation in brain circuitry", Behavioral and Brain Sciences, 29: 17~18.

Graybiel A (1995), "Building action repertoires: memory and learning functions of the basal ganglia", Current Opinion in Neurobiology, 5: 733~74 1.

Graybiel A (1997), "The basal ganglia and cognitive pattern generators", Schizophrenia bulletin, 23: 459~69.

Grill-Spector K, Kushnir T, Hendler T, Malach R (2000), "The dynamics of object-selective activation correlate with recognition performance in humans", Nature Neuroscience, 3: 83 7~843.

Grill-Spector K (2003), "The neural basis of object perception", Current Opinion in Neurobiology, 13: 1~8.

Grill-Spector K, Kanwisher N (2005), "Visual recognition: As soon as you know it is there, you know what it is", Psychological Science, 16: 152~160.

Grill-Spector K, Sayres R, Ress D (2006), "High-resolution imaging reveals highly selective nonface clusters in the fusiform face area", Nature neuroscience, 9: 1177~1185.

Grossberg S (1976), "Adaptive pattern classification and universal recoding", Biological Cybernetics, 23: 121~134.

Guido W, Lu S, Sherman S (1992), "Relative contributions of burst and tonic responses to receptive field properties of lateral geniculate neurons in the cat", Journal of Neurophysiology, 68: 2199~2211.

Guido W, Lu S, Vaughan J, Godwin D, Sherman S (1995), "Receiver operating characteristic (ROC) analysis of neurons in the cat's lateral geniculate nucleus during tonic and burst response mode", Visual Neuroscience, 12: 723~741.

Gullapalli V, Franklin J, Benbrahim H (1994), "Acquiring robot skills via reinforcement learning", IEEE Control Systems Magazine, 14(1):13~24.

Haughton S (1917), "Preliminary note on the ancient human skull remains from the Transvaal", Transactions of the Royal Society of South Africa, 6: 1~14.

Hauser M, Chomsky N, Fitch WT (2002), "The faculty of language: What is it, who has it, and how did it evolve?", Science, 298: 1569~1579.

Hawking S (2001), The Universe in a Nutshell, Bantam. [스티븐 호킹, 김동광 옮김, 《호두 껍질 속의 우주》, 까치글방, 2001.]

Hawkins J, Blakeslee S (2004), On intelligence. Times Books.

Haxby J (2006), "Fine structure in representations of faces and objects", Nature Neuroscience, 9: 1084~1086.

Henry G (1991), "Afferent inputs, receptive field properties and morphological cell types in different layers", Vision and visual dysfunction, (Leventhal A, ed), pp. 223~240, London: Macmillan Press.

Hauser M, Weiss D, Marcus G (2002), "Rule learning by cotton-top tamarins", Cognition, 86: 815 = 822.

Hauser M, Chomsky N, Fitch T (2002), "The language faculty: What is it, who has it, and how did it evolve?", Science, 298: 1569~1579.

Herkenham M (1980), "Laminar organization of thalamic projections to the rat neocortex", Science, 207: 532~535.

Herkenham M (1986), "New perspecties on the organization and evolution of nonspecific thalaniocortical projections", Cerebral Cortex (Jones EG, Peters, A., ed),

New York: Plenum Press.

Hess G, Aizenman CD, Donoghue JP (1996), "Conditions for the induction of long-term potentiation in layer II/III horizontal connections of the rat motor cortex", Journal of Neurophysiology, 75: 1765~1778.

Heynen AJ, Bear MF (2001), "Long-term potentiation of thalamocortical transmission in the adult visual cortex in vivo", Journal of Neuroscience, 21: 9801~9813.

Hirsch J, Crepel F (1990), "Use-dependent changes in synaptic efficacy in rat prefrontal neurons in vitro", Journal of Physiology, 427: 31~49.

Hobolth A, Christensen OF, Mailund T, Schierup MH (2007), "Genomic Relationships and Speciation Times of Human, Chimpanzee, and Gorilla Inferred from a Coalescent Hidden Markov Model", PLoS Genetics, 3(2): e7doi:10.1371/journal.pgen.0030007

Holloway R (2002), "Brief communication: How much larger is the relative volume of area 10 of the prefrontal cortex in humans?", American Journal of Physical Anthropology, 118: 399~401.

Hopkins W, Cantalupo C, Taglialatela J (2006), "Handedness is associated with asymmetries in gyrification of the cerebral cortex of chimpanzees", Cerebral Cortex, 17: 1750~1756.

Houk J, Wise S (1995), "Distributed modular architectures linking basal ganglia, cerebellum, and cerebral cortex: their role in planning and controlling action", Cerebral Cortex, 5: 95~110.

Huang CL, Winer JA (2000), "Auditory thalamocortical projections in the cat: laminar and areal patterns of input", Journal of Comparative Neurology, 427: 302~331.

Hubel D, Wiesel T (1977), "Functional architecture of macaque monkey visual cortex", Proceedings of the Royal Society of London Biological Sciences, 198: 1~59.

Huguenard JR, Prince DA (1994), "Clonazepam suppresses GABAB-mediated inhibition in thalamic relay neurons through effects in nucleus reticularis", Journal of Neurophysiology, 71: 2576~2581.

Hung C, Kreinian G, Poggio T, DiCarlo J (2005), "Fast readout of object identity from macaque inferior temporal cortex", Science, 310: 863~866.

Ichinohe N, Rockland KS (2002), "Parvalbumin positive dendrites co-localize with apical dendritic bundles in rat retrosplenial cortex", Neuroreport, 13:757~761.

Iriki A, Pavlides C, Keller A, Asanuma H (1991), "Long-term potentiation of thalamic input to the motor cortex induced by coactivation of thalamocortical and corticocortical afferents", Journal of Neurophysiology, 65: 1435~1441.

Jackson JH (1925), Neurological fragments, London: Oxford University Press

James W (1890), The Principles of Psychology, Boston: Henry Holt. (p.462)

Jensen KF, Killackey HP (1987), "Terminal arbors of axons projecting to the somatosensory cortex of the adult rat. I. The normal morphology of specific thalamocortical afferents", Journal of Neuroscience, 7: 3529~3543.

Jerison H. (1974), Evolution of the Brain and Intelligence, Academic Press.

Johnson J, Olshausen B (2003), "Timecourse of neural signatures of object recognition", Journal of Vision, 3: 499~512.

Johnson S (2004), Mind wide open, Scribner. [스티븐 존슨, 이한음 옮김, 《굿바이 프로이트》, 웅진지식하우스, 2006.]

Jolicoeur P, Gluck M, Kosslyn SM (1984), "Pictures and names: making the connection", Cognitive Psychology, 16: 243~275.

Jones E (1981), "Functional subdivision and synaptic organization of the mammalian thalamus", International Review of Physiology, 25: 173~245.

Jones E (1998), "A new view of specific and nonspecific thalamocortical connections", Advances in Neurology, 77:49~71.

Jones E (2001), "The thalamic matrix and thalamocortical synchrony", Trends in Neuroscience, 24:595~601.

Kandel E, Schwartz J, Jessell T (2000), Principles of neural science, 4th ed., NY: McGraw-Hill.

Karmiloff-Smith A (1998), "Development itself is the key to understanding developmental disorders", Trends in Cognitive Sciences, 2: 389~398.

Keith A (1914), The antiquity of man, London: Williams and Norgate.

Keller A, White EL (1989), "Triads: a synaptic network component in the cerebral cortex", Brain Research, 496: 105~112.

Kelly JP, Wong D (1981), "Laminar connections of the cat's auditory cortex", Brain Research, 212: 1~15.

Kenan–Vaknin G, Teyler TJ (1994), "Laminar pattern of synaptic activity in rat primary visual cortex: comparison of in vivo and in vitro studies employing the current source density analysis", Brain Research, 635: 37~48.

Kilborn K, Granger, R, Lynch, G (1996), "Effects of LTP on response selectivity of simulated cortical neurons", Journal of Cognitive Neuroscience, 8: 338~353.

Killackey H, Ebner F (1973), "Convergent projection of three separate thalamic nuclei on to a single cortical area", Science, 179: 283~285.

Killackey HP, Ebner FF (1972), "Two different types of thalamocortical projections to a single cortical area in mammals", Brain Behavior and Evolution, 6: 141~169.

Kim HG, Fox K, Connors BW (1995), "Properties of excitatory synaptic events in neurons of primary somatosensory cortex of neonatal rats", Cerebral Cortex, 5: 148~157.

Kimura A, Carla MA, Melis F, Asanuma H (1994), "Long–term potentiation within the cat motor cortex", Neuroreport, 5: 2372~2376.

Kirkwood A, Dudek SM, Gold JT, Aizenman CD, Bear MF (1993), "Common forms of synaptic plasticity in the hippocampus and neocortex in vitro", Science, 260: 1518~1521.

Klingberg T, Hedehus M, Temple E, Salz T, Gabrieli J, Moseley M, Poldrack R (2000), "Microstructure of temporo–parietal white matter as a basis for reading ability: Evidence from diffusion tensor magnetic resonance imaging", Neuron, 25: 493~500.

Komatsu Y, Fujii K, Maeda J, Sakaguchi H, Toyama K (1988), "Long–term potentiation of synaptic transmission in kitten visual cortex", Journal of Neurophysiology, 59: 124~141.

Kornack D, Rakic P (2000), "Cell proliferation without neurogenesis in adult primate neocortex", Science, 294: 2127~2130.

Kosslyn S, Thompson W, Ganis G (2006), The case for mental imagery, Oxford University Press.

Kudoh M, Shibuki K (1996), "Long–term potentiation of supragranular pyramidal outputs in the rat auditory cortex", Experimental Brain Research, 110: 21~27.

Kuhl P, Tsao, F., Zhang, Y., DeBoer, B. (2001), "Language, culture, mind, brain: Progress at the margins between disciplines", Annals of the New York Academy of Science, 935: 136~174.

Kuroda M, Yokofujita J, Murakami K (1998), "An ultrastructural study of the neural circuit between prefrontal cortex and the mediodorsal nucleus of the thalamus", Progress in Neurobiology, 54: 417~458.

Lai C, Fisher S, Hurst J, Levy E, Hodgson S, Fox M, Jeremiah S, Povey S, Jamison D, Green E, Vargha-Khadem F, Monaco A (2000), "The SPCH1 region on human 7q31: Genomic characterization of the critical interval and localization of translocations associated with speech and language disorder", American Journal of Human Genetics, 67: 357~368.

LeDoux J (2002), Synaptic self: How our brains become who we are, Viking. [조지프 르두, 강봉균 옮김, 《시냅스와 자아》, 소소, 2005.]

Levin D, Simons D (1997), "Failure to detect changes to attended objects in motion pictures", Psychonomic Bulletin and Review, 4: 501~506.

Lieberman DE, Pearson OM, Mowbray KM (2000), "Basicranial influence on overall cranial shape", Journal of Human Evolution, 38: 291~315.

Linke R, Schwegler H (2000), "Convergent and complementary projections of the caudal paralaminar thalamic nuclei to rat temporal and insular cortex", Cerebral Cortex, 10: 753~771.

Liu J, Harris A, Kanwisher N (2002), "Stages of processing in face perception: an MEG study", Nature Neuroscience, 5: 910~916.

Liu XB, Jones EG (1999), "Predominance of corticothalamic synaptic inputs to thalamic reticular nucleus neurons in the rat", Journal of Comparative Neurology, 414: 67~79.

Lorente de No R (1938), "Cerebral cortex: Architecture, intracortical connections, motor projections", Physiology of the nervous system (Fulton J, ed), pp. 291~340. London: Oxford University Press.

Lynch G (1986), Synapses, circuits and the beginnings of memory, MIT Press.

Lynch G, Hechtel S, Jacobs D (1983), "Neonate size and evolution of brain size in the anthropoid primates", Journal of Human Evolution, 12: 519~522.

Macrides F (1975), "Temporal relationships between hippocampal slow waves and exploratory sniffing in hamsters", Behavioral Biology, 14: 295~308.

Macrides F, Eichenbaum HB, Forbes WB (1982), "Temporal relationship between sniffing and the limbic theta rhythm during odor discrimination reversal learning", Journal of Neuroscience, 2: 1705~1717.

Magee JC (2000), "Dendritic integration of excitatory synaptic input", Nature Reviews Neuroscience, 1: 181~190.

Magee JC, Cook EP (2000), "Somatic EPSP amplitude is independent of synapse location in hippocampal pyramidal neurons", Nature Neuroscience, 3: 895~903.

Marcus G (2004), The birth of the mind: How a tiny number of genes creates the complexities of human thought, NY: Basic Books. [개리 마커스, 김영남 옮김, 《마음이 태어나는 곳》, 해나무, 2005.]

Marino L, Uhen M, Pyenson N, Frohlich B (2003), "Reconstructing cetacean brain evolution using computed tomography", The Anatomical Record, 272B: 107~117.

Marks J. (2003), What it means to be 98% chimpanzee: Apes, people, and their genes, University of California Press.

McBrearty S, Brooks A (2000), "The revolution that wasn't: a new interpretation of the origin of modern human behavior", Journal of Human Evolution, 39: 453~563.

McCollum J, Larson J, Otto T, Schottler F, Granger R, Lynch G (1991), "Short-latency single-unit processing in olfactory cortex", Journal of Cognitive Neuroscience, 3: 293~299.

McCormick DA, Feeser HR (1990), "Functional implications of burst firing and single spike activity in lateral geniculate relay neurons", Neuroscience, 39: 103~113.

McCormick D, Bal T (1994), "Sensory gating mechanisms of the thalamus", Current Opinion in Neurobiology, 4: 550~556.

McHenry H (1992), "Body size and proportions in early hominids", American Journal of Physical Anthropology, 87: 407~431.

McHenry H (1994), "Tempo and mode in human evolution", Proceedings of the National Academy of Sciences, 91: 6780~6786.

Mekel-Bobrov N, Gilbert S, Evans PD, Vallender E, Anderson J, Hudson R, Tishkoff S, Lahn B (2005), "Ongoing adaptive evolution of ASPM, a brain size determinant in

Homo sapiens", Science, 309: 1720.

Mervis C, Rosch E (1981), "Categorization of natural objects", Annual Review of Psychology, 32: 293~299.

Mitani A, Shimokouchi M, Itoh K, Nomura S, Kudo M, Mizuno N (1985), "Morphology and laminar organization of electrophysiologically identified neurons in primary auditory cortex in the cat", Journal of Comparative Neurology, 235: 430~447.

Mitchell BD, Cauller LJ (2001), "Corticocortical and thalamocortical projections to layer I of the frontal neocortex in rats", Brain Research, 921: 68~77.

Molinari M, Dell'Anna ME, Rausell E, Leggio MG, Hashikawa T, Jones EG (1995), "Auditory thalamocortical pathways defined in monkeys by calcium–binding protein immunoreactivity", Journal of Comparative Neurology, 362: 171~194.

Moorkanikara J, Chandrashekar A, Felch A, Furlong J, Dutt N, Nicolau A, Veidenbaum A, Granger R (2007), "Accelerating brain circuit simulations of object recognition with a Sony PlayStation 3", International Workshop on Innovative Architectures, (IWIA).

Mountcastle VB (1957), "Modality and topographic properties of single neurons of cat's somatic sensory cortex", Journal of Neurophysiology, 20: 408~434.

Mountcastle VB (1978), "Brain mechanisms for directed attention", Journal of the Royal Society for Medicine, 71: 14~28.

Mukherjee P, Kaplan E (1995), "Dynamics of neurons in the cat lateral geniculate nucleus: in vivo electrophysiology and computational modeling", Journal of Neurophysiology, 74: 1222~1243.

Munrford D (1992), "On the computational architecture of the neocortex. II. The role of cortico–cortical loops", Biological Cybernetics, 66: 241~251.

Murray E, Bussey T (1999), "Perceptual–mnemonic functions of the perirhinal cortex", Trends in cognitive sciences, 3: 142~151.

Nimchinsky E, Gilissen E, Allman J, Perl D, Erwin J, Hof P (1999), "A neuronal morphologic type unique to humans and great apes", Proceedings of the National Academy of Sciences, 96: 5268~5273.

Nowlan S & Sejnowski T (1995), "A selection model for motion processing in area MT of primates", Journal of Neuroscience, 15: 1195~1214.

O'Donnell T, Hauser M, Fitch T (2004), "Using mathematical models of language experimentally", Trends in Cognitive Science, 9: 284~289.

O'Kusky J, Colonnier M (1982), "A laminar analysis of the number of neurons, glia, and synapses in the adult cortex (area 17) of adult macaque monkeys", Journal of Comparative Neurology, 210: 278~290.

Olshausen B, Field D (1996), "Emergence of simple-cell receptive field properties by learning a sparse code for natural images", Nature, 381: 607~609.

Olson CR, Musil SY (1992), "Topographic organization of cortical and subcortical projections to posterior cingulate cortex in the cat: evidence for somatic, ocular, and complex subregions", Journal of Comparative Neurology, 324: 237~260.

Osborne L (2003), "Savant for a day", New York Times Magazine, June 22.

Patterson N, Richter DJ, Gnerre S, Lander ES, Reich D (2006), "Genetic evidence for complex speciation of humans and chimpanzees", Nature, 441: 1103~1108.

Perruchet P, Rey A (2005), "Does the master of center-embedded linguistic structures distinguish humans from nonhuman primates?", Psychonomic Bulletin & Review, 12: 307~313.

Pesaran B, Pezaris J, Sahani M, Mitra P, Andersen R (2002), "Temporal structure in neuronal activity during working memory in macaque parietal cortex", Nature Neuroscience, 5: 805~811.

Peters A, Payne B (1993), "Numerical Relationships between Geniculocortical Afferents and Pyramidal Cell Modules in Cat Primary Visual-Cortex", Cerebral Cortex, 3: 69~78.

Peters A, Payne B, Budd J (1994), "A Numerical-Analysis of the Geniculocortical Input to Striate Cortex in the Monkey", Cerebral Cortex, 4: 215~229.

Peterson BE, Goldreich D, Merzenich MM (1998), "Optical imaging and electrophysiology of rat barrel cortex. I. Responses to small single-vibrissa deflections", Cerebral Cortex, 8: 173~183.

Pinker S (1999), Words and rules: the ingredients of language, New York: HarperCollins.

Pinker S, Jackendoff R (2004), "The faculty of language: What's special about it?", Cognition, 95: 201~236.

Porrino L, Daunais J, Rogers G, Hampson R, Deadwyler S (2005), "Facilitation of task performance and removal of the effects of sleep deprivation by an ampakine (CX717) in nonhuman primates", PLoS Biology, 3: e299.

Preuss T (1995), "Do rats have prefrontal cortex? The Rose–Woolsey–Akert program reconsidered", Journal of Cognitive Neuroscience, 7: 1~24.

Preuss T, Qi H, Kaas J (1999), "Distinctive compartmental organization of human primary visual cortex", Proceedings of the National Academy of Sciences, 96: 11601~11606.

Preuss T (2000), "What's human about the human brain?", The New Cognitive Neurosciences, M.Gazzaniga (Ed.), Cambridge, MA: MIT Press, pp. 1219~1234.

Pycraft W (1925), "One the Calvaria Found at Boskop, Transvaal, in 1913, and Its Relationship to Cromagnard and Negroid Skulls", Journal of the Royal Anthropological Institute of Great Britain and Ireland, 55: 179~198.

Ramus F, Hauser M, Miller C, Morris D, Mehler J (2000), "Language discrimination by human newborns and by cotton-top tamarin monkeys", Science, 288: 349~351.

Rauschecker JP, Tian B, Pons T, Mishkin M (1997), "Serial and parallel processing in rhesus monkey auditory cortex", Journal of Comparative Neurology, 382: 89~103.

Read HL, Winer JA, Schreiner CE (2002), "Functional architecture of auditory cortex", Current Opinion in Neurobiology, 12: 433~440.

Reber P, Squire L (1998), "Encapsulation of implicit and explicit memory in sequence learning", Journal of Cognitive Neuroscience, 10: 248~263.

Reber PJ, Stark CE, Squire LR (1998a), "Cortical areas supporting category learning identified using functional MRI", Proceedings of the National Academy of Sciences, 95: 747~750.

Reber PJ , Stark CE, Squire LR (1998b), "Contrasting cortical activity associated with category memory and recognition memory", Learning and Memory, 5: 420~428.

Recanzone G, Guard D, Phan M (2000), "Frequency and intensity response properties of single neurons in auditory cortex of the behaving macaque monkey", Journal of Neurophysiology, 83: 2315~2331.

Reddy L, Kanwisher N (2006), "Coding of visual objects in the ventral stream", Current Opinion in Neurobiology, 16: 408~414.

Redon R, Ishikawa S, Fitch K , Feuk L , and 39 additional authors (2006), "Global variation in copy number in the human genome", Nature, 444: 444~454.

Reep RL, Corwin JV (1999), "Topographic organization of the striatal and thalamic connections of rat medial agranular cortex", Brain Research, 841: 43~52.

Regalado A (2006), "Scientist's study of brain genes sparks a backlash", The Wall Street Journal, Jun 16, 2006.

Reinagel P, Godwin D, Sherman SM, Koch C (1999), "Encoding of visual information by LGN bursts", Journal of Neurophysiology, 81: 2558~2569.

Reiner A, Perkel D, Bruce L, Butler A , Csillag A, Kuenzel W, Medina L, Paxinos G, Shimizu T, Striedter G, Wild M, Ball G, Powers A, White S, Hough G, Kubikova L, Smulders T, Wada K, Dugas J, Husband S, Yamamoto K, YuJ, Siang C, Jarvis E (2004), "Revised nomenclature for avian telencephalon and some related brainstem nuclei", Journal of Comparative Neurology, 473: 377~414.

Ribak CE, Peters A (1975), "An autoradiographic study of the projections from the lateral geniculate body of the rat", Brain Research, 92: 341~368.

Rieck RW, Carey RG (1985), "Organization of the rostral thalamus in the rat: evidence for connections to layer I of visual cortex", Journal of Comparative Neurology, 234: 137~154.

Rioult—Pedotti MS, Friedman D, Donoghue JP (2000), "Learning—induced LTP in neocortex", Science, 290 : 533~536.

Rockel AJ, Hiorns RW, Powell TP (1980), "The basic uniformity in structure of the neocortex", Brain, 103: 221~244.

Rockland KS (2002), "Visual cortical organization at the single axon level: a beginning", Neuroscience Research, 42: 155~166.

Rodriguez A, Whitson J, Granger R (2004), "Derivation and analysis of basic computational operations of thalamocortical circuits", Journal of Cognitive Neuroscience, 16: 856~877.

Roe A, Pallas S, Kwon Y, Sur M (1992), "Visual projections routed to the auditory pathway in ferrets: receptive fields of visual neurons in primary auditory cortex", Journal of Neuroscience 12: 3651~3664.

Romo R, Hernandez A, Zainos A (2004), "Neuronal correlates of a perceptual decision in ventral premotor cortex", Neuron, 41: 165~173.

Rouiller EM, Welker E (1991), "Morphology of corticothalamic terminals arising from the auditory cortex of the rat: a Phaseolus vulgaris—leucoagglutinin (PHA—L) tracing study", Hearing Research, 56: 179~190.

Rouiller EM, Liang FY, Moret V, Wiesendanger M (1991), "Patterns of Corticothalamic Terminations Following Injection of Phaseolus—Vulgaris Leukoagglutinin (Pha—L) in the Sensorimotor Cortex of the Rat, Neuroscience Letters, 125: 93~97.

Rumelhart D, Zipser, D (1985), "Feature discovery by competitive learning", Cognitive Science, 9: 75~112.

Ryugo DK, Killackey HP (1974), "Differential telencephalic projections of the medial and ventral divisions of the medial geniculate body of the rat", Brain Research, 82: 173~177.

Saleem K, Suzuki W, Tanaka K, Hashikawa T (2000), "Connections between anterior inferotemporal cortex and superior temporal sulcus regions in macaque monkey", Journal of Neuroscience, 20: 5083~5101.

Sapolsky (2006), "A natural history of peace", Foreign Affairs, 85: 104~120.

Schack B, Klimesch W (2002), "Frequency characteristics of evoked and oscillatory electroencephalic activity in a human memory scanning task", Neuroscience Letters, 331: 107.

Scheel M (1988), "Topographic organization of the auditory thalamocortical system in the albino rat", Anatomy and Embryology, (Berl) 179:181~190.

Schlaghecken F (1998), "On processing 'beasts' and 'birds': An event—related potential study on the representation of taxonomic structure", Brain and Language, 64.

Schwartz J, Tattersall I (2003), The Human Fossil Record, Vols 1~4, Wiley.

Schwartz J (2006), "Race and the odd history of human paleontology", The Anatomical Record, 289B: 225~240.

Scoville W, Milner B (1957), "Loss of recent memory after bilateral hippocampal lesions", Journal of Neurology, Neurosurgery, and Psychiatry, 20: 11~21.

Semendeferi K, Dainasio H, Frank R, Van Hoesen G (1997), "The evolution of the frontal lobe: a volumetric analysis based on three—dimensional reconstruction of magnetic resonance scans of human and ape brains", Journal of Human Evolution, 32: 375~388.

Semendeferi K, Armstrong E, Schleicher A, Zilles K, Van Hoesen G (2001), "Prefrontal cortex in humans and apes: A comparative study of area 10", American journal of physical anthropology, 114: 224~241.

Semendeferi K, Lu A, Schenker N, Damasio H (2002), "Humans and great apes share a large frontal cortex," Nature Neuroscience, 5: 272~276.

Shirnono K, Brucher F, Granger R, Lynch G, Taketani M (2000), "Origins and distribution of cholinergically induced beta rhythms in hippocampal slices", Journal of Neuroscience, 20: 8462~8473.

Shipman P (2002), The man who found the missing link: Eugene Dubois and his lifelong quest to prove Darwin right, Harvard University Press.

Shultz W (1997), "Dopamine neurons and their role in reward mechanisms", Current opinion in Neurobiology, 7: 191~197.

Shultz W, Dayan P, Montague P (1997), "A neural substrate of prediction and reward", Science, 275: 1593~1599.

Schwark HD, Jones EG (1989), "The distribution of intrinsic cortical axons in area 3b of cat primary somatosensory cortex", Experimental Brain Research, 78: 501~513.

Seki K, Kudoh M, Shibuki K (2001), "Sequence dependence of post-tetanic potentiation after sequential heterosynaptic stimulation in the rat auditory cortex", Journal of Physiology, 533: 503~518.

Sherman SM (2001), "Tonic and burst firing: dual modes of thalamocortical relay", Trends in Neuroscience, 24: 122~126.

Sherrington C (1906), The integrative action of the nervous system, NY: Scribner.

Sherwood C, Broadfield D, Holloway R, Gannon P, Hof P (2003), "Variability of Broca's area homologue in African great apes: Implications for language evolution", The Anatomical Record, 271A: 276~285.

Silberberg G, Gupta A, Markram H (2002), "Stereotypy in neocortical microcircuits", Trends in Neuroscience, 25: 227~230.

Sobotka S, Ringo, J (1997), "Saccadic eye movements, even in darkness, generate event-related potentials recorded in medial septum and medial temporal cortex", Brain Research, 756: 168~173.

Spelke E (2000), "Core Knowledge", American Psychologist, 55: 1233~1243.

Standing L (1973), "Learning 10,000 pictures", Quarterly Journal of Experimental Psychology, 25: 207~222.

Stephan H, Bauchot R, Andy OJ (1970), "Data on size of the brain and of various brain parts in insectivores and primates" Noback C, Montagna W (Eds), Advances in primatology, V.1, Appleton, pp. 289~297.

Stephan H (1972), "Evolution of primate brains: a comparative anatomical approach", R. Tuttle (Ed), Functional and Evolutionary Biology of Primates, Aldine-Atherton. pp. 155~174.

Stephan H, Baron G, Frahm H (1986), "Comparative size of brain and brain components", Comparative Primate Biology, 4: 1~38.

Stephen H, Frahm H, Baron G (1981), "New and revised data on volumes of brain structures in insectivores and primates", Folia Primatologica, 35: 1~29.

Steriade M (1993), "Central core modulation of spontaneous oscillations and sensory transmission in thalamocortical systems", Current Opinion in Neurobiology, 3: 619~625.

Steriade M (1997), "Synchronized activities of coupled oscillators in the cerebral cortex and thalamus at different levels of vigilance," Cerebral Cortex, 7: 583~604.

Steriade M, Llinas RR (1988), "The functional states of the thalamus and the associated neuronal interplay", Physiological Review, 68: 649~742.

Steriade M, Datta S, Pare D, Oakson G, Curro Dossi RC (1990), "Neuronal activities in brain-stem cholinergic nuclei related to tonic activation processes in thalamocortical systems", Journal of Neuroscience, 10: 2541~2559.

Striedter G (2005), Principles of Brain Evolution, Sinauer Associates.

Sur M, Angelucci A, Sharma J (1999), "Rewiring cortex: The role of patterned activity in development and plasticity of neocortical circuits", Journal of Neurobiology, 41: 33~43.

Swadlow HA (1983), "Efferent systems of primary visual cortex: a review of structure and function", Brain Research, 287: 1~24.

Swadlow HA, Gusev AG, Bezdudnaya T (2002), "Activation of a cortical column by a thalamocortical impulse", Journal of Neuroscience, 22: 7766~7773.

Swanson L (2002), Brain Architecture: Understanding the basic plan, Oxford University Press.

Szentagothai J (1975), "The 'module-concept' in cerebral cortex architecture", Brain Research, 95: 475~496.

Tobias P (1985), "History of Physical Anthropology in Southern Africa", Yearbook of Physical Anthropology, 28: 1~52.

Trevathan, W (1996), "The Evolution of Bipedalism and Assisted Birth", Medical Anthropology Quarterly, 10: 287~290.

Trut L (1999), "Early Canid Domestication: The Farm-Fox Experiment", American Scientist, 87: 160~169.

Tyler L, Stamatakis E, Bright P, Acres K, Abdallah S, Rodd J, Moss H (2004), "Processing objects at different levels of specificity", Journal of Cognitive Neuroscience, 16: 351~362.

Ullian E, Sapperstein S, Christopherson K, Barres B (2001), "Control of synapse number by glia", Science, 291: 657~661.

Valverde F (2002), "Structure of the cerebral cortex. Intrinsic Organization and comparative analysis of the neocortex", Revista de Neurologia, 34:758~780.

Vanderwolf CH (1992), "Hippocampal activity, olfaction, and sniffing: an olfactory input to the dentate gyrus", Brain Research, 593: 197~208.

Vargha-Khadem F, Gadian D, Copp A, Mishkin M (2005), "FOXP2 and the neuroanatomy of speech and language", Nature Reviews Neuroscience, 6: 131~137.

von Bartheld C (1999), "Systematic bias in an 'unbiased' neuronal counting technique", Anatomical Record, 257: 119~120.

von Bartheld C (2001), "Comparison of 2-D and 3-D counting: the need for calibration and common sense", Trends in Neuroscience, 24: 504~506.

von der Malsburg C (1973), "Self-organization of orientation sensitive cells in the striate cortex", Kybernetik, 14: 85~100.

Wade N (2006), Before the dawn, Penguin.

Wallace M, Kitzes L, Jones E (1991), "Intrinsic inter- and intralaminar connections and their relationship to the tonotopic map in cat primary auditory cortex", Experimental Brain Research, 86: 527~544.

Weaver T, Roseman C, Stringer C (2007), "Were neandertal and modern human cranial differences produced by natural selection or genetic drift?", Journal of Human Evolution, 53: 135~145.

White EL, Peters A (1993), "Cortical modules in the posteromedial barrel subfield (Sml) of the mouse", Journal of Comparative Neurology, 334: 86~96.

Winer JA, Larne DT (1987), "Patterns of reciprocity in auditory thalamocortical and corticothalamic connections: study with horseradish peroxidase and autoradiographic methods in the rat medial geniculate body", Journal of Comparative Neurology, 257: 282~315.

Wong H, Liu X, Matos M, Chan S, Perez-Otano I, Boysen M, Cui J, Nakanishi N, Trimmer J, Jones E, Lipton S, Sucher N (2002), "Temporal and regional expression of NMDA receptor subunit NR3A in the mammalian brain", Journal of Comparative Neurology, 450: 303~317.

Wrangham R (2004), "Killer Species", Daedalus, 133: 25~35.

Wyss JM, VanGroen T (1995), "Projections from the anterodorsal and anteroventral nucleus of the thalamus to the limbic cortex in the rat", Journal of Comparative Neurology, 358: 584~604.

Zhang SJ, Huguenard JR, Prince DA (1997), "GABAa receptor mediated Clcurrents in rat thalamic reticular and relay neurons", Journal of Neurophysiology, 78: 2280~2286.

Zhu JJ, Connors BW (1999), "Intrinsic firing patterns and whisker-evoked synaptic responses of neurons in the rat barrel cortex", Journal of Neurophysiology, 81: 1171~1183.

KI신서 2039

빅 브레인

1판 1쇄 인쇄 2010년 2월 5일
1판 1쇄 발행 2010년 2월 18일

지은이 게리 린치 · 리처드 그레인저 **그림** 체릴 코트먼 **옮긴이** 문희경 **감수** 이인식
펴낸이 김영곤 **펴낸곳** (주)북이십일 21세기북스
출판컨텐츠사업부문장 정성진
출판개발본부장 김성수
기획 · 편집 강선영 **디자인** 씨디자인
마케팅영업본부장 최창규
마케팅 · 영업 김보미 이경희 김용환 김현석 허정민 노진희
출판등록 2000년 5월 6일 제10-1965호
주소 (우413-756) 경기도 파주시 교하읍 문발리 파주출판단지 518-3
대표전화 031-955-2100 **팩스** 031-955-2151 **이메일** book21@book21.co.kr
홈페이지 book21.co.kr **커뮤니티** cafe.naver.com/21cbook

값 15,000원
ISBN 978-89-509-1998-6 03180